Pelikan

MARIA

Jaroslav Pelikan

MARIA

2000 Jahre in Religion,
Kultur und Geschichte

Aus dem Englischen von
Bernardin Schellenberger

Herder
Freiburg · Basel · Wien

Für Martha und Anne Therese
– jede auf ihre Art eine *mulier fortis* (Spr 31,10 Vulg.)

Umschlag (Abb. 1):
Stefan Lochner, *Muttergottes in der Rosenlaube* (um 1448), Ausschnitt.
Wallraf-Richartz-Museum, Köln

Frontispiz (Abb. 2):
Giovanni Bellini, *Madonna und Kind (Madonna Lochis)*, Ausschnitt.
Galleria dell'Accademia Carrara, Bergamo

Titel der Originalausgabe:
Mary Through the Centuries. Her Place in the History of Culture

Umschlaggestaltung: Finken & Bumiller
Druck und Bindung: Freiburger Graphische Betriebe

Gedruckt auf umweltfreundlichem, chlorfrei gebleichtem Papier
Printed in Germany

ISBN 3-451-26605-9

INHALT

Sofern Texte im Original zitiert sind, findet sich eine deutsche Übersetzung im Anmerkungsteil.

Abb. 3

Unsere Liebe Frau von Tschenstochau, Königin von Polen

Dem heiligen Lukas dem Ikonenmaler zugeschrieben

VORWORT

Bereits als ich mein Buch *Jesus Through the Centuries* plante (es erschien 1985, die deutsche Ausgabe 1986[1]), dachte ich parallel dazu an ein entsprechendes Buch über Maria. Obwohl chronologisch natürlich die Mutter vor dem Sohn da war, konnte ich doch nicht umhin, angesichts des für beide vorliegenden Umfangs an historischem Material und des absoluten Unterschieds, was ihre theologische Bedeutung angeht, das Buch über die Mutter erst als zweites herauszubringen und es ein wenig kürzer werden zu lassen. In beiden Büchern hätte sich die Zahl an Bildern und Metaphern, Leitmotiven und Lehren fast nach Belieben vermehren lassen, und folglich auch die Zahl der Kapitel, selbst wenn ich zwei (oder mehr) davon jeweils in einem Kapitel zusammengefaßt hätte, was ich auch jetzt bereits durchweg getan habe. Doch wollte ich genau wie in *Jesus Through the Centuries* in grob chronologischer Abfolge eine Reihe unterschiedlicher, aber aufeinander bezogener Bilder der Jungfrau Maria vorstellen, sowohl in ihrer Kontinuität als auch ihrer Entwicklung quer durch verschiedene Kulturen und im Lauf der Jahrhunderte.

Dieses Buch wurde dadurch ermöglicht, daß mich Präsident Richard C. Levin von der Yale University einlud, im Herbst 1995 wieder auf den William Clyde DeVane-Lehrstuhl zurückzukehren, um dort mein letztes Semester als Professor in Yale abzuschließen. Damit konnte ich 50 hier und andernorts im Vorlesungssaal verbrachte Jahre abrunden. Mir liegt daran, mich bei den Studenten, die die DeVane Lectures als Kurs gewählt hatten, für ihre Anregungen und Einsichten sowie für gelegentliche bibliographische Hinweise zu bedanken. Ferner gilt mein Dank meinen Lektoren bei der Yale University Press und den vielen bekannten und unbekannten Lesern, die mir Anregungen zum gesamten Manuskript oder zu verschiedenen seiner Entwicklungsstadien gegeben haben. Gern möchte ich mich außerdem mittels der Widmung meinen geliebten Schwiegertöchtern erkenntlich zeigen.

Jaroslav Pelikan

Abb. 4: *Die Jungfrau der Großen Panhagia* (sog. *Betende Jungfrau von Jaroslawl*)
Russische Schule, 12. Jhdt.; Tretjakow-Galerie, Moskau

EINFÜHRUNG: AVE MARIA, GRATIA PLENA

Gegrüßet seist du, Maria, voll der Gnade.
Der Herr ist mit dir.
(Lk 1,28)

Der zweite Satz meiner Einführung in das parallel zum vorliegenden Marienbuch verfaßte Jesus-Buch ist die Frage: »Wieviel Material würde zutage treten, wenn es möglich wäre, mit einer Art Supermagnet jedes Metallstückchen, das zumindest eine Spur seines Namens trägt, aus dieser Geschichte (von fast 20 Jahrhunderten) herauszuziehen?«[2] Diese Frage ließe sich genausogut auf Maria anwenden. Einerseits gibt es viel weniger solche Metallstücke, die den Namen Marias tragen, aber andererseits hat sie zu einer Definition des Weiblichen in einem Maß beigetragen, das Jesus bei der Definition des Männlichen nicht erreicht hat. Heutige Leser muß man vielleicht darauf aufmerksam machen, daß Christus wohl mehr den Menschen schlechthin definiert hat, als den Menschen spezifisch als Mann, und zwar in einem Maß, daß ihn manche spekulativen Denker sogar am liebsten als androgyn beschrieben hätten. Doch selbst in Ermangelung verläßlicher statistischer Daten darf man wohl mit Sicherheit schätzen, daß 2000 Jahre lang »Maria« der Name war, auf den die Mädchen am häufigsten getauft wurden. Hinzu kommt, daß durch Ausrufe wie »Jesus, Maria und Joseph!« (oder nur »Jezis Mária!«, wie ich ihn als Kind immer auf Slowakisch von den lutherischen Pfarrkindern meines Vaters hörte) und vor allem durch das *Ave Maria*, das täglich Millionen von Malen wiederholt wurde, »Maria« in der westlichen Welt der am häufigsten ausgesprochene Frauenname ist. Ziemlich sicher wurde Maria in Kunst und Musik öfter als jede andere Frau der Geschichte dargestellt. Als Beispiel sei hier nur genannt, daß Giuseppe Verdi 1889 ein *Ave Maria* komponierte (und 1897 auch ein *Stabat Mater*); aber der 1887 durch Arrigo Boitos vorgenommenen Adaptation von Shakespeares *Othello* für Verdis Oper war bereits 1816 Gioacchino Rossinis Oper *Otello* damit vorausgegangen, dem Shakespeare-Text ein *Ave Maria* hinzuzufügen, das Desdemona unmittelbar vor ihrem Tod singen sollte.[3] Es ging der Frage voraus, die Othello in Shakespeares

Drama der Desdemona stellt, bevor er sie erdrosselt: »Hast du zur Nacht gebetet, Desdemona?«[4]

Die Jungfrau Maria war für mehr Menschen inspirierend als jede andere jemals lebende Frau. Das ist sie auch weiterhin in unserem 20. Jahrhundert, obwohl dieses im Gegensatz zum vorausgegangenen sogenannten Zeitalter des Glaubens gewöhnlich als ein säkularisiertes Jahrhundert bezeichnet wird. Die letzte russische Zarin, Alexandra, die bei ihrer Eheschließung vom hessischen Protestantismus zur russischen Orthodoxie konvertiert hatte, schrieb einige Wochen nach der Oktoberrevolution: »Unser armes Rus ist ein unkultiviertes, wildes Volk, aber Gott wird es nicht verlassen, und die heilige Gottesmutter wird für es Fürsprache einlegen.«[5] Es war reiner Zufall, aber doch ein verblüffender, als zwei Jahre später, 1919, die ausdrucksstarke Ikone der *Jungfrau der Großen Panhagia* im Konvent der Verklärung (*Preobrazenie*) zu Jaroslawl entdeckt wurde. Als Rose Fitzgerald Kennedy gegen ihr Lebensende über all die Tragödien sprach, die sie im Lauf ihres Lebens mitgemacht hatte, äußerte sie, vor allem habe sie ständig Inspiration und Trost bei »the Blessed Mother« gefunden, die ihren Glauben an Gott selbst dann nicht verloren habe, als ihr Sohn »gekreuzigt und geschmäht« wurde.[6] Einer unserer einfühlsamsten Kommentatoren der Zeitgeschichte, der hispano-amerikanische Literat Richard Rodriguez, hat geäußert: »Die Jungfrau von Guadalupe steht symbolisch für den Zusammenhalt von Leib und Seele Mexikos ... Das Bild Unserer Lieben Frau von Guadalupe (zärtlich nennen sie die Mexikaner La Morenita – die Kleine Schwarze) ist zur inoffiziellen, privaten Flagge der Mexikaner geworden.«[7] Ein anderer Schriftsteller unseres Jahrhunderts hat über den Stellenwert dieses Marienbildes in Mexiko gesagt: »Es enthält alle Grundthemen der Befreiungsbewegung.«[8]

Mag nun unser Jahrhundert säkularisiert sein oder nicht, jedenfalls hat sich darin das Phänomen der Marienerscheinungen fortgesetzt, ja ist vermutlich sogar häufiger aufgetreten als im 19. Jahrhundert, das geradezu deren Goldenes Zeitalter gewesen war.[9] Der Mariologe René Laurentin hat vor einigen Jahren geschätzt, es habe seit den dreißiger Jahren unseres Jahrhunderts wohl über zweihundert Marienerscheinungen gegeben, und ihre Zahl nehme unvermindert zu. Fernsehreportern und Pressejournalisten, die sich zuweilen nur für die Phänomene der religiösen Erfahrung und deren Ausdrucksformen zu interessieren scheinen, sofern diese politisiert werden oder seltsame Formen annehmen oder beides zusammen, ist es gelungen, die Öffentlichkeit über alle diese Erscheinungen recht gut auf dem laufenden zu halten. In Bosnien-Herzegowina, das 1914 zum Auslöser für den Ersten Weltkrieg wurde und seitdem weiterhin Schauplatz religiösen Hasses und ethnischer Ausschreitungen geblieben ist, erschien die Jungfrau 1981 in Medjugorje, einem kroatisch sprechenden Dorf mit 250 Familien.[10] Seit damals haben mehr als 20 Millionen Pilger diesen Ort besucht, trotz der Landminen und Heckenschützen, und keine geringere Autorität als der kroatische Präsident Franjo Tudjman hat den dortigen Erscheinungen das Verdienst zugeschrieben, »zum Wiedererwachen der kroatischen Nation beigetragen zu haben«[11]. Im übrigen beschränkt sich dieses Phänomen nicht auf römisch-katholische Länder; im orthodoxen Griechenland zum Beispiel sind im 20. Jahrhundert Marienerscheinungen zu einer starken Triebkraft geworden.[12]

Lautete zu Beginn des 20. Jahrhunderts die traditionelle Auffassung, daß »wir aus dem wenigen, was uns von Maria erzählt wird, ablesen können, wie eine echte Frau sein sollte«[13], so konnte man umgekehrt, als im weiteren Verlauf dieses Jahrhunderts leidenschaftlich die Frage gestellt wurde, »wie eine echte Frau sein müßte«, wiederum die Gestalt Marias nicht außer acht lassen.[14] Man ist sich weithin darüber einig, daß historisch gesehen »die Marientheologie nichts an der untergeordneten Stellung der Frau in der Kirche geändert hat.«[15] Eine der prominentesten Vertreterinnen der These, die Frau von heute könne erst dann wirklich frei werden, wenn man radikal mit der Tradition breche, und vor allem mit der religiösen Tradition, hat das traditionelle Marienbild folgendermaßen skizziert: »Zum ersten Male in der Geschichte der Menschheit kniet die Mutter vor dem Sohne und erkennt aus freien Stücken ihre Unterlegenheit an. Der höchste Sieg der Männlichkeit vollendet sich im Marienkult: er bedeutet die Rehabilitierung der Frau durch die Vollkommenheit ihrer Niederlage.«[16] Ambivalenter ist es, wenn Befürworterinnen jener Bewegung innerhalb des christlichen Denkens, die man schließlich als »feministische Theologie« bezeichnete, sich alle Mühe gaben – oder, wie eine von ihnen formuliert hat, »verzweifelt suchten«[17], mit Maria als Symbol für »vollendetes Frausein«[18] klarzukommen. Eine andere dieser Autorinnen kam zum Schluß: »Der Marienmythos hat seine Wurzeln in einer männlichen, klerikalen und asketischen Kultur und Theologie und ist von dieser weiterentwickelt worden ... Dieser Mythos ist eine Theologie der Frau, die Männer den Frauen predigen, und er ist so beschaffen, daß er die Frauen davon abschreckt, völlig unabhängig und ganzheitliche menschliche Persönlichkeiten zu werden.«[19] Umgekehrt hat Maria in der orthodoxen Ostkirche den Befürwortern einer Neubestimmung der Stellung der Frau im christlichen Denken als positive Bezugsquelle gedient.[20]

Eines der wichtigsten religiösen Ereignisse des 20. Jahrhunderts war und ist weiterhin das Entstehen der ökumenischen Bewegung. Sie begann als vorwiegend in protestantischen Kreisen beheimatetes Phänomen, als die Erben der Reformation die Themen überprüften, die sie fast von Anfang an hatten auseinanderdriften lassen. Im Anfangsstadium spielte die Frage nach Maria keine große Rolle, es sei denn im Disput zwischen Liberalismus und Fundamentalismus über die historische Stichhaltigkeit der biblischen Berichte über die Jungfrauengeburt.[21] Als jedoch schließlich die orthodoxen Ostkirchen und dann die römischen Katholiken am Gespräch teilnahmen, stieß man unvermeidlich auf diesen Fragepunkt, und schließlich kam es so weit, daß darin die Quintessenz vieler grundsätzlicher Fragen, die die Kirchen trennen, zusammengefaßt ist: Welche legitime Rolle spielt die nachbiblische Tradition in der christlichen Lehre? Welche Rolle steht den Heiligen, und vor allem dieser Heiligen, im Gottesdienst und der Frömmigkeit der Christen zu? Wer verfügt über die Autorität, über christliche Lehrinhalte zu entscheiden? So haben schließlich die Erkenntnisse des 20. Jahrhunderts die Geschichte des Marienkults zu einem Hauptthema bei der ökumenischen Begegnung werden lassen. Eine sorgfältige und brillante Untersuchung dieses Themas und seiner Implikationen aus römisch-katholischer, orthodoxer, protestantischer und sogar jüdischer Perspektive hat nicht nur zutage gefördert, welches Problem hier für die Ökumene ansteht, sondern auch, welches Problem die Mariologie an sich darstellt.[22]

In den folgenden Kapiteln möchte ich historisch darzustellen versuchen, was Maria den Menschen bedeutet hat. Ich halte mich dabei grob an eine chronologische Reihenfolge, um einige Lebens- und Wirklichkeitsräume abgrenzen zu können, in denen sie zu verschiedenen Zeiten der Menschheitsgeschichte eine bedeutende Kraft dargestellt hat. Mit Hans Urs von Balthasar gesprochen, ist Maria »geblieben, was sie von Anfang an war: Armut des enteigneten Schoßes ... solidarisch mit all(en) Armen, aber hinter und in ihnen als einzige fähig, den eucharistisch vertausendfachten Samen Gottes in ihrem Schoß zu empfangen. In dieser ins Leiden übersetzten vollendeten Wiederholung ihrer Empfängnis wird Maria zur ›Braut des (erwürgten) Lammes‹ und zum ›Schoß der Kirche‹, in einer Hochzeitlichkeit, die genau in der beidseitigen äußersten Verlassenheit und Finsternis beginnt. In der ersten Empfängnis war sie ›Gefäß (nicht Braut) des Geistes‹ zu jungfräulicher Mutterschaft dem Sohn gegenüber, in der zweiten aber wird sie ebenso jungfräulich zur Braut des eucharistisch sich verströmenden Sohnes Gottes selbst.«[23]

Abb. 5: *Die Verkündigung*
Jan Van Eyck, ca. 1430; Ausschnitt: der Engel Gabriel
Gemäldegalerie der Staatlichen Kunstsammlungen Dresden

1 MIRJAM VON NAZARETH IM NEUEN TESTAMENT

Im sechsten Monat wurde der Engel Gabriel von Gott in eine Stadt in Galiläa namens Nazareth zu einer Jungfrau gesandt. Sie war mit einem Mann namens Josef verlobt, der aus dem Haus David stammte. Der Name der Jungfrau war Maria.

(Lk 1,26–27)

In diesem Buch soll nicht untersucht werden, wer Maria im 1. Jahrhundert war, sondern als was sie im Lauf von 20 Jahrhunderten erfahren und verstanden worden ist. Folglich sollen hier die biblischen Texte, die sich auf sie beziehen, aus der Retrospektive erörtert werden, das heißt, uns beschäftigt die Frage: Was hat angesichts der nachfolgenden Entwicklung der Frömmigkeit und Lehre die Bibel zum Bild Marias beigetragen? Dieser Ansatz ist ganz besonders beim Thema des nächsten Kapitels zu betonen, wo es um die allegorische und typologische Verwendung eines verchristlichten Alten Testaments und dessen Auswirkung auf das Verständnis Marias geht. Dabei wird die Frage, was mit dem jeweiligen Textabschnitt ursprünglich genau gemeint war, und auch, ob der Text überhaupt exakt aus dem Hebräischen übersetzt worden ist, zweitrangig bleiben müssen, denn uns interessiert, welchen Sinn er de facto in der Geschichte des Christentums infolge seiner Übersetzung und Auslegung angenommen hat. Jedoch hat das Neue Testament bestimmt nicht weniger als das Alte im Lauf seiner Interpretationsgeschichte ständig wieder neue Sinne erhalten, Sinne, die sich gelegentlich eher daraus ergaben, was es nicht sagte, als aus dem, was tatsächlich darin stand. Auf beide Testamente können wir nämlich die kluge Bemerkung eines Gelehrten anwenden, der sich mit der hebräischen Bibel befaßt und einige spezielle Kapitel ihrer Interpretationsgeschichte erhellt hat, nämlich Louis Ginzbergs Äußerung: »Wie eine Perle das Ergebnis der Reizung im Fleisch einer Muschel ist, so kann sich auch um eine irritierende Stelle in der Bibel eine Legende bilden.«[24] Ganz gleich, ob die einzelnen Bibelstellen über Maria nun anreizend, irritierend oder inspirierend wirken mochten, jedenfalls haben sie die Aufmerksamkeit auf Maria gelenkt, wenn auch nicht immer unter Kontrolle gehalten.

Trotz allem ist jedoch das, was das Neue Testament über Maria aussagt, schmerzlich knapp. Jeder, der die biblischen Belegstellen über sie erst genau aufsucht, nachdem er sich mit der Entwicklung der Marienfrömmigkeit und der Lehren über Maria befaßt hat, muß überrascht, wenn nicht sogar schockiert sein, wenn er entdeckt, wie spärlich sie gesät sind. Ein Ausleger zu Beginn unseres Jahrhunderts, der darauf aus war, so viel wie nur erlaubt war (und vielleicht auch noch etwas mehr) aus der Bibel zu beweisen, sah sich zum Eingeständnis genötigt, »der Leser der Evangelien werde wohl zunächst überrascht sein, darin so wenig über Maria zu finden.«[25] Oder, wie es das führende griechisch-englische Lexikon des Neuen Testaments bei der Darstellung der ersten der sieben Frauen, die im Neuen Testament den Namen *Maria* tragen, formuliert hat: »Über das Leben dieser Maria weiß man wenig.«[26] Je nachdem, wie viele Texte man einbezieht, ließe sich alles auf wenigen Seiten abdrucken. Wäre das alles, was uns zur Verfügung steht, würde auch dieses Buch hier sehr kurz ausfallen! Tatsächlich aber ist der Kontrast zwischen der geringen Zahl der biblischen Belegstellen und der Fülle an Material aus der Tradition derart frappierend, daß er in der ökumenischen Begegnung der Konfessionen zu einem bedeutenden Thema geworden ist.[27]

Für den Bibelwissenschaftler mag das Faktum, daß »im Lauf der Jahrhunderte die Mariologie eine gewaltige Entwicklung erfahren hat«,[28] ein Problem darstellen. Dagegen bietet diese Entwicklung dem Historiker reichhaltiges Quellenmaterial. Allerdings war die Mariologie nicht die einzige Lehre, die eine solche Entwicklung durchgemacht hat; ja, es läßt sich überhaupt keine Lehre aufzeigen, die davon verschont geblieben wäre. Das einschlägigste Beispiel für die Entwicklung einer Lehre ist das Dogma von der Dreifaltigkeit; an ihm ist auch das grundsätzliche Thema der »Dogmenentwicklung« durchexerziert worden. Die Lehre von der Dreifaltigkeit stand als solche nämlich nicht im Neuen Testament, sondern sie bildete sich aus dem Leben und Gottesdienst, der Reflexion und Kontroverse der Kirche heraus. Nach dem Urteil der christlichen Orthodoxie war das der einzige Weg, wie die Kirche der Lehre des Neuen Testaments treu bleiben konnte. Diese Entwicklung spielte sich in Jahrhunderten des Studiums und der Spekulation ab, in denen viele Lösungsvorschläge für das Dilemma zwischen den Drei und dem Einen auf den Tisch kamen, und für jede wurde irgendeine Bibelstelle ins Feld geführt. Der endgültigen normativen Formulierung des Dreifaltigkeitsdogmas durch das erste ökumenische Konzil der Kirche, das im Jahre 325 in Nicäa stattfand, legte man die biblische Formulierung der sogenannten großen Aussendungsrede Christi an seine Jünger unmittelbar vor seiner Himmelfahrt zugrunde: »Mir ist alle Macht gegeben im Himmel und auf der Erde. Darum geht zu allen Völkern und macht alle Menschen zu meinen Jüngern; tauft sie auf den Namen des Vaters und des Sohnes und des Heiligen Geistes« (Mt 28,18–19). Allerdings packte man in den Rahmen dieser neutestamentlichen Formulierung des Credos von Nicäa viele weitere biblische Motive hinein, sowie den grandiosen nichtbiblischen Begriff, für den sie bekannt geworden ist und den offensichtlich Kaiser Konstantin forciert hat: »eines Wesens mit dem Vater (*homoousios to̱ patrì*)«.[29] Mit der für ihn üblichen Schärfe hat deshalb einmal John Courtney Murray formuliert, welche Folgen dies für die ökumenische Lage hatte: »Ich bin der Ansicht, der Umstand, daß die beiden christlichen Gemeinschaften getrennte Wege gingen, entzündete sich an der Frage der Entwicklung der Lehre ... Ich glaube nicht, daß die erste Frage, die sich im ökumenischen Gespräch stellt, lautet: Was hältst du von der Kirche? Und auch nicht: Was hältst du von Christus? Der Dialog würde sich aus der gegenwärtigen Verwirrung ergeben, ob die erste Frage nicht heißen müßte: Was hältst du vom homoousion von Nicäa?«[30] Wenn die protestantischen Kirchen die Gültigkeit der Lehrentwicklung anerkannten, die von der großen Aussendungsrede im Matthäusevangelium bis zur Formulierung des Credos von Nicäa führte, wie das alle großen protestantischen Kirchen taten und tun, dann besteht eigentlich kein Grund dafür, daß sie grundsätzlich andere Entwicklungen ablehnen könnten, die von anderen lapidaren Bibelstellen aus zu weiteren Lehren geführt haben.

Aus den offensichtlich einfachen Aussagen »Das ist mein Leib« und »Das ist mein Blut« in den Einsetzungsworten des Herrenmahles zum Beispiel (Mt 26,26–28; Mk 14,22–25; Lk 22,19–20; 1 Kor 11,23–25) ergaben sich nicht nur die prunkvollen eucharistischen Liturgien der orthodoxen Ostkirchen und der lateinischen Messe mit allen ihren Begleiterscheinungen, einschließlich der Aufbewahrung der konsekrierten Hostie und deren Verehrung, sondern auch die lange und komplizierte Geschichte der Entwicklung der Lehre von der Realpräsenz des Leibes und Blutes Christi im Sakrament, die dann in der Westkirche auf dem

Vierten Laterankonzil 1215 zur Verkündigung der Lehre von der Transsubstantiation und deren Bestätigung durch das Konzil von Trient 1551 führte.[31] Wenn das Erste Konzil von Nicäa eine legitime Entwicklung vollzog, das Vierte Laterankonzil aber eine illegitime – worin bestehen dann die biblischen und doktrinären Kriterien, mit deren Hilfe sich dieser Unterschied machen läßt? Ihrem Wortlaut nach ließ die Aussage Christi an Petrus im Neuen Testament: »Du bist Petrus, und auf diesen Felsen werde ich meine Kirche bauen, und die Mächte der Unterwelt werden sie nicht überwältigen« (Mt 16,18) mehr Fragen offen, als sie beantwortete. Aber zu dem Zeitpunkt, wo die Entwicklung der Lehre über diese Stelle entsprechend vorangetrieben war, hatte sie einen konkreten Sinn angenommen, der in der Formel von Papst Bonifaz VIII. lautete, es sei »für jegliche Kreatur heilsnotwendig, dem römischen Pontifex untertan zu sein«[32]. Die Tatsache, daß sie diese Lehrentwicklung mit dem Argument verwarfen, es handle sich um eine Weiterentwicklung, und eine Weiterentwicklung sei grundsätzlich nicht akzeptabel, brachte die Bibelexegeten der Reformation und Nachreformation in die Verlegenheit, denen auf dem linken Flügel der Reformation nicht die Stirn bieten zu können, die genau wie die »Lehramtsreformer« nachdrücklich die ausschließliche Autorität der Heiligen Schrift betonten, damit jedoch konsequenterweise auch die Dreifaltigkeitslehre von Nicäa verwarfen, weil sie behaupteten, das sei die notwendige Voraussetzung und Methode dafür, die biblischen Texte wieder unbefangen lesen zu können.

Die trinitarische Sicht, die aus der Bibel heraus entwickelt worden war, war also ihrerseits wiederum eine Art – oder genauer: die Art schlechthin – geworden, die Bibel auszulegen. Als sie zumindest für den Westen im großen ganzen durch Augustinus systematisiert wurde, erhielt diese Methode der Bibelexegese die Form einer »kanonischen Regel« (*canonica regula*)[33]. Die paar Schriftstellen, die aussahen, als böten sie die Substanz für das Dogma von der Dreifaltigkeit, nämlich die gerade zitierte Taufformel am Schluß des Matthäus- (28,19) und der Prolog über die Gottheit des Logos am Anfang des Johannesevangeliums (1,1), verstärkten sich gegenseitig zum biblischen Beweis für die kirchliche Lehre. Umgekehrt jedoch wurde jede andere Schriftstelle, die ihrem Wortlaut nach der kirchlichen Lehre zu widersprechen schien, der »kanonischen Regel« unterworfen und mußte aufgrund dieser sorgfältig behandelt werden. Weil etliche Kapitel nach dem feierlichen Prolog das Johannesevangelium Jesus von sich sagen läßt:

»Mein Vater ist größer als ich« (14,28), mußte Augustinus seine schwersten Geschütze auffahren. Waren aber die protestantischen Reformer und ihre Nachfahren bereit, mit einer derartigen Manipulation von Stellen aus dem Neuen Testament im Interesse der Aufrechterhaltung einer bestimmten Lehrentwicklung einverstanden zu sein – und das waren sie –, was war dann grundsätzlich gegen eine entsprechende Manipulation einzuwenden, wenn die fragliche Schriftstelle lautete: »Das ist mein Leib« oder »Du bist Petrus, und auf diesen Felsen werde ich meine Kirche bauen«?

Doch vielleicht nirgendwo sonst war die Herausforderung dieses Dilemmas auf dramatischere Weise unvermeidlich als auf dem Gebiet der Entwicklung der Lehre über Maria und ihrer vorgeblichen Grundlegung in der Heiligen Schrift. Für manche Elemente dieser Lehre schien die biblische Grundlage ziemlich eindeutig zu sein. Sowohl das Matthäus- wie das Lukasevangelium sagten zum Beispiel unmißverständlich aus, daß Maria ihren Sohn als Jungfrau empfangen habe (Mt 1,18; Lk 1,34f). Aber bei näherer Betrachtung ergab sich die rätselhafte Unstimmigkeit, daß das gesamte übrige Neue Testament über diesen Punkt gar nichts aussagte, was sehr merkwürdig war, wenn er doch so eindeutig und wesentlich sein sollte. Weder die Paulusbriefe noch die anderen Briefe des Neuen Testaments noch die in der Apostelgeschichte berichteten Predigten der Apostel enthalten einen Hinweis auf die jungfräuliche Empfängnis. Weil Matthäus und Lukas beide von ihr sprachen, waren die beiden anderen Evangelien in dieser Hinsicht von besonderem Interesse. Das Markusevangelium begann mit dem Auftreten Jesu als Erwachsener und bot keine Information über seine Empfängnis, Geburt und Kindheit. Das Johannesevangelium setzte ganz früh an, nämlich »im Anfang«, als es nur Gott und den Logos gab. Doch schon in seinem ersten Kapitel, unmittelbar vor der berühmten Formulierung »Und das Wort ist Fleisch geworden und hat unter uns gewohnt« (1,14), kannte es eine merkwürdige Textvariante, die für unsere Thema von Bedeutung ist. »Allen aber, die ihn aufnahmen«, versprach diese Stelle, »gab er Macht, Kinder Gottes zu werden, allen, die an seinen Namen glauben, die nicht aus dem Blut, nicht aus dem Willen des Fleisches, nicht aus dem Willen des Mannes, sondern aus Gott *geboren sind*« (1,12–13). Doch in manchen frühen lateinischen Textzeugnissen, die nicht ohne Einfluß auf andere Fragen des Textes waren, war die Pluralfassung von »die ... geboren sind«, die sich auf die von Gottes Gnade geschenkte »neue Geburt« der Gläubigen bezog, ersetzt durch die Singularformulierung »der ... geboren ist«, was dann lautete: »Allen aber, die ihn aufnahmen, gab der, der nicht aus dem Blut, nicht aus dem Willen des Fleisches, nicht aus dem Willen des Mannes, sondern aus Gott geboren ist, Macht, Kinder Gottes zu werden.« Das war nun eine eindeutige Bezugnahme auf die jungfräuliche Geburt Christi. Nach der *New Jerusalem Bible* »gibt es tatsächlich starke Argumente dafür, das Verb im Singular zu lesen, in welchem Fall der Vers auf den göttlichen Ursprung Jesu hinweist, nicht auf die Jungfrauengeburt«[34]. Über diese Variante hinaus stellt sich die Frage, wie weit die Vorstellung der »Jungfrauengeburt« als solche von der Bibel unterstützt wird. Denn streng genommen sprachen nur die unhinterfragten Belegstellen von Matthäus und Lukas eindeutig von der jungfräulichen Empfängnis; über die Frage der Art und Weise der Geburt Jesu und erst recht über die Frage der Jungfrauschaft Marias nach ihrer Geburt sagen sie überhaupt nichts. Eine damit verbundene Frage, nämlich um wen es sich bei den wiederholt im Neuen Testament genannten »Brüdern« Jesu handle, wird uns zu einem späteren Zeitpunkt zumindest kurz beschäftigen.[35] Frühe Glaubensformeln setzten sich über derartige Unterscheidungen hinweg, wenn sie einfach bekannten, er sei »geboren von der Jungfrau Maria«[36].

In diesem und dem folgenden Kapitel wollen wir das biblische Material zusammenfassen und zugleich den Grund für die nachfolgende Entwicklung vorbereiten. Dazu betrachten wir einige der Hauptthemen des späteren Denkens über Maria und beschäftigen uns mit der Frage, welche Texte des Alten und Neuen Testaments jeweils als deren Vorausschatten betrachtet wurden. Das vorliegende Buch ist nicht der Ort für eine ausführliche Exegese dieser Texte, sondern kann nur die Texte aufzeigen, die die nachfolgende Tradition als Belegstellen für ihre später entwickelten Aussagen aus der Bibel heranzog, einschließlich jenes Teils der Bibel, den die Christen schließlich das »Alte Testament« nannten. Bei etlichen dieser Stellen reicht es, sie relativ kurz zu betrachten; andere Texte und Themen werden einer ausführlicheren exegetischen Begründung bedürfen. In diesen beiden Kapiteln sehen wir also die für unseren Zusammenhang wichtigsten biblischen Texte durch, und zwar ungefähr in der Reihenfolge der Themen, die in den Titeln der übrigen Kapitel angesprochen werden. Umgekehrt soll die Verwendung dieser biblischen Formulierungen aus dem Alten und dem Neuen Testament für die Kapitelüberschriften zum Ausdruck bringen, welche vorrangige Bedeutung der Heiligen Schrift dabei zukommt.

Ave Maria. »Gegrüßet seist du, Maria, voll der Gnade. Der Herr ist mit dir«, lautete nach der Vulgata der Gruß des Engels Gabriel an Maria (Lk 1,28). In Reaktion gegen diese Übersetzung und gegen den Sinn, mit dem sie befrachtet wurde, als man das »voll der Gnade« so deutete, daß damit gemeint sei, Maria sei nicht nur Objekt und Empfängerin der göttlichen Gnade gewesen, sondern habe diese Gnade schon immer in Fülle besessen und daher auch über das Recht verfügt, als deren Verteilerin wirken zu können, übersetzte man diese Stelle für die »Authorized Version of the Bible« so: »Hail, thou art highly favored« (»Sei gegrüßt, du bist in hohem Maß begnadet)«[37]. Das griechische Passivpartizip, das mit diesen einander widerstreitenden Übersetzungen wiedergegeben wird, lautet *kecharitomene*, und seine Wurzel, das Nomen *charis* und seine Verwandten, bedeutete »Gunst« im allgemeinen und diente vor allem im Neuen Testament und in der frühchristlichen Literatur zur Bezeichnung der »Gnade« als Gunsterweis und unverdiente Großzügigkeit Gottes[38]. Im unmittelbaren Kontext des Verkündigungsberichts scheint damit in erster Linie gemeint zu sein, daß bei der Wahl Marias als derjenigen, die die Mutter Jesu werden sollte, die Initiative ganz bei Gott lag und es also an ihm war, sie als seine Auserwählte zu bestimmen. Martin Luther ließ in seinem Weihnachtslied »Vom Himmel hoch da komm' ich her«, das zum Leitmotiv jeder Kantate in Johann Sebastian Bachs *Weihnachtsoratorium* von 1734/35 werden sollte, einen weiteren Engel auftreten, der den Hirten von Bethlehem und durch sie der ganzen Welt verkündete: »Euch ist ein Kindlein heut' gebor'n/ Von einer Jungfrau auserkor'n.« Das war eine reformatorische Formulierung dieser Bestimmung Marias als der Auserwählten, der »Prädestinierten«, wie nicht ganz zu Unrecht unter anderen dann 1964 des Zweite Vatikanische Konzil sagte[39], durch die der Plan Gottes zur Rettung der Welt in Bewegung gesetzt werden sollte.

x Luk 2,10

Dieser historische interkonfessionelle Disput über die volle Tragweite des Ausdrucks *kecharitomene* sollte nicht übersehen lassen, daß Maria infolge des Eröffnungsgrußes *Ave*/ »Gegrüßet seist du« im Lauf der Jahrhunderte eine sehr viel wichtigere Rolle gespielt hat. Er sollte zum Anfang eines Gebets werden, das man wohl mit ziemlich sicherer Schätzung als das Gebet bezeichnet hat, das im

Lauf der Zeiten in der westlichen Christenheit nach dem Vaterunser am häufigsten verwendet worden ist:

> *Ave Maria, gratia plena, Dominus tecum, benedicta tu in mulieribus, et benedictus fructus ventris tui, Jesus. Sancta Maria, Mater Dei, ora pro nobis peccatoribus, nunc et in hora mortis nostrae. Amen.*
>
> Gegrüßet seist du, Maria, voll der Gnade. Der Herr ist mit dir. Du bist gebenedeit unter den Frauen, und gebenedeit ist die Frucht deines Leibes, Jesus. Heilige Maria, Mutter Gottes, bitte für uns Sünder, jetzt und in der Stunde unseres Todes. Amen.

Bei der Formulierung des ersten Satzes dieses Gebets sind zwei biblische Begrüßungsformeln aus Lk 1,28 und 1,42 in der Vulgata-Version miteinander verknüpft. Der zweite Satz besteht aus einer Bitte, in der der nachbiblische Titel *Theotokos* mit der späteren mariologischen Lehre verbunden wurde, derzufolge die Heiligen im Himmel Fürsprache für die Gläubigen auf Erden einlegen, und daß deshalb vor allem die Muttergottes, die »voll der Gnade« ist und daher deren Vermittlerin sein kann, in der Lage ist, für sie einzutreten, und folglich sie wiederum das Recht haben, das von ihr direkt zu erbitten. Auf eigenartige Weise kommt daher im *Ave Maria* nicht nur die Ironie zum Ausdruck, daß Maria zu einem Hauptpunkt der Spaltung zwischen den Gläubigen und den Kirchen geworden ist, sondern auch der Zwiespalt zwischen der ausschließlichen Autorität der Schrift und der Entwicklung der Lehre durch die Tradition; denn selbst diejenigen, die den absoluten Vorrang der Autorität der Bibel vertraten, sollten sich dennoch weigern, die makellos biblischen Worte des ersten Satzes dieses Gebets zu sprechen.

Zweite Eva. Weil die Reihenfolge, in der in unseren Bibeln als Sammlung der kanonischen Bücher die einzelnen Schriften angeordnet sind, nicht der chronologischen Abfolge der Niederschrift der Bücher des Neuen Testaments entspricht, findet sich die älteste in den Büchern des Neuen Testaments vorkommende schriftliche Bezugnahme auf Maria (wenn auch nicht namentlich) in keinem der Evangelien, sondern im Brief des Paulus an die Galater (4,4): »Als aber die

Zeit erfüllt war, sandte Gott seinen Sohn, *geboren von einer Frau* und dem Gesetz unterstellt, damit er die freikaufe, die unter dem Gesetz stehen, und damit wir die Sohnschaft erlangen.« Die meisten Neutestamentler würden zustimmen, daß »geboren von einer Frau« nicht unbedingt heißt oder einschließt: »aber nicht gezeugt von einem Mann« (obwohl es auch nicht die Vorstellung einer Jungfrauengeburt ausschließt), sondern daß es sich vielmehr um einen semitischen Ausdruck für »ein menschliches Wesen« handelt, wie etwa in dem Spruch Ijob 14,1: »Der Mensch, vom Weib geboren, knapp an Tagen, unruhvoll«. (Aus diesem Grund sollte Macbeth entdecken, daß die Prophezeiung der Hexen: »Dir schadet keiner, den ein Weib geboren« einen menschlichen Vater nicht aus-, allerdings auch einen Kaiserschnitt nicht einschloß!)[40]. Daher wurde dieser Satz aus dem Galaterbrief von früher Zeit an als Aussage dafür gewertet, daß Jesus Christus ein wahrer Mensch gewesen sei, in Abwehr gegen eine weitverbreitete Tendenz im Christentum (die in Kapitel 3 besprochen wird), die unterstellte, man müsse, um zu gewährleisten, daß er für mehr als nur ein Mensch gehalten werde, ihn so beschreiben, daß er nicht voll und ganz Mensch gewesen sei. Allerdings führte der Apostel Paulus im Neuen Testament zur Bekräftigung dieser Aussage über das wahre Menschsein Christi eines seiner originellen Argumente ins Feld und wandte dazu eine ganz eigene Deutung des Alten Testaments an. Er formulierte sie mit seinem Satz in Röm 5,19: »Wie durch den Ungehorsam des einen Menschen die vielen zu Sündern wurden, so werden auch durch den Gehorsam des einen die vielen zu Gerechten gemacht werden.« Von dieser Typologie aus, in der vom »ersten Adam« die Rede ist und sodann von Christus als dem »zweiten Adam«, war der Schritt nicht weit – auch wenn er im Neuen Testament selbst nicht vollzogen wurde –, Maria als die »zweite Eva« zu bezeichnen und dann in Extrapolierung der Worte des Paulus ebenfalls zu sagen: »Wie durch den Ungehorsam der einen (Frau) die vielen zu Sündern wurden, so werden auch dank des Gehorsams der einen viele zu Gerechten gemacht«, und zwar durch den Einen, den sie zur Welt brachte. Im 2. Kapitel werde ich untersuchen, wie es dazu kam, daß deshalb, weil Maria, die »zweite Eva«, zur Erbin der Geschichte Israels wurde, die Geschichte der ersten Eva als biblische Grundlage und historische Quelle herangezogen werden konnte, ja, nach Auffassung der frühen Christen herangezogen werden mußte, um über sie Genaueres zu erfahren.

Mutter Gottes. Selbst aus den Evangelien, wie sie auf uns gekommen sind, wird deutlich, daß die Beziehung zwischen Jesus und Johannes dem Täufer von schwieriger Natur war. Die Evangelisten verbreiteten, das öffentliche Wirken Johannes des Täufers habe dazu geführt, daß »alle« seine Zeitgenossen »im stillen überlegten, ob Johannes nicht vielleicht selbst der Messias sei« (Lk 3,15). Dennoch achteten sie darauf, zu erklären, daß Johannes selbst Jesus als »das Lamm Gottes, das die Sünde der Welt hinwegnimmt« bezeichnet habe. Außerdem habe er auf die diesbezügliche Frage seine historische Sendung ausdrücklich derjenigen von Jesus untergeordnet und sich selbst als den beschrieben, der »es nicht wert (sei), ihm die Schuhe aufzuschnüren« (Joh 1,29.27). Diese Verhältnisbeschreibung der Beziehung zwischen Johannes und Jesus wurde auf die Beziehung zwischen Elisabeth und Maria übertragen. Denn in dem Bericht, der als die Geschichte von »Mariä Heimsuchung« bekannt wurde, erzählte Elisabeth nicht nur von Johannes: »Als ich deinen Gruß hörte, hüpfte das Kind vor Freude in meinem Leib«, sondern Elisabeth »rief« obendrein »mit lauter Stimme: Gesegnet bist du mehr als alle anderen Frauen, und gesegnet ist die Frucht deines Leibes. Wer bin ich, daß die Mutter meines Herrn zu mir kommt?« (Lk 1, 42–44).

Sollte diese Wechselrede zwischen Maria und ihrer »Base (*syngenis*)« Elisabeth (vgl. Lk 1,36) so verstanden werden, daß sie auf Aramäisch stattgefunden hätte oder sogar etwas Hebräisch dabei gesprochen worden wäre, dann ließe sich vorstellen, daß der Titel »die Mutter meines Herrn«, den Elisabeth Maria verlieh, auf Griechisch *hè mètèr tou kyriou mou*, Jesus Christus als *Adonai*, »meinen Herrn« bezeichnet hätte, also mit dem Begriff, der als Ersatz für den unaussprechlichen göttlichen Namen JHWH üblich war. Auf jeden Fall haben von der Frühzeit an christliche Interpreten den Titel *kyrios* für den im Neuen Testament allgemein üblichen »christologischen Hoheitstitel«[41] gehalten, mochten nun die Evangelien oder der Apostel Paulus eine solche Identifikation beabsichtigt haben oder nicht. Und da in der zentralen Glaubensbekundung Israels, dem Shema: »Höre, Israel! Der Herr unser Gott ist der einzige Herr«, die Christus aufgriff (Dtn 6,4–5; Mk 12,29), bereits die Gleichsetzung von »der Herr« und »unser Gott« vollzogen war, sahen die im Jahre 431 zu Ephesus versammelten Bischöfe keine Schwierigkeit darin, von Elisabeths Formel für Maria als »Mutter meines Herrn« zu Cyrills Formel von Maria als »Mutter Gottes«, *Theotokos*, fortzuschreiten.

Heilige Jungfrau. Die Jungfrauschaft Marias in ihrer paradoxen Verbindung mit ihrer Mutterschaft war eines der Elemente, das den Evangelien von Lukas und Matthäus gemeinsam ist. »Im sechsten Monat wurde der Engel Gabriel von Gott in eine Stadt in Galiläa namens Nazareth zu einer Jungfrau gesandt. Sie war mit einem Mann namens Josef verlobt, der aus dem Haus David stammte. Der Name der Jungfrau war Maria« (Lk 1,26–27), wobei *Maria* die griechische Form des hebräischen Namens *Mirjam* ist, wie die Schwester des Mose hieß. So beginnt im ersten Kapitel des Lukasevangeliums der längste fortlaufende Bericht über Maria in der ganzen Bibel.[42] Im daran anschließenden Kapitel, in der Einleitung zur Geburtsgeschichte Jesu, heißt es, Joseph – und nach vielen frühchristlichen Interpreten auch Maria, obwohl das nicht ausdrücklich gesagt wird[43] – habe »aus dem Haus und Geschlecht Davids« gestammt (Lk 2,4). Die Version des Matthäus bringt zwar weniger Einzelheiten als Lukas, vor allem über Maria selbst, aber sie ist eine Parallele zu derjenigen des Lukas. Auch sie spricht von Maria als Jungfrau und zitiert zum Beweis dafür die Prophetie des Jesaja: »Seht, die Jungfrau (*parthenos*) wird ein Kind empfangen, einen Sohn wird sie gebären, und man wird ihm den Namen Immanuel geben« (Mt 1,23; Jes 7,14).

Lukas erzählt in seinen beiden ersten Kapiteln die Geschichte vom Zwiegespräch zwischen Gabriel und Maria, von der sogenannten »Verkündigung«; ferner die Geschichte vom Zwiegespräch zwischen Elisabeth, der Mutter Johannes des Täufers, und Maria, die sogenannte »Heimsuchung«, einschließlich des Magnificat, das beginnt mit »Meine Seele preist die Größe des Herrn« (das in einigen Manuskripten Elisabeth und nicht Maria zugeschrieben wurde); sowie die Geschichte von der Darstellung des Jesuskindes im Tempel mit dem Lobgesang »Nunc dimittis« des Simeon: »Nun läßt du, Herr, deinen Knecht, wie du gesagt hast, in Frieden scheiden.« In der Art, wie Lukas die Geburtsgeschichte Jesu erzählt, spielt Maria eine derart vorrangige Rolle, daß manche frühen Leser sich vor die Frage gestellt sahen, woher alle diese Einzelheiten stammten, da sie in anderen Berichten nicht auftauchten. Das Evangelium des Lukas fängt mit Worten an, die manche Kirchenväter als Erklärung dafür betrachteten: »Schon viele haben es unternommen, einen Bericht über all das abzufassen, was sich unter uns ereignet und erfüllt hat. Dabei hielten sie sich an die Überlieferung derer, *die von Anfang an Augenzeugen und Diener des Wortes waren.* Nun habe auch ich mich entschlossen, *allem von Grund auf sorgfältig nachzugehen*, um es für dich ... der

Reihe nach aufzuschreiben« (1,1–3). Weil es gewöhnlich Historiker waren, die Struktur und Inhalt der Evangelien untersucht haben, verschafften diese einleitenden Worte dem Lukas den Ruf des Historikers unter den Evangelisten.[44] Er wandte auf sich selbst das Wort *parèkolouthèkoti* an, was bedeutete, daß er historische Nachforschungen angestellt habe, mehr oder weniger so, wie das seine Mithistoriker in der Gegenwart getan haben. Die Quellen, aus denen er für diese Untersuchung schöpfte, lagen zum Teil schriftlich vor. Dazu gehörten die genannten »vielen«, die es unternommen haben, »einen Bericht über all das abzufassen, was sich unter uns ereignet und erfüllt hat«, wozu also offensichtlich noch weitere Schriftsteller gehörten als diejenigen, die uns auf den Seiten des Neuen Testaments überliefert sind. Aber ausdrücklich gehörten zu den Quellen auch die »Augenzeugen und Diener des Wortes«, denn nicht nur war Lukas keiner der ursprünglichen zwölf Jünger und Augenzeugen, nicht einmal der Schüler eines von diesen; vielmehr war er nach Aussage der Tradition ein Schüler des Paulus, der die Kolosser vom »Arzt Lukas, unser(em) liebe(n) Freund« grüßen läßt (Kol 4,14), und Paulus war ja ein »Unerwarteter« und schloß sich erst später den Aposteln an (1 Kor 15,8). Wer mochten also wohl die »Augenzeugen und Diener des Wortes sein«, bei denen Lukas Erkundigungen über die allerersten Anfänge seiner Erzählung einholen konnte, also die Gewährsleute dessen, was wir heute als die »mündliche Überlieferung« dieser frühen Ereignisse bezeichnen würden? Da die Geschichte in diesen Kapiteln aus der Sicht Marias erzählt wird, schien es nahezuliegen, an sie als die wichtigste dieser ursprünglichen Augenzeugen und Diener des Evangeliums zu denken. Hinzu kam, daß Lukas ein Heide und kein Jude war und sowohl im Hauptteil seines Evangeliums als auch in seiner Apostelgeschichte ein Griechisch schrieb, das dem attischen Standard näher kommt als andere Teile des Neuen Testaments und weniger wie eine Übersetzung wirkte, sein Griechisch in diesen beiden Kapiteln jedoch nicht von dieser Qualität ist, ja in mancher Hinsicht wie eine Übersetzung aus einem hebräischen (oder aramäischen) Original wirkt. Diese Überlegungen brachten frühe christliche Schriftsteller dazu, die Einleitungskapitel des Lukasevangeliums als die Erinnerungen Marias zu betrachten – eine Charakterisierung, die der historisch-kritischen Untersuchung der Evangelien allerdings nicht standhielt. Es entstand sogar eine Tradition, derzufolge Lukas der erste christliche Ikonenmaler gewesen sei, und so wurde die Darstellung des Lukas, wie er die Ikone der Jungfrau Maria malt, zum Standardbild.[45]

Mater Dolorosa. Als das Apostolische und das Nicänische Credo bei der Aufzählung ihrer Glaubensartikel über Jesus Christus als den Sohn Gottes von der Erwähnung seiner Geburt aus der Jungfrau Maria sofort auf sein Leiden unter Pontius Pilatus übergingen, ohne überhaupt seine Lehrtätigkeit, seine Wunder oder seine Apostel zu erwähnen, waren sie darin ein Echo der Betonung, die die Evangelien auf sein Leiden und seine Kreuzigung legten, und sie verstärkten diese Betonung dadurch noch mehr. Jedes Evangelium verlagerte auf seine je eigene Art das Interesse von den einzelnen Vorfällen und gelegentlichen Einblicken in die vorausgehende Handlung auf eine bei weitem ausführlichere Beschäftigung damit, wie sich Tag um Tag und sogar Stunde um Stunde die Geschichte vom Leiden und Sterben Jesu entfaltete. Aus der Sicht der späteren Interpretationsgeschichte kann man sich die jeweilige Eigenart ihrer Berichte sehr gut vor Augen führen, wenn man die von ihnen gesammelten »sieben Worte am Kreuz« miteinander vergleicht.[46]

Von Johannes stammt das für unseren Zusammenhang relevanteste dieser sieben Worte: »Frau, siehe, dein Sohn! ... Siehe, deine Mutter!« (19,26–27). Wenn nicht theologisch, so jedenfalls homiletisch konnte das »Siehe, deine Mutter!« leicht zum Ansatzpunkt dafür werden, der mütterlichen Sorge Marias nicht nur »den Jünger, den Jesus liebte« anzuvertrauen, in dem die Tradition, allerdings nicht die heutige Forschung, Johannes den Evangelisten sieht, sondern alle Jünger, die Jesus zu allen Epochen der Geschichte liebte, und folglich auch die gesamte Kirche in Vergangenheit und Gegenwart. Schon Origenes von Alexandrien hat im ersten Drittel des 3. Jahrhunderts dazu gesagt: »Niemand kann den Sinn (des Johannesevangeliums) erfassen, der nicht an der Brust Jesu gelegen und ebenfalls von Jesus Maria als seine Mutter geschenkt erhalten hat ... Ist es nicht so, daß jeder, der ein Leben der Vollkommenheit lebt, nicht mehr selbst lebt, sondern Christus lebt in ihm? Und dann wird auch über ihn zu Maria gesagt: ›Siehe, dein Sohn Christus.‹«[47] Doch bewegte diese Szene die Phantasie der Christen auf noch eindringlichere Weise, denn genau wie die Verkündigungsszene zu Anfang von Christi Leben schien auch sie ein Fenster ins Innenleben Mariens zu eröffnen. Es gab ja zudem aus der Frühzeit von Christi Leben die Prophezeiung, die als Rechtfertigung für eine solche Erkundung des Innenlebens Marias gelten durfte, wenn sie als die Mater Dolorosa am Fuß des Kreuzes stand: »Dir selbst aber wird ein Schwert durch die Seele dringen« (Lk 2,35).

Vorbild des Glaubens an das Wort Gottes. An der Stelle, wo im Hebräerbrief ein Abriß der Heiligen aus der ganzen Geschichte Israels gegeben wird und alle aufgezählt werden, »deren die Welt nicht wert war« (11,38), wird jeder Name mit der Formel »aufgrund des Glaubens« eingeleitet, nachdem zu Beginn der Liste dieser selbst definiert worden ist: »Glaube aber ist: Feststehen in dem, was man erhofft, Überzeugtsein von Dingen, die man nicht sieht« (11,1). Und wenn im Brief an die Römer definiert worden ist, daß »der Glaube vom Hören (*akoè*) kommt, und das Hören vom Wort Gottes« (10,17), und die Gesamtbotschaft des Briefs eingeleitet und abgeschlossen wird mit der Gleichsetzung von »Glauben« mit »Gehorsam« (*hypakoè*, 1,5 u. 16,26), so wurde damit ein Zusammenhang zwischen Gehorsam und Glauben auf den Punkt gebracht, sowie zwischen Glauben und dem Wort Gottes, der in den Schriften der hebräischen Propheten und in den Lehren Jesu von zentraler Bedeutung gewesen war. Der Widerspruch zwischen seiner für die protestantische Reformation so wesentlichen Aussage, »daß der Mensch gerecht wird durch Glauben, unabhängig von Werken des Gesetzes« (Röm 3,28) und der Behauptung des Jakobusbriefs, »daß der Mensch aufgrund seiner Werke gerecht wird, nicht durch den Glauben allein« (2,24), sollte alle künftigen Harmonisierungsversuche vereiteln, besonders während der Reformationszeit. Aber diese Unterschiede stellten dennoch nicht in Abrede, daß der Glaube für die gesamte neutestamentliche Botschaft von grundlegender Bedeutung war oder daß das, was das Wort Gottes lehrte, im Mittelpunkt stand.

Die historische Gestalt, die in allen diesbezüglichen neutestamentlichen Perikopen eine Hauptrolle spielt – im Hebräer-, Römer- und Jakobusbrief –, war Abraham (Hebr 11,8, Röm 4,1 und Jak 2,24). Nach allen dreien ist er »der Vater aller, die glauben«, wie er im Römerbrief (4,11) genannt wird. Sollte es jedoch eine »Mutter aller, die glauben« geben, so müßte die Spitzenkandidatin dafür natürlich Maria sein, genau wie Eva im Buch Genesis als »Mutter aller Lebendigen« bezeichnet worden ist (Gen 3,20). Ihre Schlüsselaussage, mit der sich Maria für einen solchen Titel qualifiziert hatte, war ihre Antwort an den Engel Gabriel gewesen, und durch den Engel an Gott, dessen Bote Gabriel war: »Mir geschehe, wie du es gesagt hast« (Lk 1,38). Denn ohne daß hier das Wort »Glauben« ausdrücklich genannt wurde, setzten diese Worte praktisch den Glauben mit dem Gehorsam gleich, und durch die Beschreibung ihres Gehorsams gegenüber dem Wort Gottes wurde aus ihr das Modell des Glaubens schlechthin. Ja, angefangen bei Maria und zurück durch die ganze Geschichte Israels wäre es möglich, die Namen aller weiblichen Heiligen aufzuzählen – Eva und Sara, Ester und Ruth, und viele andere –, für die sie alle ein Urbild war, genauso wie es möglich wäre, bei Maria anzufangen und eine entsprechende Liste weiblicher Heiliger von der Zeit des Neuen Testaments an aufzustellen. Dadurch, daß dabei der Glaube derart betont wird, wäre eine derartige Liste sogar jenen Erben der protestantischen Reformation zugänglich, die traditionellerweise jeglichem derartigen elitären Denken unter den Glaubenden mit tiefer Skepsis gegenübergestanden haben.

Frau für alle Zeiten. Derartige Listen würden natürlich nur einen sehr kleinen Teil all derer erfassen, die im Lauf der Jahrhunderte in der Jungfrau Maria einen Gegenstand der Verehrung und ein Vorbild für ein gottgefälliges Leben gefunden haben, und sie werden in diesem Buch vorwiegend behandelt. Man hatte ja aus ihrem Mund die Voraussage überliefert: »Siehe, von nun an preisen mich selig alle Geschlechter« (Lk 1,48). Das war neben der Prophezeiung Christi, »überall auf der Welt (werde) dieses Evangelium verkündet« (Mt 26,13), eine der relativ wenigen Stellen im Neuen Testament, die damit zu rechnen schienen, daß noch viele Geschlechter kommen würden. Der Inhalt, den alle diese nachfolgenden Generationen dieser »Seligpreisung« Marias geben würden, sollte im Lauf der Jahrhunderte sehr unterschiedliche Formen annehmen, aber das Eindrucksvollste daran bleibt der Erfolg, mit dem zu allen Zeiten Maria als die Gesegnete für Männer und Frauen in gleichfalls vielen völlig unterschiedlichen Umständen als relevant erachtet wurde. Das hat aus ihr tatsächlich die Frau für alle Zeiten gemacht.

Abb. 6: *Die schwangere Frau;* Marc Chagall, 1913
Stedelijk Museum, Amsterdam

2 DIE TOCHTER ZION UND DIE ERFÜLLUNG DER PROPHEZEIUNG

Er nimmt sich seines Knechtes Israel an und denkt an sein Erbarmen,
das er unsern Vätern verheißen hat,
Abraham und seinen Nachkommen auf ewig.
(Lk 1,54–55)

Von der nachfolgenden Geschichte her betrachtet, haben wir mit unserer Untersuchung, welche Zeugnisse das Neue Testament über die Jungfrau Maria liefert, diese Frage im Grunde genommen ganz falsch angepackt. Denn im Lauf der meisten Zeit der Geschichte des Christentums stand den Auslegern der Bibel ein großer Fundus ergänzenden Materials zur Verfügung, das den enttäuschenden Umstand wettmachte, daß, wie bereits zitiert, »der Leser der Evangelien zunächst überrascht ist, darin so wenig über Maria zu finden.«[48] Das liegt daran, daß diese Ausleger an die Einheit der Bibel glaubten und davon ausgingen, daß »das Neue Testament im Alten verborgen ist und das Alte im Neuen zutage tritt (*Novum in Vetere latet, Vetus in Novo patet*)«. Folglich konnten sie mühelos vom einen Testament ins andere springen, von der Erfüllung zur Prophezeiung und von der Prophezeiung zur Erfüllung. Der Leser der vier Evangelien beschäftigte sich folglich nicht nur mit den Evangelien, und nicht einmal nur mit dem Neuen Testament, wenn er nach Informationen über Maria suchte. Ja, noch bevor es die vier Evangelien oder auch das ganze Neue Testament gab, existierte für ihn schon eine Heilige Schrift, die die Christen schließlich als »Altes Testament« bezeichneten, die wir jedoch infolge der zentralen Bedeutung von Allegorie und Typologie und dank des Begriffs von Prophezeiung und Erfüllung als »christliche Heilige Schrift« bezeichnen müssen.[49] Die Autoren des schon zitierten Buches *Mary in the New Testament* konnten sich mit dem Hinweis darauf zufriedengeben, daß »es in mancher römisch-katholischen Mariologie eine Untersuchung darüber gibt, wie die Rolle Marias bereits an bestimmten Stellen des Alten Testaments angedeutet war, wobei sie von dem Grundsatz ausgehen, daß Gott genau so, wie er in der Geschichte Israels das Kommen seines Sohnes vorbereitet hatte, auch das Kommen der Mutter seines Sohnes vorbereitete.«[50] Doch die Geschichte der Entwicklung der Bibelauslegung in der frühen Kirche zeigt, daß es nicht nur, wie diese Darstellung behauptet, »manche römisch-katholische Mariologie«, sondern die gesamte östliche wie westliche patristische Tradition war, die sich damit beschäftigte, die Vorausschatten Marias im Alten Testament aufzusuchen. Viele der im 1. Kapitel genannten Themen über das Zeugnis des Neuen Testaments ließen sich genauso leicht hier unterbringen; und wie in diesem Kapitel, muß man eine Vielzahl von Bibelstellen mit einbeziehen.

Für unsere Zwecke sind die biblischen Belege daher nicht deshalb wichtig, weil sie im Kontrast zu der nachfolgenden Tradition stehen, sondern genau deshalb, weil sie diese Tradition vorwegnehmen. Oder, anders herum und präziser gesagt: die biblischen Belege sind im Licht der Art und Weise, wie sie die nachfolgende Tradition verwendet – manche würden auch sagen: mißbraucht – hat, von besonderem Interesse. Ein treffendes Beispiel für die besondere Eigenart dieser biblischen Belege findet sich im Satz aus dem Weihnachtsevangelium »denn er war aus dem Haus und Geschlecht Davids« (Lk 2,4). So wie diese Formulierung im Evangelium stand, bezog sie sich auf Joseph, nicht auf Maria, deren Stammlinie in den vom Matthäus- (1,1–17) und Lukasevangelium (3,23–38) aufgestellten Geschlechterreihen nicht nachgezeichnet wird. Aber andererseits waren es genau diese beiden Evangelien, die auf die jungfräuliche Empfängnis Jesu Wert legten, folglich eindeutig die Vaterschaft Josephs in Abrede stellten und daher über Jesus sagten: »Man hielt ihn für den Sohn Josephs« (Lk 3,23). Wenn nun aber die Bezeichnung »Sohn Davids« in der Sprache der Evangelien bedeutete, daß Jesus Christus die Geschichte Israels geradlinig fortführte und sein Königtum dasjenige seines hochverehrten Vorfahren war, dann mußte seine Abstammung von diesem über seinen einzigen menschlichen Elternteil, also Maria, verlaufen, die folglich ebenfalls »aus dem Haus und Geschlecht Davids« stammen mußte. Diese Schlußfolgerung hat die Rechtfertigung für die Praxis geliefert, weit über und hinter das Neue Testament hinauszugehen, die alten Schriften Israels zu durchforsten und darin nach Prophezeiungen und Parallelen, Themen und Typologien zu suchen, mit denen man die spärlichen Angaben aus den Evangelien anreichern konnte. Man stieß natürlich infolge ihrer Namensgleichheit auf Mirjam, die Schwester des Mose, aber auch auf die Stammutter Eva; außerdem auf alle weiblichen Personifikationen, vor allem in den Schriften, die dem König Salomo zugeschrieben werden, namentlich auf die Gestalt der Weisheit im achten Kapitel des Buchs der Sprichwörter, die außerdem in dem als apokryph oder deuterokanonisch bezeichneten Buch der Weisheit Salomos vorkommt (denn in allen Sprachen ist der Name der Weisheit weiblichen Geschlechts: auf Hebräisch *Chokmah*, auf Griechisch *Sophia*, auf Lateinisch *Sapientia* und auf Russisch *Premudrost*); ferner auf die Braut im Hohenlied, die in der Bibel am ausführlichsten und anschaulichsten beschriebene Frauengestalt überhaupt. Der Prozeß der Vereinnahmung alles dieses Materials zum Zweck der Verehrung Marias und des Ausbaus der Lehre über sie ließe sich als Methode der Amplifikation bezeichnen. Es handelte sich dabei um den Bestandteil eines viel breiter angelegten Prozesses der allegorischen und bildhaften Ausdeutung der Bibel, dem wir einige der phantasievollsten und schönsten Wort- und Bildkommentare der gesamten mittelalterlichen und byzantinischen Kultur verdanken. Andererseits stellte dieses Vorgehen fast gegen die Absicht derer, die es praktizierten, eine starke Bekräftigung der Tatsache dar, daß Maria durch den Umstand, »aus dem Haus und Geschlecht Davids« zu stammen, das unauflösliche Verbindungsglied zwischen der jüdischen und der christlichen Geschichte war, zwischen dem Ersten Bund, *innerhalb dessen* sie geboren war, und dem Zweiten Bund, *den sie* gebar. So konnten selbst die verbohrtesten christlichen Antisemiten nicht leugnen, daß sie, die gesegnetste aller Frauen, Jüdin war. Marc Chagalls Porträt einer in den Himmel erhobenen schwangeren Frau ist zwar ohne ausdrücklichen Bezug zur Jungfrau Maria, bietet aber unwillkürlich diesen Hinweis.

Schwarze Madonna. Eines der eindrucksvollsten Ergebnisse der mariologischen Deutung des Alten Testaments, von der das vorliegende Kapitel handelt, war die Anwendung der üppigen Bilderwelt des Hohenlieds auf Maria. Zu den ersten Worten der Braut in diesem Lied gehört die Äußerung »*Nigra sum sed formosa*« (»Ich bin schwarz, aber schön«, Hld 1,5 Vulg.). Diese Worte lieferten die biblische Rechtfertigung dafür, daß bei vielen Marienporträts ihre konventionelle Darstellung als Italienerin oder Nordeuropäerin verschmäht und sie stattdessen als »Schwarze Madonna« dargestellt wurde. Ihrem Wortlaut nach schien diese Aussage die allzu verbreitete Auffassung, zwischen Schwarz- und Schönsein bestehe ein Widerspruch, in Frage zu stellen. Allerdings hat Marvin Pope in seinem sorgfältigen Hoheliedkommentar anhand linguistischer Argumente überzeugend nachgewiesen, daß die korrekte Übersetzung dieses Verses »Ich bin schwarz *und* schön« lautet, und nicht »*aber* schön«. Das ist im Griechisch der Septuaginta tatsächlich so erhalten geblieben: *Melaina eimi kai kalè.* Die grammatikalische Verknüpfung war natürlich weniger wichtig als die Verbindung der beiden Adjektive. Wenn stimmt, was ich für dieses ganze Buch hier unterstelle, daß die Geschichte der Bibelauslegung nicht auf Kommentare und Predigten beschränkt blieb, sondern auch in der bildenden Kunst und im Alltagsleben stattfand, dann haben die Schwarzen Madonnen von Tschenstochau und Guadalupe (»La Morenita – die kleine Schwarze«)[51] für unzählige Millionen Menschen die exegetische Intuition, daß ganz unabhängig von der Übersetzung jedenfalls die Jungfrau Maria schwarz *und* schön war, beredter zum Ausdruck gebracht, als das alle Bücher gekonnt hätten. Das ließ sie auch zur besonderen Botschafterin der großen Mehrheit des Menschengeschlechts werden, die nicht weiß war.

Starke Frau. Wie bereits erwähnt, suchten die frühen Christen in den jüdischen Schriften, und vor allem in den Anfangskapiteln der Genesis, nach Prophezeiungen, die sich im Evangelium erfüllt hatten. Die bemerkenswerteste Prophezeiung – die so bedeutend war, daß sie schließlich die Bezeichnung »Proto-« oder »Urevangelium« erhielt – war das Versprechen Gottes nach dem Fall von Adam und Eva. Es war an die Schlange gerichtet (die nach allgemeiner Übereinkunft als der Teufel angesehen wurde): »Feindschaft setze ich zwischen dich und die Frau, zwischen deinen Nachwuchs und ihren Nachwuchs. Er trifft dich am Kopf, und du triffst ihn an der Ferse« (Gen 3,15). Irenäus von Lyon, der in der zweiten Hälfte des 2. Jahrhunderts schrieb, wertete diesen Text ausführlich dazu aus, zu beweisen, daß Jesus der Nachwuchs der Frau und der Sohn Gottes sei, der als der »zweite Adam« dem Angriff des Versuchers standgehalten und da gesiegt habe, wo der erste Adam besiegt worden sei; er sei tatsächlich am Kreuz von der Schlange tödlich »getroffen« worden, habe sie aber im weiteren Verlauf des Geschehens »am Kopf getroffen«.[52] Auf der Grundlage der besten Manuskripte sind sich die heutigen Fachleute für den Vulgata-Text darin einig, daß Hieronymus einer der wenigen Gelehrten in den ersten paar Jahrhunderten der Geschichte des Christentums war, der sowohl Hebräisch wie Griechisch und Latein konnte. Er hat diese Stelle tatsächlich so aus dem Hebräischen ins Lateinische übersetzt, wie sie soeben nach der deutschen Einheitsübersetzung wiedergegeben wurde: »*Inimicitias ponam inter te et mulierem, et semen tuum et semen illius; ipsum conteret caput tuum, et tu conteres calcaneum eius.*« Allerdings wurde an einem bestimmten Punkt der Weitergabe des lateinischen Vulgata-Texts entweder durch einen Fehler oder durch Fälschung oder infolge einer frommen Überlegung das neutrale Personalpronomen »*ipsum*«, das sich auf das neutrale Substantiv »*semen*« (»Same«, »Nachwuchs«) bezieht, ins Femininum verändert, so daß der Satz dann lautete: »*Inimicitias ponam inter te et mulierem, et semen tuum et semen illius; ipsa conteret caput tuum, et tu insidiaberis calcaneo eius*«: »Feindschaft setze ich zwischen dich und die Frau, zwischen deinen Nachwuchs und ihren Nachwuchs. Sie trifft dich am Kopf, und du stellst ihrer Ferse nach.« Diese Übersetzung inspirierte im gesamten Abendland zu Werken der Dicht- und der bildenden Kunst, die zeigen, wie die demütige Jungfrau den stolzen Versucher besiegt.[53]

Ganz im Sinne der weiteren Aneignung der Sprache des Alten Testaments zum Zweck der Erweiterung des Neuen, wurde Maria schließlich als die Antwort Gottes auf die Frage betrachtet, die im Schlußkapitel des Buches der Sprichwörter formuliert ist: »Eine starke Frau, wer findet sie?« (*Mulierem fortem, quis inveniet?*, 31,10 Vulg.). Maria als die *Mulier Fortis* erweiterte und bestärkte das Bild von Maria als der »zweiten Eva«, die wie die erste Eva mit dem Teufel konfrontiert war, aber, da sie im Unterschied zu dieser *fortis*, »stark« gewesen war, hatte sie den Sieger von damals jetzt besiegt. Diese Erweiterung ihres Bildes setzte sie in den Stand, die Patronin aller Schlachtensieger zu werden. Armeen, die in den Kampf zogen, erbaten ihren Segen, vor allem solche, die gegen Feinde zogen, die man für Glaubensfeinde hielt, wie etwa die Muslime. Marias Bilder wurden auf Kriegsfahnen mitgetragen, und die Soldaten trugen sie am Leib. In diesem Sinn läßt Tolstoi in seinem *Krieg und Frieden* die Prinzessin Marja Bolkonskaja (die er nach dem Vorbild seiner Mutter gestaltet hat) am Ende ihres Briefes an ihre Freundin Julie die Klage über »diesen unglückseligen Krieg, in den wir, Gott weiß, wie und warum, gezogen worden sind« formulieren und dann sagen: »Lebt wohl, liebe, gute Freundin. Unser göttlicher Erlöser und seine heiligste Mutter mögen Sie in ihre heilige und allmächtige Obhut nehmen. Marja.«[54] »Unser göttlicher Erlöser und seine heiligste Mutter« waren auch fähig, während der Schlacht die Soldaten »in ihre heilige und allmächtige Obhut« zu nehmen, denn Christus als *Christus Victor* und seine Mutter als *Mulier Fortis* konnten sich nicht nur als liebenswürdig und demütig, sondern auch als wütend und siegreich erweisen. Das war wiederum ein Bild Marias, das sich, ausgehend von dieser Methode der Bibelauslegung, mehr aus dem Alten als aus dem Neuen Testament ergab, von da her dann aber auch im Neuen Testament aufgefunden werden konnte. Obendrein konnte es im Mittelalter den Frauen eine gewisse Ahnung davon verleihen, was auch sie sein könnten und was sie infolge ihrer Erwählung durch Gott werden konnten. Denn die sensationellste Antwort des Mittelalters auf die Frage im Buch der Sprichwörter nach der Starken Frau war Jeanne d'Arc.

Anführerin des himmlischen Chors. Zur Charakterisierung Marias wurde oft auf Eva und verschiedene Frauengestalten aus den salomonischen Schriften zurückgegriffen. Als Prototyp Marias im Alten Testament schlechthin mußte jedoch in vielerlei Hinsicht Mirjam, die Schwester von Mose und Aaron, herhalten, nach der die Jungfrau fast sicher benannt war. Der hebräische Name *Mirjam* für die Schwester des Mose wurde im Griechischen in mehrereren leicht unterschiedlichen Formen wiedergegeben: *Maria, Mareia, Mariam* und *Mariamè.*[55] Sowohl die Form *Maria* wie die Form *Mariam* tauchte in den Evangelien auf, wobei die erstere ursprünglich von Matthäus benutzt wurde und die letztere ursprünglich von Lukas. Doch abgesehen vom Namen selbst wäre es völlig vergeblich, auf den Seiten des Neuen Testaments nach irgendeiner typologischen Entsprechung zwischen der Mutter Jesu und der Schwester des Mose zu suchen. Aber nachdem es für die christlichen Schriftausleger erst einmal legitim, ja zur Pflichtübung geworden war, das anzuwenden, was wir hier als Methode der Amplifikation bezeichnen, konnte sich ein phantasiebegabter Bibelausleger wie Augustinus vom folgenden Text im Buch Exodus über den Sieg der Kinder Israels über den Pharao am Roten Meer lebhaft angesprochen fühlen: »Die Prophetin Mirjam, die Schwester Aarons, nahm die Pauke in die Hand, und alle Frauen zogen mit Paukenschlag und Tanz hinter ihr her. Mirjam sang ihnen vor: Singt dem Herrn ein Lied, denn er ist hoch und erhaben! Rosse und Wagen warf er ins Meer« (Ex 15,20–21). Georg Friedrich Händel verstärkte noch mit einem Streich seines musikalischen und dramatischen Genies die Dramatik dieser Szene in seinem *Israel in Ägypten,* indem er an diese Verse 20 und 21 aus dem 15. Kapitel des Buches Exodus den 1. Vers des gleichen Kapitels anhängte, so daß Mirjam zur *choregos,* zur Chorführerin wurde, genau wie die Chorführer bei Aischylos oder Sophokles. Allerdings hatte die Marienfrömmigkeit das tatsächlich schon längst vorher getan, indem sie die Implikationen des Titels der »Tochter Zion« auf die Typologie von Maria und Mirjam angewandt hatte.

Allzeit Jungfrau (Semper Virgo). Obwohl weder die Schriften des Apostels Paulus noch das früheste Evangelium, das des Markus, irgendeinen Hinweis auf die Jungfrauengeburt enthielten, bot einen solchen die jüdische Heilige Schrift, oder jedenfalls deren griechische Übersetzung, die Septuaginta, die von den Juden in Alexandria ein oder zwei Jahrhunderte vor dem Aufstieg des Christentums angefertigt worden war. Aus dieser Quelle gelangte er in die Evangelien von Matthäus und Lukas. Matthäus zitierte nämlich als Autorität die griechische Übersetzung der Prophezeiung des Jesaja: »Darum wird euch der Herr von sich aus ein Zeichen geben: Seht, die Jungfrau (in der Septuaginta *parthenos*) wird ein Kind empfangen, sie wird einen Sohn gebären, und sie wird ihm den Namen Immanuel geben« (Jes 7,14; Mt 1,22–23). Der griechische Begriff *parthenos* war die Übersetzung eines hebräischen Wortes, das »junge Frau« und nicht spezifisch »Jungfrau« bedeutete, und er wurde in dieser Form im griechischen Neuen Testament verwendet. Maria fragte den Engel der Verkündigung: »Wie soll das geschehen, da ich keinen Mann erkenne?« (Lk 1,34). Drei der Evangelien – Matthäus, Markus und Johannes, nicht jedoch Lukas – sprachen in späteren Kapiteln von »Brüdern« Jesu (Mt 12,46; 13,55; Mk 3,31; Joh 2,12; 7,3.5), genau wie auch der Apostel Paulus (1 Kor 9,5; Gal 1,19). Die offensichtlich naheliegendste und natürlichste Folgerung daraus wäre gewesen, anzunehmen, daß Maria und Joseph nach der wunderbaren Empfängnis Jesu durch die Kraft des Heiligen Geistes weitere eigene Kinder gehabt hätten.

Aber das war nicht der Schluß, den die überwältigende Mehrheit der frühchristlichen Lehrer zog. Stattdessen fingen sie an, Maria als die »immerwährende Jungfrau« zu bezeichnen, die *Aeiparthenos* oder *Semper Virgo*. Um das angesichts der Bibelstellen, an denen von »Brüdern Jesu« die Rede war, tun zu können, mußten sie sich geschickter biblischer Argumente bedienen. Die biblische Unterstützung dafür, Maria als Immerwährende Jungfrau zu bezeichnen, stammte jedoch nicht in erster Linie aus dem Neuen Testament, sondern aus dem Hohenlied: »Ein verschlossener Garten ist meine Schwester Braut, ein verschlossener Garten, ein versiegelter Quell« (*Hortus conclusus soror mea sponsa, hortus con-*

clusus, fons signatus, Hld 3,12 Vulg.). So kam zum Beispiel Hieronymus auf diesen Vers zu sprechen, nachdem er eine ganze Reihe von Texten aus dem Hohenlied miteinander verknüpft hatte, und er deutete ihn als Hinweis »auf die Mutter unseres Herrn, die Mutter und Jungfrau zugleich war. Daher wurde niemand vor oder nach unserem Erlöser in sein neues Grab gelegt, das in einen festen Felsen gehauen war.«[56] Hier fand ein interessanter Prozeß kreativer Bibelauslegung statt. Denn die Evangelien berichten vom anderen Ende der Geschichte des irdischen Lebens Jesu Christi, beim Grab Jesu habe es sich um ein »neues Grab« gehandelt, das dem Joseph von Arimathäa gehörte, und in das noch niemand gelegt worden war (Mt 27,60; Lk 23,53; Joh 19,41). Die Evangelien sagten nichts über die auf die Auferstehung Jesu folgende spätere Geschichte dieses Grabs, genau wie sie nichts über die weitere Geschichte des Schoßes von Maria sagten. Aber angesichts der Formulierung vom »*hortus conclusus*« des Hohenlieds fühlte sich Hieronymus, der wohl größte Bibelgelehrte in der Geschichte der abendländischen Kirche, zu der Schlußfolgerung befugt, daß sowohl nie mehr jemand im Grab Jesu beigesetzt, als auch niemand mehr aus der Jungfrau geboren wurde. Es ist amüsant, wenn auch unwichtig, festzustellen, daß in beiden Fällen die Rolle des assistierenden Helfers in der Geschichte einem Mann zustand, der den Namen Joseph trug.

Das Antlitz, das am stärksten dem Antlitz Christi gleicht. In der Sprache des Alten Testaments wurde der Begriff »Gesicht« fast zum *terminus technicus* für »Person«. Dieser Gebrauch war schon in der Schöpfungsgeschichte aufgetreten, wo nach der griechischen Übersetzung »Gott, der Herr, den Menschen aus Erde vom Ackerboden formte und in sein Gesicht (*prosopon*) den Lebensatem blies. So wurde der Mensch zu einem lebendigen Wesen« (Gen 2,7 LXX). Im gesamten biblischen Sprachgebrauch und darüber hinaus auch in den modernen Sprachen bedeutete »von Angesicht zu Angesicht« soviel wie: »von Person zu Person« (vgl. 1 Kor 13,12). Im Segen, den Aaron über das Volk Israel sprechen sollte, wurde das Gleiche auch auf Gott angewandt: »Der Herr segne dich und behüte dich. Der Herr lasse sein Angesicht über dich leuchten und sei dir gnädig. Der Herr wende sein Angesicht dir zu und schenke dir Heil« (Num 6,24–26). Der Gott Israels hatte nämlich im Unterschied zu den Götzen der Heiden weder Form noch Angesicht, womit er über jemandem »leuchten« konnte, und so konnte mit dieser anthropomorphen Rede von einem »Angesicht« Gottes nur die ganz persönliche Beziehung gemeint sein, die Israel auf Grund des Bundes mit seinem Gott hatte. Als man im Neuen Testament versuchte, das Fortbestehen dieses Bundes zu bestätigen und gleichzeitig seine Ausweitung über das Volk Israel hinaus auf alle Völker zu verkünden, sprach man davon, daß »Gott, der sprach: Aus Finsternis soll Licht aufleuchten!, in unseren Herzen aufgeleuchtet ist, damit wir erleuchtet werden zur Erkenntnis des göttlichen Glanzes auf dem Antlitz Christi« (2 Kor 4,6). Das Antlitz Jesu Christi wurde also als die von Gott gegebene Antwort auf das Gebet des Psalms betrachtet: »Mein Herz denkt an dein Wort: Sucht mein Angesicht! Dein Angesicht, Herr, will ich suchen« (Ps 27,8). Und so schien es eine gültige Ausweitung dieser Vorstellung zu sein, als man Maria den Titel der *Mediatrix*, der »Vermittlerin aller Gnaden«, gab und den gleichen Gedanken auch auf sie anwandte. Bernhard von Clairvaux und nach ihm Dante Alighieri sprachen folglich vom Antlitz der Jungfrau Maria als dem Antlitz, das einen Blick auf das Antlitz Jesu Christi eröffnet, auf dem dann wiederum das Antlitz Gottes selbst aufleuchtet.

Visionen der Jungfrau Maria. Die biblische Rechtfertigung für die Marienerscheinungen in früheren und heutigen Zeiten lieferte der Umstand, daß im Alten Testament in der religiösen Erfahrung Visionen und persönliche Offenbarungen eine große Rolle spielen. Abraham empfing die Verheißung in Visionen und Offenbarungen seitens des Allmächtigen, und auf demselben Weg wurde ihm der schreckliche Befehl zuteil, seinen Sohn Isaak zu opfern – und dann auch der Befehl: »Streck deine Hand nicht gegen den Knaben aus!« (Gen 22,12). Die Vision vom »Dornbusch, der brannte und doch nicht verbrannte« (Ex 3,2) schuf den Rahmen für den »überragenden Text«[57] von Gottes Selbstenthüllung als der »Ich-bin-da« (Ex 3,14). Ebenso geschah es »im Todesjahr des Königs Usija«, so berichtet der Prophet Jesaja, »da sah ich den Herrn. Er saß auf einem hohen und erhabenen Thron« (Jes 6,1; vgl. 21,2). Auch andere Propheten Israels waren zu Beginn ihrer Indienstnahme durch Gott oder in ihrer späteren Laufbahn zu Empfängern derartiger Visionen geworden (vgl. Am 1,1; Obd 1; Nah 1,1). Für Ezechiel und Daniel machte der Empfang von Visionen und deren Mitteilung an das Volk oder seine Herrscher den Kern und die maßgebliche Qualität ihrer prophetischen Apokalyptik aus (vgl. Ez 11,24; 12,27;

37,2; 47,1; Dan 8,1). Man hätte erwarten können, daß das alles mit dem Neuen Testament aufhörte, denn darin wurde die Einzigartigkeit und Endgültigkeit der durch Jesus Christus erfolgten Offenbarung betont, und das Ergebnis war, daß die für die Propheten übliche Standardformel »Und das Wort des Herrn erging« an den Propheten, die noch für Johannes den Täufer verwendet wurde (vgl. Lk 3,2), nicht länger angemessen schien, denn jetzt war das Wort des Herrn im Fleisch erschienen (Joh 1,14) und »bis hin zu Johannes haben alle Propheten und das Gesetz geweissagt« (Mt 11,13). Aber dennoch, und vielleicht überraschenderweise, hörten die Visionen, die im Alten Testament begonnen hatten, im Neuen nicht auf. Ja, vom Apostel Petrus wird in der Apostelgeschichte erzählt, er habe sich die Prophezeiung des Joel zu eigen gemacht und angekündigt: »In den letzten Tagen wird es geschehen, so spricht Gott: Ich werde von meinem Geist ausgießen über alles Fleisch. Eure Söhne und Töchter werden Propheten sein, eure jungen Männer werden Visionen haben, und eure Alten werden Träume haben«, und das erfülle sich jetzt in seiner Generation (Apg 1,17). Im selben Buch des Neuen Testaments bedurfte es für Petrus einer Vision vom Himmel über unreine und verbotene Speisen, damit er von seiner Abhängigkeit von den jüdischen Speisevorschriften geheilt wurde (Apg 10,9–16). Seinem Kollegen im Apostelamt und gelegentlichen Gegner Paulus wurde auf der Straße nach Damaskus eine Vision Jesu Christi zuteil, die ihn aus dem Sattel warf und erblinden ließ, und sie bekehrte ihn zu dem »Weg« der Christen, die er verfolgt hatte (Apg 9,1–9). Auf diese Vision folgten noch weitere Visionen (vgl. Apg 16,9; 18,9–10), und, wie er sagte, hat er »sich den himmlischen Erscheinungen nicht widersetzt« (Apg 26,19).

Jesus Christus selbst hatte nach Aussage der Evangelien solche himmlischen Visionen; zum Beispiel »sah er den Satan wie einen Blitz vom Himmel fallen« (Lk 10,18). Während seines Todeskampfs im Garten von Gethsemane »erschien ihm ein Engel vom Himmel und gab ihm Kraft« (Lk 22,43) für sein bevorstehendes Leiden und seinen Tod. Von unmittelbarerer Bedeutung für unseren Zusammenhang hier sind die Visionen, die die Geburt Jesu Christi aus der Jungfrau Maria begleiteten. Die wichtigste von ihnen war diejenige der Verkündigung, aber auch die anderen sind sehr wichtig. Joseph wurde durch eine Traumvision von seinem Vorhaben abgebracht, »sich in aller Stille von Maria zu trennen«, als er entdeckte, daß Maria mit dem Jesuskind schwanger war

(Mt 1,19–21), und mit einer weiteren Vision wurde er vor dem Anschlag des Herodes gegen das Kind gewarnt, das »der neugeborene König der Juden« war, so daß er das Kind und Maria, seine Mutter nahm und mit ihnen nach Ägypten floh (Mt 2,13–14). In einer dritten Vision wurde ihm schließlich mitgeteilt, daß er jetzt sicher mit Jesus und Maria aus Ägypten nach Nazareth zurückkehren könne (Mt 2,19–20).

Doch die bei weitem umfangreichste Sammlung von Visionen überhaupt im Neuen Testament erschien in dem Buch, das jetzt als letztes im Kanon der neutestamentlichen Bücher steht, und von dem die nachfolgende Tradition oft glaubte, es sei auch als letztes geschrieben worden (wobei uns hier nicht zu interessieren braucht, ob das stimmt oder nicht): im Buch der Offenbarung, der Apokalypse des Sehers Johannes, der mit dem Evangelisten Johannes gleichgesetzt wird. Am Ende aller seiner Visionen hatte der Seher der Apokalypse nicht nur »einen, der wie ein Mensch aussah«, gesehen (Offb 1,13), sondern auch Engel und Ungeheuer und himmlische Städte, die alle über die Leinwand seiner ungeheuren ekstatischen Schau gelaufen waren. Ungefähr auf halbem Wege seiner Visionen trug sich die folgende zu: »Dann erschien ein großes Zeichen am Himmel: eine Frau, mit der Sonne bekleidet; der Mond war unter ihren Füßen, und ein Kranz von zwölf Sternen auf ihrem Haupt« (Offb 12,1). Mochte das nun ursprünglich als Anspielung auf Maria gedacht sein oder nicht, jedenfalls paßte es so gut zu der sich entwickelnden Art, von ihr zu sprechen und zu denken, daß es im Frühmittelalter vom 7. bis zum 9. Jahrhundert in Ost wie West für selbstverständlich gehalten wurde, daß dieses »Symbol der Frau, die die Mutter des Messias ist, sich sehr wohl für eine marianische Deutung eignet, als erst einmal in der späteren Christenheit das Interesse für Maria erwacht war. Und als schließlich das Buch der Offenbarung in denselben Kanon der heiligen Schriften aufgenommen war wie das Lukasevangelium und das Vierte Evangelium, verstärkten sich die verschiedenen Bilder von der Jungfrau, der Frau unter dem Kreuz und der Frau, die den Messias zur Welt brachte, gegenseitig.«[58] Es lohnt, daran zu erinnern, daß infolge eines ähnlichen Prozesses etliche Jahrhunderte später einige Abkömmlinge der protestantischen Reform sich nicht scheuten, die Person und das Wirken von Martin Luther mit dem »Engel mit dem ewigen Evangelium« in der Offenbarung (14,6–7) gleichzusetzen.

Unbefleckte Empfängnis. Die enge Verknüpfung zwischen der Bibelauslegung und der Entwicklung der Lehre, wie sie kurz im vorigen Kapitel umrissen wurde, wirkte sich in beide Richtungen zugleich aus, nicht weniger auf dem Gebiet der Mariologie als in anderen Zweigen der Theologie. Zu den einzelnen Lehraussagen über sie kam es infolge der praktischen Marienverehrung und der theoretischen Spekulation über Maria – beide Bereiche waren sehr fruchtbar für die Entwicklung der Lehre –, und dazu noch, weil man immer wieder eine Stelle im Alten oder Neuen Testament daraufhin abhorchte, was sie eventuell zur Lehre über Maria beitragen konnte. Umgekehrt machte es das zunehmende Anwachsen der Lehre über Maria dank dieser verschiedenen Quellen notwendig, die Exegese der einen oder anderen Schriftstelle, die sich vielleicht zunächst unabhängig von marianischen Gesichtspunkten entwickelt hatte, in Harmonie mit dem zu bringen, was man nun von Maria glaubte. Denn im Mittelalter wurde vor allem von dem Zeitpunkt an, als Peter Abälard mit seinem *Sic et Non* die Aufmerksamkeit auf scheinbare Widersprüche in der Tradition gelenkt hatte, das Harmonisieren biblischer oder anderer autoritativer Texte zu einer der wichtigsten Aufgaben der scholastischen Theologie.[59]

Die vorherrschende abendländische Auslegung der Worte Davids im Psalm 51,7: »Denn ich bin in Schuld geboren; in Sünde hat mich meine Mutter empfangen« war von Cyprian von Karthago vorweggenommen und dann endgültig von Ambrosius von Mailand und Augustinus von Hippo formuliert worden. Sie bestand darin, diese Aussage von der Person Davids auf die gesamte Menschheit auszuweiten. Allerdings schien diese Deutung in Konflikt mit der zunehmenden Überzeugung zu geraten, daß die Jungfrau Maria von einmaliger Heiligkeit gewesen sei. Aus dem Bedürfnis heraus, diese beiden wichtigen Wahrheiten miteinander in Einklang zu bringen, ergab sich schließlich im römischen Katholizismus die Lehre von der »Unbefleckten Empfängnis« Marias.

Aufnahme der Mater Gloriosa in den Himmel. Von allen wichtigen Privilegien und Eigenschaften, die man mit der Person Marias verband, schien nichts weniger mit dem zu tun zu haben, was im Neuen Testament von ihr berichtet wird, als ihre Aufnahme in den Himmel, die am 1. November 1950 von Papst Pius XII. mit der Bulle *Munificentissimus Deus* als Dogma der Kirche verkündet und allen Gläubigen als verpflichtende Glaubenswahrheit vorgelegt wurde. Doch das hing davon ab, wie man sich dabei auf die Bibel berief. Da Maria den Status der Tochter Zion und Erbin des Volkes Israel besaß, hieß das, daß man auch bezüglich ihrer Person, genau wie über ihren göttlichen Sohn, alle Seiten des Alten Testaments nach zusätzlichen Informationen über sie durchforsten durfte, ja mußte. Als Christus nach seiner Auferstehung den Emmausjüngern erschienen war, hatte er ihnen ja, »ausgehend von Mose und allen Propheten, dargelegt, was in der gesamten Schrift über ihn geschrieben steht« (Lk 24,27). Auf genau die gleiche Weise konnte man also auch im Fall Marias vorgehen. So fühlte man sich durchaus nicht von der Tatsache entmutigt, daß das Neue Testament jeglicher Information entbehrte, was mit ihr geschehen war, »als der Verlauf ihres irdischen Lebens an sein Ende gekommen war«. So ließ sich der Spruch des Propheten Jesaja (25,8), den der Apostel Paulus auf den Tod und die Auferstehung Christi anwandte: »Verschlungen ist der Tod vom Sieg« (1 Kor 15,54) in *Munificentissimus Deus* auf sie ausdehnen. Zum Teil gründete das, was wir hier als Methode der Amplifikation bezeichnen, auf der Voraussetzung, daß Maria infolge ihrer einmaligen und höchsten Stellung unter allen Menschen, als nicht nur die höchste aller Frauen und aller Menschenwesen, sondern auch als höchstes aller Geschöpfe, »höher als die Cherubim, herrlicher als die Seraphim« sämtliche Ehren und Privilegien gebührten, die jemals nach Aussage der Heiligen Schrift sowohl des Alten wie des Neuen Testaments irgend jemand anderem zuteilgeworden waren.

Zudem wiesen die byzantischen Beschreibungen ihrer Entschlafung[60] darauf hin, daß gemäß der Methode der Amplifikation zwei Heiligenleben aus dem Alten Testament dazu angetan waren, zusätzliche Angaben darüber zu liefern, wie jemand nach dem Ablauf seines irdischen Lebens »*mit Leib und Seele* in die himmlische Herrlichkeit aufgenommen werden« konnte und tatsächlich aufgenommen worden war. Es handelte sich um die kurze und rätselhafte Erwähnung des Henoch im Buch Genesis, sowie um die dramatische Episode des Elija im 2. Buch der Könige. Von Henoch heißt es: »Henoch war seinen Weg mit Gott gegangen, dann war er nicht mehr da; denn Gott hatte ihn aufgenommen« (Gen 5,24). Und von Elija wird erzählt: »Während sie (Elija und Elischa) miteinander gingen und redeten, erschien ein feuriger Wagen mit feurigen Pferden und trennte beide voneinander. Elija fuhr im Wirbelsturm zum Himmel empor. Elischa sah es und rief laut: Mein Vater, mein Vater! Wagen Israels und sein Lenker! Als er ihn nicht mehr sah, faßte er sein Gewand und riß es mitten entzwei« (2 Kön

2,11–12). Die jüdische Gelehrsamkeit und Frömmigkeit hatte sich dieser beiden Episoden besonders angenommen und sie amplifiziert. In der apokryphen und apokalyptischen Literatur wurde Henochs weiteres Schicksal zum Gegenstand reicher Spekulationen.[61] Ebenso rankte sich um die Gestalt des Elija eine reiche Folklore und Legende.[62] Beim Sedermahl der Paschafeier wird immer noch ein Platz für Elija freigehalten, und im Neuen Testament wird erzählt, bei der Verklärung Jesu sei Elija zusammen mit Mose erschienen (Mt 17,3).

Wenn nun aber diese beiden Gottesmänner bereits im Alten Testament des besonderen Privilegs für wert erachtet worden waren, mit einem feurigen Wagen und feurigen Pferden in den Himmel aufgenommen zu werden, stellte das nicht eine Art von biblischem Beweis dafür dar, daß erst recht Maria auf diese Weise zu Gott erhoben worden war, nachdem sie ja einer solchen besonderen Behandlung bei weitem würdiger war? Denn wenn sich dieser Weg zum Himmel in zumindest zwei Fällen schon einmal für die Sterblichen eröffnet hatte, konnte man da behaupten, die Mutter Gottes selbst habe weniger verdient als diese? Die Geschichte von Maria und Martha, den Schwestern des Lazarus, die schließlich als Perikope für das Fest der Aufnahme Marias in den Himmel verwendet wurde, schließt mit den Worten: »Maria hat das Bessere gewählt, das soll ihr nicht genommen werden« (Lk 10,42); das bezog sich natürlich auf die Schwester von Martha und Lazarus, aber vielen schien es, daß es sogar noch besser auf die Mutter Jesu zutreffe. Durch eine ähnliche Transposition weg von der ursprünglich gemeinten Person hielt man auch einen alttestamentlichen Text wie: »Er stieg hinauf zur Höhe, führte die Gefangenschaft gefangen mit sich und gab den Menschen Geschenke« (Ps 68,19 Vulg.), der auf die Himmelfahrt Christi angewandt worden war (Eph 4,8), für geeignet, auf die Aufnahme Marias zu passen, durch die der Menschheit reiche Geschenke zuteil geworden waren. Oder wenn Christus verhieß: »Wenn einer mir dienen will, folge er mir nach; und wo ich bin, dort wird auch mein Diener sein« (Joh 12,26), dann gab es doch keinen einzigen unter den Sterblichen, der ihm auf so besondere Weise gedient hatte wie Maria; und folglich war sie ihm gemäß diesem Versprechen, das er vor seiner Himmelfahrt gemacht hatte, in den Himmel nachgefolgt.

Die Wertschätzung und Rühmung der Jungfrau Maria und die Ausarbeitung solcher Ruhmestitel fiel zeitlich mit der Blütezeit dieser Methode der allegorischen und typologischen Bibelauslegung zusammen. Umgekehrt kamen dann auch die Ablehnung sowohl der Marienverehrung wie der Allegorie zusammen, zunächst in der Reformation und dann in der Aufklärung und der ihr nachfolgenden Zeit. Im Rückblick auf beide Entwicklungen, diejenige im Mittelalter und diejenige der Reformation und Aufklärung, kommt man nur schwer um die schwierige Frage herum, wo Verlust oder Gewinn größer waren. Denn die allegorische und typologische Methode hatte während der frühchristlichen Bewegung die hebräische Bibel vor ihren Feinden und Verächtern gerettet, die sie buchstäblich gelesen und daher verworfen hatten. Sie waren auch oft diejenigen, die sich der Richtung widersetzten, in die sich die Deutung der Gestalt Marias bewegte. Die Inanspruchnahme der jüdischen Heiligen Schrift als Bestandteil der christlichen Bibel fiel nicht nur chronologisch, sondern auch logisch mit diesem Bild zusammen, das man sich von Maria machte. Obwohl sie in ihrem Umgang mit der Bibel grundverschieden zu sein scheinen, führten daher eine fundamentalistische Buchstäblichkeit und ein modernistischer Historizismus in dieselbe Zweidimensionalität des Umgangs mit der Bibel. Zugleich führte beides auch zu einer Verarmung der Einstellung gegenüber Maria. Ob das Hand in Hand ging, ist eine schwierige historische Frage, auf die wir die Antwort nur nach und nach finden können, indem wir in den folgenden Kapiteln Kunst, Literatur und Gedankenwelt genauer untersuchen. In dem, was nun folgt, dienen die angeführten sowie weitere alttestamentliche Texte und die genannte Methode der Amplifikation vorrangig als Fundus, dem die Lehre und Frömmigkeit im Lauf ihrer Entwicklung die Sprache entnahm, die sie brauchte, um über Maria sprechen zu können.

ABB. 7
Portal für die Kirche St. Alban in Köln
Toni Zenz (1958)
(Foto: Rheinisches Bildarchiv, Köln)

3 DIE ZWEITE EVA UND DIE GEWÄHR, DASS CHRISTUS WAHRER MENSCH WAR

Wie durch den Ungehorsam des einen Menschen die vielen zu Sündern wurden, so werden auch durch den Gehorsam des einen die vielen zu Gerechten gemacht werden.

(RÖM 5,19)

Im 2. und 3. Jahrhundert nach Christus, während dieses wichtigen Zeitalters kulturellen Übergangs und spirituell-intellektueller Umwälzungen, das die Historiker als Spätantike bezeichnen und das ungefähr zwischen die Zeit des Byzantinismus und des Mittelalters fällt, war die Parallele zwischen Maria und Eva vor allem für die Erwägungen über zwei Grundfragen des menschlichen Lebens und Denkens wichtig, die bis in unsere Zeit hinein zeitlos gültige Fragen bleiben: die Frage nach dem Sinn (so es einen solchen überhaupt gibt) der Zeit und der Menschheitsgeschichte sowie die Frage nach der genauen Definition dessen, was das Menschsein ausmacht.[63]

Ein zentraler Beitrag des Glaubens Israels zur Entwicklung des abendländischen Denkens war seine Interpretation der Geschichte. Das soll nicht heißen, daß die Frage nach dem Sinn der Menschheitsgeschichte in anderen Kulturen nicht gestellt wurde, etwa im klassischen Griechenland. Vor allem im Denken Platons erfuhr diese Frage ja ausführliche Aufmerksamkeit. Buch IV von Platons *Gesetzen* enthält eine tiefgründige Analyse der relativen Macht mehrerer Kräfte in der Geschichte: »Es heißt, Gott regiere alle Dinge, und das Glück (*tychè*) und die günstige Gelegenheit (*kairos*) wirkten bei der Leitung der Angelegenheiten der Menschen mit ihm zusammen. Doch gibt es eine dritte und weniger extreme Auffassung, die besagt, auch die Kunst (*technè*) solle daran beteiligt sein.«[64] Constantin Despotopoulos hat darauf hingewiesen, daß eine gründliche Reflexion über die Wechselwirkung dieser drei Kräfte zur Grundlage einer weitreichenden Philosophie der Geschichte werden könnte.[65] Hinzu kommt, daß die Historiker des alten Athen – vor allem Thukydides in seiner Begräbnisrede für

Perikles, aber auch Herodot – im Lauf ihrer Überlegungen zur griechischen Geschichte anspruchsvolle Gedanken in dieser Richtung vorgetragen haben.[66]

Dennoch war es der Eintritt des Glaubens Israels und der hebräischen Bibel in die griechisch-römische Welt, der die vorherrschenden Ansichten über Natur und Zweck des historischen Prozesses in Frage stellte und schließlich grundlegend veränderte. Dieser Eintritt erfolgte zunächst dadurch, daß hellenistische Juden in Alexandrien ihre Bibel ins Griechische übersetzten, und sodann massiver und entscheidender durch die Mission und Ausbreitung des Christentums über die gesamte Welt des Mittelmeers. Wenn man weiterhin mit Platons *Gesetzen* sagte, »daß Gott alle Dinge regiert«, so bedeutete das jetzt etwas Grundverschiedenes. Denn jetzt wurde die Geschichte von dem entscheidenden »günstigen Augenblick«, dem *kairos* her, in dem Gott historisch eindeutig erfahrbar eingegriffen hatte, gesehen: vom Exodus der Kinder Israels aus Ägypten und der Aushändigung des Gesetzes an Mose auf dem Sinai bzw. dem Leben, Sterben und Auferwecktwerden Jesu Christi her. In einer Hinsicht wurde jetzt nämlich der Glaube, daß »Gott alle Dinge regiert«, intensiviert: Jetzt meinte man mit diesem Wort »Gott« nicht mehr die Götter auf dem Olymp und auch nicht das Eine der Philosophie Platons, sondern den Gott Abrahams, Isaaks und Jakobs bzw. den Vater, Sohn und Heiligen Geist. Trotz ihrer tiefen und im Grunde unversöhnbaren Unterschiede betrachteten Juden- wie Christentum die Geschichte der Menschheit als einen Prozeß, in dem die göttliche Leitung darin bestand, daß dieser Gott immer wieder die Initiative ergriff. Während Mose Jethros Schafe auf den Ebenen von Midian weidete, wandte er nicht seinen eigenen Scharfsinn auf, um Gott zu entdecken, vielmehr war es Gott, der ihn erwählte, ihn aussuchte, ihn vom brennenden Dornbusch aus ansprach und ihm die Aufgabe auferlegte, dem Pharao zu sagen: »Laß mein Volk gehen!« (Ex 3). Ganz ähnlich war das Neue Testament nicht der Bericht darüber, wie der Aufwärtstrend der Menschheitsgeschichte schließlich ein Niveau erreicht hatte, daß sie an das Göttliche rührte, so als wäre das Fleisch des Menschen zum Wort Gottes geworden; nein, ganz im Gegenteil: »Im Anfang war das Wort, und das Wort war bei Gott, und das Wort war Gott ... Und das Wort ist Fleisch geworden und hat unter uns gewohnt« (Joh 1,1.14). In einem radikalen und transformierenden Sinn wurde jetzt also die Geschichte *von oben her* gesehen, als Bericht über die Taten des lebendigen Gottes. Oder, wie es im Neuen Testament formuliert wurde: »Jede gute Gabe und jedes vollkommene Geschenk kommt von oben, vom Vater der Gestirne, bei dem es keine Veränderung und keine Verfinsterung gibt« (Jak 1,17).

Aber das ist nur die eine Hälfte der Geschichte, denn gleichzeitig betrachteten die jüdische und die christliche Tradition diese selbe Geschichte auch *von unten her* als den Bericht über wirklich menschliche Taten, für die Menschenwesen, die über einen freien Willen verfügten, moralisch verantwortlich waren. Angesichts der historischen Veränderungen und Umwälzungen der Mittelmeerwelt während des 2. und 3. Jahrhunderts zerbrachen sich die empfindsamen Geister der Spätantike den Kopf darüber, ob es einen erkennbaren Sinn der Geschichte der Menschheit gebe. Einer der edelsten dieser Denker, Marc Aurel, der im Jahre 180 starb, formulierte diese zeitgenössische Frage in Buch XII seiner *Betrachtungen* folgendermaßen – wobei er, obwohl römischer Kaiser, nicht auf Latein, sondern auf Griechisch schrieb –: »Entweder gibt es ein unerbittliches Schicksal und ein unverletzliches Gesetz, oder es gibt eine Vorsehung, die gnädig sein kann, oder wir leben in einem Chaos, das ohne Zweck und Lenkung ist. Ist das Schicksal unerbittlich, warum versuchen, dagegen anzukämpfen? Gibt es eine Vorsehung, die bereit ist, Gnade zu zeigen, dann tu dein Bestes, um dir ihren göttlichen Beistand zu verdienen. Ist alles ein steuerloses Chaos, dann sei dankbar, daß du mitten in solch stürmischen Meeren deinen Geist zur Verfügung hast.« Zu dieser vom Philosophen-Kaiser Marc Aurel vorgetragenen Überlegung, daß es diese drei Alternativen gebe, fügten das Juden- und dann das Christentum als weitere Alternative eine Sicht der Geschichte hinzu, derzufolge diese eine Arena sei, in der sowohl »eine Vorsehung, die gnädig sein kann«, als auch ein menschliches Tun aus freier Verantwortung am Werk seien, und keines sei ohne das andere denkbar. Das war der tiefste Sinn des hebräischen Wortes *berith*, »Bund«, bei dem sich beide Parteien zu bestimmten Dingen verpflichteten, selbst wenn es sich bei der einen um den Schöpfer von Himmel und Erde und bei der anderen um dessen Geschöpf, den Menschen, handelte. Für die christliche Version dieser authentisch menschlichen Seite der historischen Dialektik spielten nun aber Eva und Maria Schlüsselrollen.[67]

Es scheint, in der frühen Christenheit üblich gewesen zu sein, die ersten drei Kapitel der Genesis als Vorwegnahme des Kommens Christi zu lesen. Daher wurde vielleicht damals die Geschichte von der Versuchung Christi durch den Teufel als eine Art Midrasch zur Geschichte der Versuchung von Adam und Eva komponiert. Der Versucher sagte zu Eva: »Sobald ihr davon eßt ... werdet ihr wie Gott« (Gen 3,5). Und zu Christus, der »40 Tage und 40 Nächte gefastet hatte und Hunger bekam«, sagte der Versucher: »Wenn du Gottes Sohn bist, so befiehl, daß aus diesen Steinen Brot wird« (Mt 4,2–3). Der Apostel Paulus hat in seinem Brief an die Römer die Parallele hergestellt: »Durch einen einzigen Menschen (nämlich Adam) kam die Sünde in die Welt und durch die Sünde der Tod ... (aber es ist) erst recht die Gnade Gottes und die Gabe, die durch die Gnadentat des einen Menschen Jesus Christus bewirkt worden ist, den vielen reichlich zuteil geworden« (Röm 5,12.15). Im 1. Korintherbrief entwickelte er diese Parallele und den Kontrast noch ausführlicher: »So steht es auch in der Schrift: Adam, der Erste Mensch, wurde ein irdisches Lebewesen. Der Letzte Adam wurde lebendigmachender Geist ... Der Erste Mensch stammt von der Erde und ist Erde; der Zweite Mensch stammt vom Himmel« (1 Kor 15,45.47). Allerdings führte die Kontrastparallele zwischen dem Ersten Adam, der »von der Erde stammt und Erde ist« und dem Zweiten Adam, der »vom Himmel stammt«, die in der Ideengeschichte eine ungemein wichtige Rolle spielen sollte, für die Kategorie der Geschichte von unten als dem Bericht über authentisch menschliche Taten, für die die Menschen selbst verantwortlich waren, auch zu ernsthaften Problemen. Auf einige von ihnen müssen wir in der zweiten Hälfte dieses Kapitels zurückkommen.

Für viele dieser Probleme bot die Kontrastparallele zwischen Eva und Maria eine tiefe Einsicht und ein wichtiges Korrektiv. So formulierte Irenäus, der Bischof von Lyon, der wahrscheinlich um 130 n. Chr. in Kleinasien geboren ist und ums Jahr 200 starb, in beiden seiner erhaltenen Schriften auf eindrucksvolle Weise diese Parallele: in einem Abschnitt seines Traktats *Gegen die Häresien* (das auf Griechisch verfaßt war, aber weithin nur in lateinischer Übersetzung erhalten ist), aber auch in einem Werk, das lange als verloren galt und erst in unserem Jahrhundert wiederentdeckt wurde, und zwar in einer armenischen Übersetzung, der *Epideixis*, dem »Erweis der apostolischen Verkündigung«. Darin stellte Irenäus eine ganze Reihe von Parallelen zwischen der Genesis und den Evangelien her, wie etwa die zwischen dem Garten Eden und dem Garten von Gethsemane oder dem Baum der Erkenntnis von Gut und Böse und dem Baum des Kreuzes. Doch die innovativste und atemberaubendste Parallele, die er zog, lautete folgendermaßen:

> Und genau wie infolge des Ungehorsams einer Jungfrau (nämlich Evas) die Menschheit versehrt wurde, fiel und starb, so war es auch dank einer Jungfrau (nämlich Maria), die dem Wort Gottes gehorchte, daß die wieder zum Leben erweckte Menschheit das Leben neu empfing. Denn der Herr (Christus) kam, das verlorene Schaf wieder zu suchen, und die Menschheit war es, die verloren war; und daher nahm er keine andere Gestalt an, sondern auch er nahm aus der Nachfahrin Adams (nämlich Maria) dieselbe Gestalt an; denn Adam mußte notwendigerweise in Christus wiederhergestellt werden, damit die Sterblichkeit von der Unsterblichkeit aufgesogen werde. *Und Eva (mußte notwendigerweise) in Maria (wiederhergestellt werden), damit eine Jungfrau, indem sie zur Anwältin einer Jungfrau werde, durch ihren jungfräulichen Gehorsam den jungfräulichen Ungehorsam rückgängig mache.*[68]

Hier wurde nicht nur eine Parallele zwischen dem Ersten Adam, der »von der Erde stammt und Erde ist« und dem Zweiten Adam Christus, dem Herrn, der »vom Himmel stammte« angesprochen – also ein Kontrast zwischen dem Irdischen und dem Himmlischen –, sondern auch ein Kontrast zwischen einem verhängnisvollen Ungehorsam durch jemanden, der nichts als menschlich war, nämlich Eva, und dem rettenden Gehorsam jemandes, der ebenfalls nicht »vom Himmel«, sondern ganz »von der Erde« war, nämlich Marias als der Zweiten Eva. Für die Sinnträchtigkeit der beiden Gestalten war es absolut wesentlich, daß sowohl der Ungehorsam Evas als auch der Gehorsam Marias als Taten des freien Willens aufgefaßt wurden, und nicht etwa als Folgen eines Zwangs, sei es durch den Teufel bei Eva oder durch Gott im Fall von Maria.

Wenn für die Entwicklung der Lehre über Maria gesagt wird, daß solche christlichen Schriftsteller wie Irenäus an einer Stelle wie der hier zitierten »wichtige Zeugen für den Stand der Tradition im späten 2. Jahrhundert, *wenn nicht sogar schon früher*, sind«[69], so führt das zu der interessanten Frage, ob Irenäus das Bild von Maria als der Zweiten Eva hier erfunden hatte oder ob er bereits aus einem Traditionsfundus schöpfte, der ihm schon von »früher« vorlag. Liest man sein *Gegen die Häresien* und sein *Zum Erweis der apostolischen Verkündigung*, dann kommt man schwierig am Eindruck vorbei, er zitiere die Parallele von Eva und Maria ganz beiläufig und selbstverständlich, ohne sie begründen oder verteidigen zu müssen, weil er davon ausgehen konnte, daß seine Leser völlig mit ihr einverstanden waren, da sie ihnen bereits vertraut war. Ein weiterer Grund dafür, daß es sich so verhalten haben könnte, besteht darin, daß sich Irenäus bei diesem Thema wie bei vielen anderen als der Hüter und Überlieferer eines Glaubensgebäudes verstand, das er von vorangegangenen Generationen, ja von den Aposteln selbst übernommen hatte.[70] Der heutige Leser muß mit der Möglichkeit rechnen, Irenäus habe mit dieser Sicht seiner selbst wohl recht gehabt, und folglich sei es in der zweiten Hälfte des 2. Jahrhunderts schon ganz geläufig gewesen, Eva, die »Mutter aller Lebendigen« (Gen 3,20) und Maria, die Mutter Christi, zusammen zu sehen und jede dieser beiden wichtigsten Frauen der Menschheitsgeschichte von der anderen her zu verstehen und zu deuten. Für heutige Zeitgenossen setzte der deutsche Bildhauer Toni Zenz diese Parallele 1958 eindrucksvoll ins Bild, und zwar auf einer Metalltür, die er für die im Zweiten Weltkrieg zerstörte und dann wiederaufgebaute St. Albanskirche in Köln schuf: Unten links sieht man Adam und Eva im Augenblick des Sündenfalls, oben rechts den Zweiten Adam und die Zweite Eva im Augenblick der Kreuzigung und Erlösung.

Erst einmal in den Sprachgebrauch eingeführt, entfaltete die Dialektik von Eva und Maria ihr Eigenleben. Da im Lateinischen der Name *Eva* rückwärts buchstabiert *Ave* ergibt, schien im Gruß des Engels an Maria in der Fassung der Vulgata, wie ihn Millionen frommer Seelen im Gebet des *Ave Maria* immer wieder gesprochen haben, schon eine geheimnisvolle mariologische Bedeutung versteckt zu sein. Weniger spielerisch und schon folgenreicher war es, wenn die Ausführungen über den Ungehorsam Evas und den Gehorsam Marias zum Anlaß ausführlicher psychologischer Vergleiche zwischen den beiden Frauen wurden. Bei diesen Vergleichen entstand die negative Sicht der Frau, wie sie Eva verkörpert – das anfällige, irrationale, emotionale, erotische Wesen, das mehr von seinen Sinnen als vom Geist und Verstand her lebt und darum leicht zur Beute des tückischen Versuchers wird –, die zu jenen nur allzu geläufigen abwertenden und verleumderischen Klischees der Frau geführt hat, wie sie sich tief in das Denken und die Sprache vieler Völker, und nicht nur des Abendlandes, eingegraben haben. Heutige polemische Schriftsteller haben die Werke der patristischen und mittelalterlichen Denker nach diesen Klischees abgegrast und einen umfangreichen Katalog zusammengetragen, der bis zum heutigen Tag in Büchern und Aufsätzen immer wieder genutzt wird.

Es ist nicht als Rechtfertigung dieser Klischees gedacht, jedoch als unerläßliches historisches Korrektiv, wenn man darauf hinweist, daß genau die gleichen Werke der patristischen und mittelalterlichen Denker ein Gegengift gegen ihre Klischees enthielten, nämlich in ihren noch ausführlicheren Deutungen Marias als der »Starken Frau« (*Mulier Fortis*), die als Nachfahrin und Rächerin der Ersten Eva das Haupt der Schlange zertreten und den Teufel besiegt hat.[71] Die historische Gerechtigkeit verlangt es, daß man beide Pole dieser Dialektik sieht. Als John Milton, der »eindeutig ein gegen den Katholizismus und seine Marienverehrung eingestellter Autor war«[72], dennoch in seinem *Paradise Lost* beschrieb, wie bei seinem Gruß an Eva

> ... the Angel *Haile*
> Bestowed, the holy salutation us'd
> Long after to blest Marie, second Eve,[73]

so zitierte er den Engelgruß »Ave Maria« und spielte damit auf die seit alters übliche Parallele an, um die es im vorliegenden Kapitel geht. Aber er tat das als Puritaner und Protestant in einem literarischen und theologischen Kontext, in dem das katholische Marienbild als Gegengift schon ziemlich verlorengegangen war. Daher konnte Milton Adam nach dem Fall ein an die Jungfrau Maria gerichtetes *Ave Maria* in den Mund legen, hinter dem eindeutig die Absicht stand, nicht nur Eva, sondern auch Maria ihren angemessenen Platz in der Menschheitsgeschichte zuzuweisen:

> ... Virgin Mother, Haile,
> High in the love of Heav'n, yet from *my* Loines
> Thou shall proceed ...[74]

Miltons postmortale Diagnose der Psychologie des Falls von Eva, die er Schritt für Schritt anstellt, wird zu Recht als nicht ganz zutreffende, aber dennoch brillante Charakterstudie gerühmt. Betrachtet man diese Autopsie jedoch im Rahmen der gesamten Geschichte des patristischen und mittelalterlichen Denkens über die Erste und die Zweite Eva bis zu Milton, dann wird deutlich, daß *Paradise Lost* den einen Pol der Dialektik erheblich stärker als den anderen betont. Das Gleiche gilt für viele andere und geringere Schriftsteller seit Milton.

Doch greifen wir noch einmal die Kategorien von Marc Aurel und Irenäus auf (die im 2. Jahrhundert fast Zeitgenossen waren). Das zentrale Thema im Denken von Irenäus war, mit Marc Aurel formuliert, daß es »eine Vorsehung gibt, die gnädig sein kann« und die sich bereits als gnädig erwiesen hatte, indem sie eine »Rekapitulation« (*anakephalaiosis*) der Menschheitsgeschichte vorgenommen hatte, in der die Schritt um Schritt erfolgte Sünde des Menschen durch Gottes rettendes Handeln in Christus Schritt für Schritt wiedergutgemacht wurde.[75] Allerdings schien die stoische Vorstellung einer »Vorsehung, die gnädig sein kann«, oft Beiklänge einer deterministischen Notwendigkeit, *anankè heimarmenè*, zu haben und nicht eigentlich einen freien Willen vorzusehen. Diese Art deterministischer Notwendigkeit war keineswegs mit einer tiefen Einsicht in die Motivation und Psychologie des Menschen unvereinbar, was nicht nur bei Marc Aurel deutlich zu sehen ist, sondern vor allem auch bei Tolstoi.[76] In seinem berühmten zweiten Nachwort zu *Krieg und Frieden* griff Tolstoi moderne Geschichtsphilosophien an, weil sie sich verschwommen an eine untragbare Auffassung vom freien Willen hielten, und er schloß mit dem bekannten Axiom: »Wir müssen einer Freiheit entsagen, die es gar nicht gibt, und eine Abhängigkeit eingestehen (d.h. einen Determinismus), deren wir uns nicht bewußt sind.«[77]

Das Thema von Maria als Zweiter Eva stellte ferner auch eine Kritik an einer anderen, in der Antike und Spätantike weitverbreiteten Ansicht dar und bot dafür gleichzeitig eine Alternative: daß die Geschichte in Zyklen verlaufe, wofür, wie etwa in der Philosophie des Porphyrios, als Schlüsselbild das Rad diente. Es handelte sich, mit Charles N. Cochrane, einem Herodot-Forscher, gesprochen, um »den Glauben an eine endlose Wiederholung ›typischer‹ Situationen«. Die christliche Antwort darauf war zum Beispiel in Augustinus' *Gottesstaat* »der Glaube der Christen, daß entgegen allen Anscheins die Menschheitsgeschichte nicht aus einer Reihe sich wiederholender Muster besteht, sondern einen sicheren, wenn auch nicht geradlinig verlaufenden Fortschritt auf ein letztes Ziel darstellt. Als solcher besteht sie aus Anfang, Mitte und Ende, *exoretus, processus, et finis.*«[78] Denn nach Augustinus hatte die Zyklus-Theorie darin recht, daß sie »sich wiederholende Muster« erkannte; sie irrte darin, zu übersehen, daß es sich dabei trotzdem jeweils um unwiederholbare Ereignisse und Personen handelt, die es nur ein einziges Mal gibt. Adam und Eva wurden nicht immer wieder aufs neue erschaffen und gaben nicht immer wieder den Versuchungen der Schlange nach, und sie wurden nicht immer wieder aus dem Garten vertrieben. Aber infolge des Prozesses, den Irenäus als Rekapitulation bezeichnete, war tatsächlich in der Person Jesu Christi ein Zweiter Adam erschienen, und in der Person der Jungfrau Maria war eine Zweite Eva gekommen, damit, wie Irenäus sagte, »eine Jungfrau, indem sie zur Anwältin einer Jungfrau werde, durch ihren jungfräulichen Gehorsam den jungfräulichen Ungehorsam rückgängig mache«[79], was also keine Wiederholung, sondern eine Rekapitulation darstellte.

Doch die bereits zitierten Worte aus dem 1. Korintherbrief: »Der Erste Mensch stammt von der Erde und ist Erde; der Zweite Mensch stammt vom Himmel« (15,47) deuteten auf einen weiteren Begriff der Spätantike, auf den die Gestalt Marias eine Antwort bedeutete: der Begriff des »göttlichen Mannes« (*ho theios anèr*), der, wenn man ihn auf das christliche Verständnis der Person Jesu Christi anwandte, fast unausweichlich in die Gefahr führte, daß man sich den »Zweiten Menschen, der vom Himmel stammt« so vorstellte, daß er nicht mehr ganz und gar Mensch, weil von übermenschlicher Art war. Die bereits früher mit dem Zitat von Louis Ginzberg vermerkte Tendenz, daß »wie eine Perle das Ergebnis der Reizung im Fleisch einer Muschel ist, so ... sich auch um eine irritierende Stelle in der Bibel eine Legende bilden (kann)«[80], war schon in den frühesten Stadien des christlichen Denkens über Jesus Christus am Werk – und auch des christlichen Denkens über Maria. Den wichtigsten Beweis für diese Tendenz stellt ein apokryphes Evangelium dar, nämlich das *Protoevangelium des Jakobus*[81]. Obwohl es ein apokryphes Evangelium war, also keinen offiziellen Rang als Bestandteil des neutestamentlichen Kanons erhielt, hat es dennoch »die Legendenbildung um Maria maßgeblich beherrscht und einen Großteil des Grundmaterials für die Biographie Marias geliefert.«[82] Zu den im Protoevangelium des Jakobus enthaltenen Legenden gehörte diejenige von der unversehrten Jungfräulichkeit Marias nicht nur bei der Empfängnis, sondern auch bei der Geburt, sowie die damit im Zusammenhang stehende Vorstellung, sie habe Jesus ohne Geburtswehen zur Welt gebracht, und ferner die Erklärung, bei den »Brüdern Jesu«, von denen in den Evangelien die Rede sei, müsse es sich um die Kinder des Witwers Joseph aus seiner ersten Ehe handeln.[83] Obwohl es nicht eindeutig auszumachen ist, besteht doch Anlaß zur Vermutung, daß implizit in einigen dieser Legenden über die Jungfrau Maria wohl das Zögern steckte, ihrem göttlichen Sohn voll und ganz das Menschsein zuzuschreiben, denn dieses Zögern war auch schon in anderen Quellen zum Ausdruck gekommen, die fast zeitgleich mit dem Protoevangelium des Jakobus entstanden sind. Irenäus, dem wir die erste ausführliche Darlegung der Parallelität zwischen Eva und Maria verdanken, ist zudem eine der Quellen, aus denen wir erfahren, daß es dieses Zögern bei den Anhängern des gnostischen Lehrers Valentinus gab. Das hatte sie zur Aussage bewogen, Jesus sei überhaupt nicht im üblichen Sinn aus der Jungfrau Maria »geboren« worden, sondern sei »durch Maria gekommen, wie Wasser durch eine Röhre fließt«, nämlich nicht nur ohne Geburtswehen, sondern auch ohne irgendeine Beteiligung der Mutter, ausgenommen ihrer rein passiven Verfügbarkeit.[84] In der Folgezeit widersprach die christliche Kunst dieser Tendenz dadurch, daß sie Maria immer wieder als Schwangere darstellte.[85] Genauso war es eine Reaktion auf diesen gnostischen Angriff auf die wahre Menschheit Jesu und eine Verteidigung der einmaligen Stellung nicht nur Jesu, sondern auch Marias in der Heilsgeschichte, daß Irenäus für die Jungfrau diese entscheidende Rolle fand.

Die wichtigste intellektuelle Auseinandersetzung der ersten fünf Jahrhunderte der christlichen Geschichte – ja der Geschichte des Christentums überhaupt – kristallisierte sich um die Frage, ob das Göttliche in Jesus Christus identisch mit Gott, dem Schöpfer, sei.[86] Doch die Antwort auf dieses Problem war wiederum Maria, die jetzt als *Theotokos*, Mutter Gottes, definiert wurde.[87] Obwohl diese Infragestellung der vollen Gottheit des Sohnes Gottes von den frühesten Zeiten der christlichen Bewegung an im Raum gestanden hatte und eine ganze Reihe von Zweiflern die Frage des Versuchers wiederholt hatten: »Wenn du Gottes Sohn bist ...« (Mt 4,3.6), bestand die besondere Herausforderung im 2. und 3. Jahrhundert darin, daß sie jetzt aus der entgegengesetzten Richtung kam und sich aus der Frage ergeben hatte, ob der göttliche Mensch wirklich im Vollsinn des Wortes »Mensch« sei oder ob er auf die eine oder andere Art vor den vollen Konsequenzen eines authentischen Menschseins hatte bewahrt werden müssen. Viele Bewegungen des christlichen Denkens und der christlichen Frömmigkeit des 2. und 3. Jahrhunderts, die man schließlich unter dem Sammelbegriff »gnostisch« zusammenfaßte und verurteilte, waren dieser Ansicht. Sie wurde als »Doketismus« bezeichnet, vom griechischen Verb *dokein*, »scheinen«, womit gemeint war, daß die Menschheit an Christus »nur scheinbar« gewesen sei; im Gegenzug handelte es sich bei den frühesten Denkern, die als »orthodox« empfohlen wurden, um diejenigen, die entgegen diesen »doketistischen« und »gnostischen« Tendenzen vertraten, das Leben und die Person Jesu seien voll und ganz menschlich gewesen.

Zwar wurden viele Einzelheiten in den Evangelien zum Anlaß heftiger Diskussionen in diesem Konflikt – zum Beispiel schon allein die Vorstellung, Jesus habe regelrecht wie ein Mensch gegessen und getrunken[88] –, doch gab es zwei Angelpunkte in seinem Leben, auf die sich beide Seiten konzentrierten: seine Geburt und seine Kreuzigung, also die Artikel des Apostolischen Glaubensbekenntnisses, die lauten: »geboren aus der Jungfrau Maria, gelitten unter Pontius Pilatus«. Wolfgang Amadeus Mozart vertonte in seinem letzten sakralen Werk, das er vor seinem Tod fertigstellte – das gewiß auch eines der exquisitesten und zutiefst bewegenden ist –, die Bekräftigung, daß es diese beiden Ereignisse waren, »wirklich von der Jungfrau Maria geboren« (*vere natum de Maria Virgine*) und wirklich »am Kreuz für den Menschen geopfert worden zu sein« (*immolatum in cruce pro homine*), welche sowohl die Erlösung des Menschengeschlechts als auch die Gegenwart des »wahren Leibes« (*verum corpus*) in der Eucharistie gewährleisteten – und dieser »wahre Leib« wurde obendrein mit einem eigenen *Ave* angesprochen: *Ave verum corpus.*[89] Jesu Leiden und Tod am Kreuz waren für beide Seiten der Beweis für eine Natur, die nach Nietzsches Formulierung »menschlich, allzu menschlich« war. Das Leiden hielt man für einer wirklichen göttlichen Natur unwürdig, denn nach allgemeiner Übereinstimmung (und übrigens ohne viele ausdrückliche Diskussionen darüber) nahm man von der göttlichen Natur an, eines ihrer Wesensmerkmale sei, daß sie über die Fähigkeit zum Leiden oder sich Verändern erhaben sei, also über jene Eigenschaft verfüge, die mit dem griechischen philosophischen Begriff *apatheia*, Freisein vom Leiden, benannt wurde und in die christliche Gotteslehre eingefügt worden war.[90] Von einem der führenden gnostischen Lehrer, Basilides, wurde erzählt, er habe seine Abneigung gegen die Vorstellung, der göttliche Christus habe wirklich leiden können, so weit getrieben, daß er, ausgehend vom dem Bericht der Evangelien, die römischen Soldaten hätten unterwegs nach Kalvaria »einen Mann aus Zyrene namens Simon ergriffen, der gerade vom Feld kam (und ihm das) Kreuz auf(geladen), damit er es hinter Jesus hertrage« (Lk 23,26), behauptet, man habe Jesus durch Simon von Zyrene ersetzt und diesen an seiner Stelle gekreuzigt und so Christus die Schande der Kreuzigung und des Todes erspart.[91] Virginia Corvin hat die Antwort eines frühchristlichen Schriftstellers, des Ignatius von Antiochien, auf solche

Vorstellungen folgendermaßen zusammengefaßt: »Daß die Predigt vom Kreuz und Tod Christi weiterhin ›denen, die verlorengehen, Torheit‹ ist (1 Kor 1,18), braucht uns nicht zu wundern, und Ignatius sagt, warum seine Gegner, die doketistischen Denker, sich von ihr abgestoßen fühlten. Nach der Auffassung von Ignatius war das jedoch der endgültige und unwiderlegliche Beweis dafür, daß Christus wirklich Mensch geworden und auf die Bühne der Menschheitsgeschichte getreten war.«[92] Es scheint, daß es zumindest auch im Hinblick auf diese Kontroverse war, wenn so viele frühe christliche Glaubensbekenntnisse, einschließlich des Apostolischen und desjenigen von Nicäa-Konstantinopel, den Passus »unter Pontius Pilatus« in der Erwähnung des Leidens Christi enthalten. Damit wurde Christus als echter Mensch und sein Leiden als tatsächliches historisches Ereignis gekennzeichnet, das nicht in einem mythischen oder doketistischen »irgendwann einmal« stattgefunden hatte, sondern an einem bestimmten Ort auf der Landkarte und in der Zeit der Geschichte des Römischen Reiches.[93]

Allerdings war Pontius Pilatus nur eine von zwei in den Glaubensbekenntnissen namentlichen genannten *dramatis personae*, und nur die zweite von ihnen. Die andere und als erste genannte war die Jungfrau Maria; denn das andere entscheidende Ereignis, von dem die wahre Menschheit Christi abhing, war, daß er »geboren aus der Jungfrau Maria« war, wie es im Apostolischen Glaubensbekenntnis heißt. Diese Formulierung kommt in leichten Abwandlungen in den alten Glaubensbekenntnissen sogar öfter als das »unter Pontius Pilatus« vor.[94] Auch hier hatte das doketistische Unternehmen, Christus gegen die Konsequenzen eines vollen Menschseins abzuschirmen, verschiedene raffinierte Erklärungen gefunden, einschließlich des schon genannten Vergleichs, bei seiner Geburt sei er durch den Leib Marias geglitten, wie Wasser durch eine Röhre fließt, ohne das Medium zu beeinflussen und (was noch wichtiger ist) ohne vom Medium beeinflußt zu werden.[95] Die Reaktion auf diese Metapher und die ihr zugrundeliegende Theorie konnte nur sein, das Faktum seiner tatsächlichen Geburt aus der Jungfrau Maria zu betonen. Denn, so hat der Schöpfer des christlichen Latein, Tertullian, in seiner Schrift gegen Marcion formuliert: »Marcion machte sich alle diese Phantastereien über eine nur scheinbare Körperlichkeit (Christi) aus der Überzeugung heraus zu eigen, daß auch seine Geburt nicht als Beweis für seine menschliche Substanz angeführt werden könne.« Im klaren Widerspruch dagegen fuhr dann Tertullian fort: »Weil Er ›die Wahrheit‹ war, war Er Fleisch; weil

Er Fleisch war, wurde Er geboren; ... Er ist kein Trugbild.«[96] Die Logik dieses Arguments war klar, ob man es seinem Gehalt nach annahm oder nicht: Die Erlösung hing davon ab, daß Christus in seinem Leben und Sterben ein wahrer und vollständiger Mensch gewesen war; dieses wahre und vollständige Menschsein seinerseits hing davon ab, daß er wirklich geboren war; und seine wahre Geburt wiederum hing davon ab, daß er eine Mutter hatte und wirklich und vollständig Mensch war. Wenn es nun, wie Irenäus und andere vertraten, der freiwillige und jungfräuliche Gehorsam Marias war, wodurch der freiwillige und jungfräuliche Ungehorsam Evas wieder behoben wurde, dann wurde Maria durch ihren freiwilligen Gehorsam sowohl zur Zweiten Eva wie auch zur wichtigsten Gewährleisterin dafür, daß Christus wahrer Mensch sei.

Diese Vorstellungen wurden unzählige Male in Prosa- und vor allem in Gedichtform wiedergegeben, und häufig wurden sie mit dialektischen Bildern und phantasievollen Antithesen angereichert. Ein Beispiel dafür sind die Zeilen eines späteren englischen metaphysischen Dichters der Barockzeit, Richard Crashaw. Ursprünglich Puritaner, hatte er zum römischen Katholizismus konvertiert:

> Welcome, all wonders in one sight!
> Eternity shut in a span!
> Summer in Winter, Day in Night!
> Heaven in earth, and God in man!
> Great little One! whose all-embracing birth
> Lifts Earth to Heaven, stoops Heaven to Earth.[97]

So konnte auch die Jungfrau Maria als Unsere Liebe Frau der Paradoxa gesehen werden: Jungfrau, doch Mutter, Menschenmutter, doch Gottesmutter.

Sie, die selbst nur Geschöpf war, war zugleich auch die, durch die der Schöpfer und Logos sich selbst mit einer geschöpflichen Menschennatur vereinigt hatte.[98] Gregor von Nyssa brachte es in seiner Gegenüberstellung des Ersten und des Zweiten Adam auf die eindrucksvolle Formel: »Beim ersten Mal nahm (Gott, der Logos) Staub von der Erde und formte den Menschen, (aber) dieses Mal nahm er Staub von der Jungfrau und formte nicht nur den Menschen, sondern formte den Menschen um sich selbst herum.«[99] Obwohl man den Arianismus, den Athanasius bekämpfte, gewöhnlich (und zutreffend) als Leugnung der vollständigen Gottheit Christi ansieht, machten sich viele frühere Häresien über Christus – und zumindest nach Wertung einiger Interpreten[100] auch der Arianismus selbst – der Leugnung seiner vollständigen Menschheit schuldig. Das hatte bereits mit den Lehren angefangen, gegen die sich schon die späteren Schriftsteller des Neuen Testaments wandten und deshalb ausdrücklich betonten, das menschliche »Fleisch« Christi sei sichtbar und berührbar gewesen; schon damals hatten sich nämlich verschiedene frühe Interpretationen der Gestalt Christi darum bemüht, ihn von der abscheulichen Konkretheit, der das Fleisch verhaftet sei, auszunehmen. Und da nichts am menschlichen Fleisch konkreter und in den Augen vieler von ihnen auch abscheulicher war als die Vorgänge um die Zeugung und Geburt des Menschen, waren sie vor allem darauf bedacht, seine Menschheit vor der Verstrickung in diese Vorgänge zu bewahren. Unvermeidlich wurde dadurch Maria zum wichtigsten Konzentrationspunkt ihrer Umdeutungen und entsprechend auch der orthodoxen Entgegnungen darauf. Einige der Gnostiker hatten nicht nur behauptet, Christus habe »von der Jungfrau nichts empfangen«,[101] sondern sie hatten (ebenfalls nach dem Bericht von Johannes von Damaskus, der offensichtlich Irenäus zitiert[102]) auch gesagt, er sei durch den Leib Marias »wie durch einen Kanal (*dia solenos*)« geglitten, das heißt, ohne irgendwie vom passiven Medium seiner Mutter beeinträchtigt zu werden. Das würde in besonders übertriebener Form der in der Antike weitverbreiteten Vorstellung entsprechen, derzufolge selbst bei einer normalen Empfängnis und Geburt die Mutter nur als »Acker« für das Kind dient, in das der Vater seinen »Samen« (*sperma*) legt.[103] In Entgegnung dieser gnostischen Sicht Marias hatten die frühesten orthodoxen Theologen darauf bestanden, Christus sei zwar auf übernatürliche Weise ohne das Zutun eines menschlichen Vaters empfangen worden, aber er sei doch »wirklich (*alethos*) geboren«, und zwar auf die gleiche Art wie alle anderen Menschenwesen auch.[104] Das war sogar schon früher betont worden, wie im 1. Kapitel vermerkt ist. Als nämlich der Apostel Paulus bekräftigen wollte, daß der Sohn Gottes, »als die Zeit erfüllt war«, gekommen sei und am echten, vollen Menschsein teilgenommen habe, sagte er ausdrücklich, er sei »geboren von einer Frau« (Gal 4,4), obwohl er offensichtlich damit keinerlei implizite Anspielung auf die Jungfrauengeburt oder die Person der Jungfrau Maria selbst machte.

Als die abendländischen Theologen diese Parallelsetzung von den Griechen übernommen hatten, waren sie, wie bereits bemerkt, in der vorteilhaften Lage, sich dank eines sprachlichen Zusammentreffens im Lateinischen des Wortspiels von *Ave* und *Eva* bedienen zu können. Nach dem Wortlaut des Buches Genesis war die Erste Eva »die Mutter aller Lebendigen« (*matèr pantòn tòn zòntòn*), und daher hieß es in der Septuaginta: »Und Adam nannte seine Frau Leben (*zoè*)«, und nicht »Eva« (Gen 3,20 LXX). So war auch die Zweite Eva zur neuen Mutter aller geworden, die glaubten und aus dem Glauben an ihren göttlichen Sohn heraus lebten.

Abb. 8

Epiphanie und Flucht nach Ägypten

Mosaik aus dem 5. Jhdt. in Santa Maria Maggiore in Rom

4 DIE THEOTOKOS, DIE MUTTER GOTTES

Und Elisabeth rief mit lauter Stimme ...
Wer bin ich, daß die Mutter meines Herrn zu mir kommt?
(Lk 1,42–43)

Im Verlauf der ganzen Geschichte, und namentlich während des 4. und 5. Jahrhunderts, war die Grundkategorie des Denkens über Maria diejenige des Paradoxen: Jungfrau und Mutter, menschliche Mutter dessen, der Gott ist, Theotokos.[105] Dabei war der wesentlichste – und nach Auffassung einiger der problematischste – aller von der morgenländischen Christenheit für Maria erfundenen Titel bestimmt dieser Titel der Theotokos. Er bedeutete nicht nur »Mutter Gottes«, wie er gewöhnlich in den westlichen Sprachen wiedergegeben wird (*Mater Dei* auf Lateinisch und von da her entsprechend in den romanischen Sprachen, *Mother of God* auf Englisch), sondern er bezeichnete präziser und voller »diejenige, die den, der Gott ist, geboren hat« (daher *Bogorodica* auf Russisch und seinen verwandten Sprachen, sowie in anderen slawischen Sprachen, und seltener verwendet, aber präziser auch auf Lateinisch *Deipara*). Die linguistische Geschichte dieses Titels bleibt zwar im Dunkeln, aber der Begriff scheint von den Christen geprägt worden zu sein, und es scheint sich bei ihm nicht, wie es oberflächlich gesehen hätte der Fall sein können, um den ursprünglich einer heidnischen Gottheit gegebenen Namen zu handeln, der dann von den Christen für ihre Zwecke übernommen worden wäre.[106] Die Bezeichnung taucht in einigen Manuskripten der Werke des Athanasius auf.[107] Doch läßt der Textbefund die Frage offen, wie oft Athanasius den Titel Theotokos tatsächlich für Maria gebraucht hat.[108] Auf jeden Fall wird er negativ von seinem Auftauchen an noch zu Lebzeiten des Athanasius bestätigt, nämlich bei den Angriffen des Kaisers Julian »des Apostaten« auf die Kirche, der die abergläubische Praxis der Christen anprangerte, die Theotokos anzurufen.[109]

Im 5. Jahrhundert machte Nestorius, der Patriarch von Konstantinopel, aus Sorge darum, man verwische die göttliche und die menschliche Natur in Christus, die Anregung, da Maria nur die menschliche Natur Christi geboren habe, solle man sie nicht als Theotokos bezeichnen, was nämlich den blasphemischen Eindruck erwecke, sie habe die göttliche Natur geboren und sich folglich wie der Titel der Muttergottheiten des Heidentums anhöre, sondern man solle sie Christotokos nennen, »diejenige, die Christus geboren hat«. Im Jahre 431, wenig mehr als ein Jahrhundert, nachdem die christliche Religion schließlich dank des Edikts von Mailand zum legalen Kult (*religio licita*) geworden war, trat ein christliches Bischofskonzil zusammen, und zwar in der Stadt Ephesus, die das Zentrum eines blühenden Kultes der griechischen Gottheit Artemis oder Diana gewesen war.[110] In der Apostelgeschichte findet sich eine anschaulich beschriebene Szene, wie in Ephesus ihre Verehrer mit dem Schrei »Groß ist die Artemis von Ephesus!« einen Aufstand gegen Paulus und die anderen christlichen Apostel inszeniert hatten (Apg 19,23–41). Dort versammelten sich also im Jahre 431 die Bischöfe in der großen, Maria geweihten Doppelkirche, deren Ruinen noch zu sehen sind, und verkündeten feierlich, alle Christen seien verpflichtet, Maria als Theotokos zu bezeichnen. Damit erklärten sie zum offiziellen Dogma, was die Frömmigkeit der rechtgläubigen Marienverehrer bereits geübt hatte. Der Beschluß lautete in den Worten des ersten *Anathematismus* Cyrills von Alexandrien gegen Nestorius: »Wenn jemand nicht bekennt, daß der Emmanuel in Wahrheit Gott und daher die heilige Jungfrau die Mutter Gottes (Theotokos) ist (denn sie gebar auf fleischliche Weise das Fleisch gewordene Wort Gottes), der sei im Bann.«[111] Zu Ehren der Definition Marias als Theotokos durch das Konzil von Ephesus ließ bald nach dem Konzil Papst Sixtus III. das wichtigste Marienheiligtum im Abendland bauen, die Basilika von Santa Maria Maggiore in Rom. Ihre berühmten Mosaiken der Verkündigung und der Epiphanie verliehen dieser Definition ihren künstlerischen Ausdruck.[112] Wenige Jahrhunderte später faßte Johannes von Damaskus das orthodoxe Argument für diesen Titel so zusammen: »Folglich nennen wir die heilige Maria mit Recht und Wahrheit Theotokos. Dieser Name umfaßt nämlich das gesamte Geheimnis des göttlichen Gnadenwaltens (*to mysterion tès oikonomias*). Denn wenn sie, die ihn gebar, die Theotokos ist, dann ist ganz gewiß der von ihr Geborene Gott und genauso auch Mensch ... Der Name (Theotokos) bezeichnet in Wahrheit die eine Subsistenz und die zwei Naturen und die zwei Weisen des Hervorgehens unseres Herrn Jesus Christus.«[113] An einer anderen Stelle argumentiert er, das stelle sie auf den Ikonen dar: die Theotokos, und daher die gottgefällige Alternative zur heidnischen

Dämonenverehrung.[114] Zugleich beteuerten die Verteidiger der Ikonen: »Wenn wir ihre Ikone verehren, betrachten wir sie nicht nach Art der Heiden (*Hellènikòs*) als Göttin, sondern als die Theotokos.«[115]

Bis dahin war es ein langer Weg sogar seit ihrer Betrachtung als Zweiter Eva gewesen. Es handelte sich vermutlich um den größten Quantensprung in der ganzen Geschichte der Sprache und des Denkens über Maria, die wir uns in diesem Buch vor Augen führen. Wie und warum hatte sie es so rasch so weit bringen können? Die Texte legen mindestens drei Aspekte einer Antwort auf diese historische Frage nahe: die Entfaltung des Titels Theotokos; in Verbindung mit dem Titel das Entstehen einer liturgischen Übung, die als »Kommemoration Marias« bezeichnet wird; sowie als eine Art spekulativer Erklärung sowohl für den Titel wie das Fest das sicher tief empfundene Bedürfnis danach, eine durch und durch menschliche Person als Krone der Schöpfung zu identifizieren, nachdem erst einmal erklärt war, diese Rolle passe nicht für Jesus Christus als den ewigen Sohn Gottes und die zweite Person der Dreifaltigkeit.[116]

Die Ursprünge des Titels »Gottesmutter« liegen im dunkeln. Trotz der sorgfältigen Untersuchungen Hugo Rahners und anderer[117] gibt es keinen unzweifelhaften Beleg dafür, daß er vor dem 4. Jahrhundert bereits benutzt wurde, auch wenn Newman kategorisch behauptete: »Der Titel *Theotokos* oder Mutter Gottes war den Christen von Anfang an geläufig.«[118] Klar ist nur, daß die ersten ganz gesicherten Beispiele für die Verwendung dieses Titels aus Alexandria stammen, der Stadt des Athanasius. Alexander, sein Patron und unmittelbarer Vorgänger als dortiger Bischof, sprach ungefähr im Jahre 319 in seiner Enzyklika gegen die Häresie des Arius von Maria als der Theotokos.[119] Verschiedene Hinweise einschließlich der einige Jahrzehnte später erfolgten bereits erwähnten Attacken von Julian Apostata gegen den Begriff Theotokos lassen den Schluß als vertretbar erscheinen, daß sich dieser Titel in Alexandria und darüber hinaus in der Volksfrömmigkeit bereits weitgestreuter Annahme erfreute. Die Geschichte dieses Marientitels bekräftigt auf keinerlei direkte Weise die allzu leichtfertigen modernen Theorien über die »Muttergottheiten« des griechisch-römischen Heidentums und deren angebliche Bedeutung für die Entwicklung der christlichen Mariologie.[120] Denn der Begriff Theotokos war offensichtlich eine originär christliche Schöpfung, der sich aus der Sprache ihrer christlichen Verehrung als Mutter des göttlichen Erlösers entwickelte und schließlich seine theologische Rechtfertigung dadurch erhielt, daß die Kirche genau klärte, was nach orthodoxem Glauben darunter zu verstehen sei.

Diese theologische Rechtfertigung lieferte Athanasius, der sein Leben lang darum bemüht war, darauf hinzuweisen, wenn Christus, der Sohn Gottes, der Mittler zwischen Schöpfer und Geschöpf sein wolle, müsse er Gott im vollen und eindeutigen Sinn des Wortes sein: »einzig durch Gott läßt sich Gott erkennen«, wie viele orthodoxe Kirchenväter nicht müde wurden, immer wieder zu betonen. »Anfanghaft«[121] erschien das in seiner summarischen Aussage über »Ziel und Charakter der Heiligen Schrift«, die »einen zwiefachen Bericht (*diplè epangelia*) über den Erlöser enthält: daß er für immer Gott war und als der Logos, der Abglanz und die Weisheit des Vaters der Sohn ist; und daß er hierauf für uns von einer Jungfrau, Maria, der Theotokos, für uns Fleisch annahm und Mensch wurde.«[122] Aber die theologische Erklärung dieses »zwiefachen Berichts« ging weit über diese summarische Aussage des Credo hinaus. Die jüngste Kontroverse um die Theologie des Athanasius drehte sich zum größten Teil um die Frage, ob er Christus eine menschliche Seele zuschrieb oder ob er bezüglich der Inkarnation ebenfalls das »Logos-plus-Fleisch«-Schema vertrat, das man schließlich der Häresie des Apollinaris zuschrieb.[123] Im Verlauf dieser Kontroverse neigte man jedoch gelegentlich dazu, seine Pionierleistung bei der Ausarbeitung des Prinzips der »Idiomenkommunikation«[124] zu verkennen, nämlich der Vorstellung, daß es als Konsequenz der Inkarnation und der Vereinigung von göttlicher und menschlicher Natur in der einen Person Jesu Christi legitim sei, dem Logos menschliche Eigenschaften und dem Menschen Jesus göttliche Eigenschaften zuzuschreiben, also zum Beispiel vom »Blut des Sohnes Gottes« oder dem »Blut des Herrn« oder sogar (nach einigen Manuskripten des Neuen Testaments: 1 Joh 1,7; Apg 20,28) vom »Blut Gottes« zu sprechen.

Alois Grillmeier hat darauf hingewiesen, daß »die Diskussion über die sogenannte *communicatio idiomatum* in Christus richtig ernsthaft erst einsetzte«, als in der ersten Hälfte des 5. Jahrhunderts lebhaft die Debatten über den Begriff Theotokos geführt wurden, auch wenn eine dementsprechende Redeweise bereits seit dem apostolischen Zeitalter üblich war, ohne genauer durchdacht worden zu sein. Doch scheint Athanasius bei der Entwicklung dieser Vorstellung eine wichtigere Rolle gespielt zu haben, als Grillmeier wahrhatte. Grillmeier verwies auf Stellen, an denen »Athanasius offensichtlich den Logos bei den Akten, die für die Erlösung und die Passion und den Tod Christi entscheidend sind, als den eigentlichen Träger der Handlung betrachtet«, und er zitierte »Ausdrücke, die gemäß der Regeln der *communicatio idiomatum* die erlösende Tätigkeit des Logos beschreiben.« In seiner ersten *Oration gegen die Arianer* erörterte Athanasius jedoch bis ins Detail die Frage, inwiefern es angemessen sei, beim göttlichen Logos von Veränderung und Erhöhung zu sprechen, da er sich doch nicht ändern könne und keiner Erhöhung bedürfe. Seine Antwort bestand aus einer Paraphrase der Sprache des Neuen Testaments über »Christus Jesus, der in der Gestalt Gottes war ... aber die Gestalt eines Knechts annahm« (Phil 2,5–7): »Er war der Logos und existierte in der Gestalt Gottes und wurde immer als solcher verehrt; und so blieb er derselbe, obwohl er Mensch und Jesus genannt wurde, und ihm liegt dennoch die ganze Schöpfung zu Füßen, die ihr Knie in diesem Namen (Jesus) beugt und bekennt, daß die Inkarnation des Logos und sein Aufsichnehmen des Todes im Fleisch nichts an der Herrlichkeit seiner Gottheit geschmälert hat, sondern ›zur Herrlichkeit Gottes des Vaters‹ beitrug.«[125]

Als Athanasius deshalb davon sprach, der Logos »habe Fleisch von einer Jungfrau, Maria der Theotokos« angenommen[126], war er darin ein Echo der Sprache der Volksfrömmigkeit; aber er hatte damit bereits bewußt den Titel bereitgestellt, der ein halbes Jahrhundert nach seinem Tod dafür geeignet sein sollte, diese Auffassung gegen alle Angriffe zu verteidigen. Newman hat in seinem *The Arians of the Fourth Century* geäußert, das Volk sei orthodox gewesen, selbst wenn die Bischöfe es nicht waren.[127] Bei seinem Gebrauch des Titels Theotokos, wie auch beim Gebrauch anderer Titel und Metaphern, hielt sich Athanasius an die Orthodoxie der Volksfrömmigkeit und verteidigte diese. Der Grundsatz *lex orandi lex credendi*, der besagt, im christlichen Gottesdienst stecke implizit eine Glaubensnorm, die explizit gemacht werden müsse, scheint kurz nach der Zeit des Athanasius formuliert worden zu sein[128], aber Athanasius hielt sich offenkundig an einen entsprechenden Grundsatz.

Der normative Gehalt der Frömmigkeit erwies sich auch in einem weiteren Zusammenhang, als Athanasius sich auf die »Kommemoration Marias« berief, um die Orthodoxie seiner Lehre zu verteidigen. Er tat das in mindestens zweien seiner Schriften. Die wichtigere davon ist sein Brief an Epiktet, der in späteren Jahrhunderten auf Griechisch, Lateinisch, Syrisch und Armenisch weite Verbreitung fand und in den Dekreten sowohl des Konzils von Ephesus im Jahre 431 als auch des Konzils von Chalcedon 451 zitiert wurde.[129] Er scheint dadurch ausgelöst worden zu sein, daß nach der Niederlage des Arianismus die alte doketistische Häresie wieder auflebte, die die wahre und volle Menschheit Jesu leugnete oder behauptete, er habe keinen echten menschlichen Leib gehabt.[130] Manche gingen sogar so weit, zu vertreten, der Leib Christi sei eines Wesens (*homoousion*) mit dem Logos.[131] Diese neue Form des Doketismus, über dessen genaue Lehrinhalte die Wissenschaftler sich immer noch nicht einig sind, wird oft als Vorläufer der apollinaristischen Theologie gesehen. In seiner Entgegnung argumentierte Athanasius von den »göttlichen Schriften« und den »zu Nicäa versammelten Vätern« her und warf den Neo-Doketisten vor, sogar noch schlimmer als die Arianer zu sein: »Ihr seid mit eurer Gottlosigkeit weiter gegangen als jede andere Häresie. Denn wenn der Logos eines Wesens mit dem Leib ist, macht das die Kommemoration und das Offizium Marias (*perittè tès Marias hè mnèmè kai hè chreia*) überflüssig«.[132] Und in seinem Brief an Maximus, in dem er sich gegen die Lehre wendet, der Logos sei aus notwendiger Konsequenz seiner Natur Mensch geworden, erklärte Athanasius wiederum: »Wenn das so wäre, dann wäre die Kommemoration Marias überflüssig.«[133] Das theologische Argument des Athanasius scheint ziemlich klar zu sein: Wieder war Maria, wie schon bei den anti-gnostischen Vätern, die Garantin der wahren Menschheit Jesu Christi.[134]

Weniger klar ist der genaue Charakter der »Kommemoration«, von der Athanasius spricht. Wenn das griechische Wort *mnèmè* nicht mehr als »Erinnerung« bedeutete, wie das im Neuen Testament und anderswo der Fall ist,[135] dann hätte Athanasius argumentiert, die Erinnerung an Maria, wie sie zum Beispiel im Credo oder in Gedächtnisgebeten niedergelegt war, impliziere unvermeidlich, daß die Menschheit Christi von ihr ihren Anfang genommen und nicht von Ewigkeit her schon präexistiert habe. Aber *mnèmè* wurde gelegentlich auch als *terminus technicus* für den christlichen Kalender verwendet und bezeichnete das Jahresgedächtnis eines Heiligen oder Märtyrers.[136] Martin Jugie hat in seiner frühen Studie über die ersten Maria geweihten Feste in Ost wie West behauptet, mit der *mnèmè* Marias sei in den Dokumenten aus dem frühen 5. Jahrhundert nicht das Jahresgedächtnis ihres Todes bzw. ihrer »Entschlafung« (*koimèsis*) gemeint[137], sondern ihrer »Geburt«, was ihren Eingang in den Himmel bedeuten könnte.[138] In seiner späteren umfangreichen Untersuchung über den Tod und die Aufnahme der Jungfrau wiederholte, korrigierte und erweiterte er diese Behauptung.[139]

Doch für unsere Zwecke ist dieses Problem gegenüber dem grundsätzlichen Problem zweitrangig. Ist *tès Marias hè mnèmè* die Bezeichnung eines bestimmten Marienfestes? Es gibt einige Hinweise darauf, daß es ein Fest namens *mnèmè* der Maria gegeben haben könnte, und zwar am Sonntag nach Weihnachten,[140] aber die Belege reichen nicht bis in die Zeit des Athanasius zurück. Immerhin lassen es sowohl dieser Hinweis als auch seine Sprache wahrscheinlich sein, daß eine solche Kommemoration Marias bereits zu seiner Zeit gefeiert wurde und seine Begründung sich darauf stützte.

Folglich hätte er argumentiert, es gebe keine Rechtfertigung für ein Gedächtnisfest der Jungfrau und Theotokos Maria, wenn sie nicht in der Heilsgeschichte eine Rolle gespielt hätte. Sie gehörte zum Neuen Testament, nicht zum Alten, und sie wurde nicht wie die Heiligen des alten Israel als Prophetin des Kommens Christi gefeiert. Vielmehr hatte sie eine Funktion oder ein Amt, eine *chreia*, als Auserwählte und Beauftragte, durch die allein der ungeschaffene Logos sein geschöpfliches Menschsein erhielt. Diese *chreia*, dieser Dienst aber wurde in dankbarem Gedenken gefeiert, indem man die *mnèmè* oder Gedächtnisfeier Marias beging. Marias *chreia* war ein gegebenes Faktum der Heilsgeschichte, und die *mnèmè* ein gegebenes Faktum der christlichen Gottesdienstordnung. So bezeugten also Credo wie Kalender der Kirche die Lehre, daß die menschliche Natur Christi etwas Erschaffenes sei, genau wie sie die Lehre bezeugten, daß die göttliche Natur Christi unerschaffen sei; und das Zeichen und Band zwischen Christus als Geschöpf und der Menschheit als Geschöpf seien »die Kommemoration und das Offizium von Maria«, die überflüssig gewesen wären, wenn die Menschheit Christi eine Art Komponente seiner Präexistenz als Logos Gottes gewesen wäre. Obwohl es unbestreitbar zu belegen ist, daß Athanasius nie eine zufriedenstellende Formel für die Konsequenzen des vollen und wahren Menschseins des Herrn ausgearbeitet hat, wie er das für sein Gottsein tat, ist ebenso klar, daß beide Aspekte des »zwiefältigen Berichts«[141] von der Autorität des orthodoxen Glaubens verbürgt wurden.

Bei der genauen Umschreibung und Benennung dieser Autorität wurden Gottesdienst und Frömmigkeit der Kirche als wichtiges Element der Definition dessen angesehen, was Athanasius am Schluß seines Briefes an Epiktet als »das Bekenntnis des Glaubens, der sowohl fromm als auch orthodox ist« (*hè homologia tès eusebous kai orthodoxous pisteòs)* bezeichnet hatte.[142] Wenn Maria Theotokos war, welchen Titel ihr die Sprache der christlichen Frömmigkeit verlieh, dann mußte das Verhältnis zwischen dem Göttlichen und Menschlichen in Jesus Christus so sein, daß es diesen offensichtlich unzureichenden Begriff rechtfertigte; von daher wurde die Lehre von der »Idiomenkommunikation« entwickelt. Wenn Maria das »Amt« hatte, den Logos in ein authentisches und daher erschaffenes Menschsein zu kleiden, wie ihr das in der christlichen Frömmigkeitspraxis im »Gedächtnis Marias« tatsächlich zuerkannt wurde, so durfte keine Abneigung gegen Fleisch und Blut geduldet werden, die die Lehre von der Inkarnation verfälscht hätte. Sollte also eine Lehre als Dogma der Kirche qualifiziert werden, so mußte sie nicht nur mit der apostolischen Überlieferung übereinstimmen, wie sie in der Heiligen Schrift und in lehramtlichen Zeugnissen wie den Dekreten des Konzils von Nicäa niedergelegt war, sondern auch mit dem Gottesdienst und der Frömmigkeit der katholischen und apostolischen Kirche.

Der Status Marias als Geschöpf und ihr Verhältnis zu Christus wies noch auf eine andere Entwicklungslinie: Es galt, genauer die Eigenschaften zuzuordnen, die durch die Häresie falsch gesetzt worden waren. Bei den meisten der Kontroversen im 4. Jahrhundert ging es darum, die Angemessenheit von Wesensbeschreibungen wie *homoousios* oder Theotokos zu klären. Aber die Literatur der Kontroversen unterstellte auch eine Definition der Häresie als falsches Zuordnen von Prädikaten, oder wies jedenfalls in diese Richtung, und bei der eventuellen orthodoxen Antwort ging es dann darum, das Subjekt präziser zu spezifizieren. Nur auf dem Konzil von Ephesus und darüber hinaus wurde diese Antwort geliefert, aber im nachhinein könnte man das auch schon in einem früheren Entwicklungsstadium bei der Kontroverse um den Arianismus sehen.

Die arianische Häresie »degradierte den Herrn der Heiligen auf das Niveau seiner Geschöpfe«, um mit Henry Gwatkin zu sprechen.[143] Was Arius Christus zuschrieb, war mehr, als er irgendeinem der Heiligen zuerkannte, aber es war weniger, als er der höchsten Gottheit zuschrieb. Die arianische Lehre bezüglich der Heiligen ist aus den Fragmenten nicht leicht zusammenzutragen, obwohl wir wissen, daß die *Thalia* des Arius von »den Auserwählten Gottes, den weisen Gottesmännern, seinen heiligen Söhnen« sprach.[144] Es gibt einige Hinweise darauf, daß bestimmte Heiligenlegenden über arianische Quellen weitergereicht wurden.[145] Beträchtlich besser sind wir über die arianische Sicht des Verhältnisses zwischen Christus und den Heiligen informiert. Laut dem Brief der Arianer an Alexander von Alexandria war der Logos »ein vollkommenes Geschöpf Gottes, aber nicht wie eines der Geschöpfe«[146], denn er sei das Geschöpf, durch das Gott alle anderen Geschöpfe erschaffen habe. Die »Höherrangigkeit« dieses Geschöpfs über alle anderen Geschöpfe ergab sich also daraus, daß er direkt erschaffen worden war, sie dagegen durch ihn.[147] In seiner Präexistenz war der Logos dann also das vollkommene Geschöpf gewesen. Aber in seiner irdischen Laufbahn *wurde* er zum vollkommenen Geschöpf. Nach der Vorstellung des Arianismus hatte der Mensch Jesus Christus keine menschliche Seele,[148] aber er scheint das mit der Lehre des Paulus von Samosata verknüpft zu haben, durch seinen »moralischen Fortschritt« (*prokopè*) habe er sich der Erhebung in den Status des »Sohnes Gottes« würdig gemacht.[149] Von den Arianern wurde gesagt, sie hätten gelehrt, Gott habe Christus erwählt, »weil er vorausgewußt habe«, daß er nicht gegen ihn rebellieren, sondern »infolge seiner Umsicht und Selbstdisziplin« (*dia epimeleian kai askèsin*) über seine »wankelmütige Natur« siegen und treu bleiben werde.[150] Weil die Sohnschaft des Logos eine Funktion seiner Eigenart als vollkommenes Geschöpf und die Sohnschaft des Menschen Jesus eine Folge seines vollkommenen Gehorsams war, war der Unterschied zwischen seiner Sohnschaft und derjenigen der Heiligen eher quantitativer als qualitativer Natur, denn wenn die Heiligen vollkommen gehorsam waren, konnten auch sie schließlich die Teilhabe an derselben Sohnschaft erlangen.

Nun hatte diese arianische Lehre von der Teilhabe der Heiligen an der Sohnschaft Christi ein Gegenstück in der Lehre des Athanasius von der Teilhabe durch »Vergöttlichung«: »Weil wir zu seinem Leib gehören, sind auch wir zu Tempeln Gottes geworden und werden folglich zu Söhnen Gottes gemacht, auf eine solche Weise, daß selbst in uns jetzt der Herr verehrt wird.«[151] Diese Sohnschaft verdankten die Heiligen nicht in erster Linie dem Umstand, Christus auf vollkommene Weise nachgefolgt zu sein, sondern ihrer Umwandlung durch Christus, der, nach der berühmten athanasischen Formel, Mensch geworden war, damit die Heiligen Gott würden.[152] Athanasius behauptete, eine solche Umwandlung und Vergöttlichung sei nur möglich, weil der Logos Schöpfer und nicht nur Geschöpf sei. Der Erlöser konnte nur deshalb zwischen Gott und der Menschheit vermitteln, weil er selbst Gott war. Er wurde nicht deshalb in einen neuen Status versetzt, weil er der größte aller Heiligen war, sondern er wurde wieder in seinen ewigen Status eingesetzt, nachdem er auf Erden die Sendung erfüllt hatte, um derentwillen er ins Fleisch gesandt worden war. Von da an konnten die Heiligen zu Söhnen Gottes werden; sie waren Geschöpfe, in denen der Schöpfer in solcher Fülle wohnte, daß er in ihnen verehrt werden konnte. Der Arianismus nun versuchte, Christus selbst diesen letzteren Status zuzuschreiben, also den eines Geschöpfs, in dem der Schöpfer in solcher Fülle wohnte, daß Gott in ihm verehrt werden konnte, und der der höchste aller Heiligen und daher der Mittler zwischen Gott und der Menschheit war.

Die Verfechter der Orthodoxie nun zogen in Nicäa die Trennungslinie zwischen Schöpfer und Geschöpf und bekannten, daß der Sohn Gottes auf Gottes Seite dieser Linie gehörte. Das ermöglichte und erforderte eine qualitative Unterscheidung zwischen ihm und selbst dem größten aller Heiligen, zwischen ihm als unerschaffenem Vermittler und ihnen als erschaffenen Vermittlern.[153] Was wurde nun aus all den Prädikaten der Arianer, nachdem also das Subjekt ihrer Sätze geändert worden war? Was wir bislang in der Mariologie des Athanasius gesehen haben, scheint darauf hinzuweisen, daß in einem ganz anderen als dem von Harnack gemeinten Sinn »was die Arianer über Christus gelehrt hatten, die Orthodoxen jetzt über Maria lehrten.«[154] So standen diese geschöpflichen Prädikate also nicht Jesus Christus zu, dem Sohn Gottes, sondern der Jungfrau Maria, der Mutter Gottes. Das Porträt, das Athanasius in seinem *Brief an die Jungfrauen* von Maria zeichnet, würde genau der arianischen Beschreibung des Sohnes Gottes entsprechen: Er »wurde erwählt, weil er zwar von Natur aus wandelbar war, aber sein sorgfältiger Charakter keine Verschlechterung erlitt«. Athanasius sagte von Maria, sie habe »Fortschritte« gemacht, und kann hier wohl sogar das Wort *prokopè* für »moralischen Fortschritt« gebraucht haben, das die Arianer für Christus verwendet hatten.[155] Nach Athanasius gehörten zu ihrem Fortschritt Kämpfe gegen Zweifel und böse Gedanken, aber sie besiegte sie alle und konnte so zum »Inbild« und »Modell« der Jungfrauschaft für alle diejenigen werden, die nach Vollkommenheit strebten, kurz, sie war die höchste aller Heiligen. Die Sprache der Frömmigkeit (Theotokos, »Mutter Gottes«) und ihre Praxis (in der *mnèmè*, der Gedächtnisfeier), die, wie wir vorhin festgestellt haben, hinter der Mariologie des Athanasius standen, waren die erste Instanz seines gesamten Denkens über die Lehre, daß sogar ein Geschöpf zur Würde gelangen konnte, verehrt zu werden, und zwar, weil der Schöpfer in ihm wohnte. Der Hymnus, aus dem Athanasius vielleicht den Titel Theotokos zitiert hat, das griechische Original des allbekannten lateinischen *Sub tuum praesidium*, war ebenfalls die erste Instanz einer solchen Verehrung.[156]

Es blieb der weiteren Kontroverse überlassen, genauere Klärungen dieser Lehre vorzunehmen, aber im Licht dieser Kontroverse sehen wir wahrscheinlich schon bei Athanasius, daß die Entwicklung so vor sich ging, daß man das Subjekt für die betreffenden Prädikate genauer bestimmte. Als die Entwicklung einsetzte, wurde sie zuerst und am stärksten im griechischsprechenden Osten betrieben, wo die asketischen und frömmigkeitsgeschichtlichen Voraussetzungen der Lehre über Maria schon lange vorhanden waren, ehe sie im Westen auftauchten.

Abb. 9
Mary; Rosemary Namuli
Steinskulptur, Ostafrika

5 DIE HELDIN DES KORAN UND DIE SCHWARZE MADONNA

Schwarz bin ich und schön.
(Hld 1,5)

Eine der wichtigsten und nachhaltigsten Rollen der Jungfrau Maria in der Geschichte hat darin bestanden, daß sie als Brückenbauerin zu anderen Traditionen, anderen Kulturen und anderen Religionen wirkte. Das lateinische Wort für »Brückenbauer« lautet *pontifex*; in der heidnischen römischen Religion war das auch eine Bezeichnung des Priesters. Der römische Kaiser, der als Gottheit verehrt wurde, trug den Titel *pontifex maximus*, »höchster Brückenbauer«, und wegen dieser heidnischen Bedeutung wurde er schon im 4. Jahrhundert von den christlichen Kaisern abgelegt. Doch nicht lange danach nahmen ihn die christlichen Bischöfe und Erzbischöfe für sich in Anspruch, und erst sehr viel später wurde *pontifex maximus* zum exklusiven Titel des Bischofs von Rom.[157] Doch der Begriff des *pontifex* beinhaltete unabhängig von seiner Verwendung als Titel noch sehr viel mehr. Letztlich traf er auf alle jene Vorstellungen und Persönlichkeiten zu, deren Grundbotschaft und Bedeutung sich am ehesten in der sprachlichen Form des sowohl/als auch und entweder/oder ausdrücken läßt. Eine solche Erscheinung war das Mönchtum, das in mehreren separaten Traditionen entstanden war, jedoch eine ganze Anzahl verblüffender Ähnlichkeiten aufwies, sowie auch historische Unterschiede.[158] In den letzten Jahrzehnten haben Bemühungen um den Austausch vor allem zwischen dem christlichen und dem buddhistischen Mönchtum beträchtliche Fortschritte gemacht. Der Trappistenmönch und geistliche Schriftsteller Thomas Merton war auf einer solchen »Grenzbereisung« in Asien unterwegs, als er 1968 starb.[159] Wann immer die Antithesen von entweder/oder auf allen Ebenen in einen Holocaust auszubrechen drohten, herrschte das verzweifelte Bedürfnis nach solchen brückenbauenden Vorstellungen und Persönlichkeiten.

Vielleicht hat keine Antithese weitreichendere Folgen als das Verhältnis der übrigen Welt zu dem, was man auf Englisch als »Islamdom« (»Islamische Welt«, als Gegenstück zu »Christendom«, »Christenheit«) bezeichnet hat, dem jetzt nahezu eine Milliarde Gläubige angehören. Aus diesem Grund ist dieses grundsätzliche Bedürfnis nach Brückenbauern für den Versuch, die Religion des Propheten Mohammed und die Botschaft des Koran zu verstehen, von besonderer Dringlichkeit und Schärfe, denn die bare Unkenntnis von ansonsten ganz gebildeten Abendländern ist in diesem Punkt nicht nur abgrundtief, sondern beängstigend. Die Grundlegung des islamischen Glaubens erfolgte in einer Reihe ekstatischer göttlicher Offenbarungen, die ungefähr im Jahr 610 anfingen und bis ans Lebensende des Propheten im Jahr 632 anhielten.[160] Bei diesen Offenbarungen handelt es sich nach orthodoxer muslimischer Überzeugung um die Stimme Gottes selbst. Mohammed wurde in ihnen »als eine Barmherzigkeit für alle Welt« entsandt, dessen Botschaft darin bestand, zu sprechen: »Mir ward nur offenbart, daß euer Gott ein einiger Gott ist.«[161] Mohammed lernte viele dieser Aussprüche auswendig, wie das auch viele seiner Anhänger taten; andere Aussprüche scheinen unmittelbar aufgeschrieben worden zu sein, mit was immer gerade zur Hand war. Die Sammlung des Koran wird Abu Bakr zugeschrieben, dem ersten Kalifen, und seine Standardfassung Uthman, dem dritten Kalifen, der die Texttradition von Medina zur normativen Form erklärte und auch die Abfolge der 114 Kapitel oder Suren festlegte, ungefähr in der Reihenfolge von den längsten bis zu den kürzesten. Viele westliche Forscher neigen zur Ansicht, der Koran in seiner gegenwärtigen Form sei ab ungefähr 650 niedergelegt worden, aber definitiv habe der Text seine Fixierung erst im 10. Jahrhundert erfahren. Nach maßgeblicher muslimischer Lehre dagegen wurde der Text des Koran in einem Zug niedergeschrieben.

Für westliche Leser, die zum ersten Mal den Koran in die Hand nehmen, ist oft eine der überraschendsten Stellen die Sure, die in der kanonischen Sammlung die Nummer 19 und den Titel »Maryam: Maria« trägt. Denn als 19. Kapitel in der Reihe der 114 Suren ist es eines der längsten im Koran. Es ist zudem die einzige Sure, die den Namen einer Frau trägt, wenn auch die Sure 4 die Überschrift hat: »An-Nisa: Die Weiber« und Sure 60 den Titel »Al-Mumtahanah: Die Geprüfte«. Aber es gibt zum Beispiel keine nach Eva benannte Sure (die im Islam wie im Juden- und Christentum als »Mutter aller Lebendigen« [Gen 3,20] gilt), noch eine nach Hagar benannte, der Mutter des Abrahamssohns Ismael und daher im strengen Sinn des Wortes der Gründermutter des Islam. Nach dem Urteil vieler

Fachleute stammt die Sure 19 aus der Mekka-Zeit der Offenbarungen des Propheten, während derer »die Aussagen über Maria die Tendenz haben, den Umstand zu betonen, daß sie die jungfräuliche Mutter Jesu war«. Im Gegensatz dazu wird die Sure 3 oft der Medina-Zeit des Propheten zugeschrieben, deren Bezugnahmen auf Maria »sich darauf konzentrieren, die Göttlichkeit Jesu in Abrede zu stellen«.[162] Sure 19 enthält Zitate, Paraphrasen und Adaptationen aus den Evangelien des Neuen Testaments, vor allem aus dem Lukasevangelium, das, wie bereits erwähnt, das ausführlichste Porträt der Jungfrau Maria in der christlichen Bibel zeichnet.[163] Schon die Parallelen als solche sind wichtig, aber noch interessanter werden sie, wenn man sie im Rahmen der Unterschiede zwischen der christlichen Lehre über Maria, wie sie sich bis zur Zeit Mohammeds zu Anfang des 7. Jahrhunderts entwickelt hatte, und dem Bild, das von ihr im Koran und in den islamischen Kommentaren zum Heiligen Buch gezeichnet wird, betrachtet.[164] Neal Robinson hat nämlich darauf aufmerksam gemacht, daß nicht nur zwischen Mohammed und Jesus als zwei Vertretern der Abfolge von Propheten echte Parallelen gezogen werden, sondern auch zwischen Mohammed und Maria als zwei Trägern des Wortes Gottes.[165] An einer späteren Stelle im Koran heißt es diesbezüglich: »Und Maryam, Imrâns Tochter, die ihre Scham hütete; drum hauchten wir unsern Geist in sie, und sie glaubte an die Worte ihres Herrn und seine Schriften und war eine der Demütigen.«[166] Für unseren Zusammenhang mit dem übrigen Material über die Geschichte Marias im Lauf der Jahrhunderte folgt jetzt ein Kommentar über den Abschnitt der Sure 19, der speziell von Maria handelt, wobei ich mich sowohl auf muslimische wie westliche Kommentare stütze.[167]

16. Und gedenket auch im Buche der Maria.

Diese Eröffnungsworte folgen auf eine Paraphrase der Erzählung von der Geburt Johannes des Täufers im ersten Kapitel des Lukasevangeliums, die genau wie die Geschichte im Neuen Testament wohl zu dem Zweck verfaßt worden ist, auf die Parallelen zwischen der Geburt Johannes des Täufers und der Geburt Jesu hinzuweisen: Verkündigung, wunderbares göttliches Eingreifen, besondere Sendung für das bald zur Welt kommende Kind.[168] Aber es lohnt festgehalten zu werden, daß sowohl im Neuen Testament wie im Koran die Ankündigung der wunderbaren Geburt Johannes des Täufers vom Boten Gottes an seinen Vater Zacharias überbracht wurde, während bei Lukas die Ankündigung der Geburt Jesu an seine Mutter Maria gerichtet war. Zudem taucht in der Fassung des Koran der Name der Mutter des Johannes, Elisabeth, überhaupt nicht auf. Obwohl das Wort Gottes an Johannes den Täufer lautete: »O Johannes, nimm hin die Schrift in Kräften«[169], beginnt dieser Abschnitt mit der Formel »Und gedenke auch im Buche der Maria«, womit ihr eindeutig ein ganz besonderer Platz im historischen Plan »Allahs, des Erbarmers, des Barmherzigen« zugewiesen wird. Wenn das erste Erzählelement in diesem Mariengedächtnis etwas berichtet, was weder bei Lukas noch in einem anderen Evangelium auftaucht, könnte es sich dabei um den Reflex einer nachbiblischen christlichen marianischen Spiritualität und Denkweise handeln: »Da sie sich von ihren Angehörigen an einen Ort gen Aufgang zurückzog (17.) und sich vor ihnen verschleierte ...« Wahrscheinlicher ist jedoch, daß an dieser Stelle des Mariengedächtnisses ein Element aus einem Gedächtnis der Hagar, Mutter des Ismael, eingeflossen ist, von der im Kapitel 16 und dann wieder im Kapitel 21 des Buches Genesis die Rede ist, wobei diese beiden Berichte über ihre Verstoßung ziemlich schwierig zu harmonisieren sind; denn Hagar »verbarg sich« vor ihrer Familie, das heißt vor Sara und Abraham. Der Islam betrachtete Ismael, den Sohn Abrahams, als seinen von Gott gesegneten Gründer. Auch in der hebräischen und christlichen Heiligen Schrift und folglich in der jüdischen wie christlichen Tradition ist ja überliefert, daß Gott dem Ismael versprochen habe: »Zu einem großen Volk will ich ihn machen« (Gen 21,18).

17. ... da sandten wir unsern Geist zu ihr, und er erschien ihr als vollkommener Mann.
18. Sie sprach: »Siehe, ich nehme meine Zuflucht vor dir zum Erbarmer, so du ihn fürchtest.«
19. Er sprach: »Ich bin nur ein Gesandter von deinem Herrn, um dir einen reinen Knaben zu bescheren.«

Und schon früher: »Sie sprach: ›Mein Herr, woher soll mir ein Sohn werden, wo mich kein Mann berührte?‹ Er sprach: ›Also schafft Allah, was er will; wenn er ein Ding beschlossen hat, spricht er nur zu ihm: ›Sei!‹ und es ist. Und er wird ihn lehren das Buch und die Weisheit und die Tora und das Evangelium und wird ihn entsenden zu den Kindern Israel ...‹«[170]

Das ist die Version des Koran über die Verkündigung. In ihren Grundzügen stimmt sie mit der Erzählung des Lukasevangeliums überein. Es ist von einem Engelboten die Rede, der im Neuen Testament als Gabriel identifiziert wird, während hier weniger spezifisch von den »Engeln« oder »unserm Geist« die Rede ist. Er weist sich selbst als »nur ein Gesandter von deinem Herrn« aus. Der Inhalt der Ankündigung des Boten an sie lautet im Koran wie im Evangelium, sie werde einen Sohn haben. Aber hier wird ein interessanter Unterschied deutlich. Im Evangelium sagt Gabriel zu Maria: »Er wird groß sein und Sohn des Höchsten genannt werden. Gott, der Herr, wird ihm den Thron seines Vaters David geben. Er wird über das Haus Jakob in Ewigkeit herrschen, und seine Herrschaft wird kein Ende haben« (Lk 1,32–33). Diese Worte reflektieren und bilden die biblische Begründung für die christliche Lehre, daß Marias Sohn als »Sohn des Höchsten« eine einmalige Stellung nicht nur in der Menschheitsgeschichte, sondern auch im innergöttlichen Leben selbst, also in der Heiligen Dreifaltigkeit, einnimmt. Da die konsequente Konzentration der Religion des Koran auf das unmißverständliche Einssein Gottes jegliche solche Rede davon, Gott habe einen Sohn und es gebe darum eine Dreifaltigkeit, ausschließt, ist die gesamte Rede Gabriels auf die einfache Formulierung zusammengestrichen, Maria werde einen »reinen Knaben« haben. Die Engel sagen zu Maria: »O Maria, siehe, Allah verkündet dir ein Wort von ihm; sein Name ist der Messias Jesus, der Sohn der Maria, angesehen hienieden und im Jenseits und einer der (Allah) Nahen. Und reden wird er mit den Menschen in der Wiege und in der Vollkraft, und er wird einer der Rechtschaffenen sein.«[171] Das besagt, das Kind, das geboren werden sollte, werde der Sohn Marias, aber nicht der Sohn Gottes sein. Die Botschaft des Engels bei Lukas enthält obendrein noch eine Prophezeiung, die spätere christliche Ausleger hochproblematisch finden sollten, nämlich, daß er »den Thron seines Vaters David« einnehmen und von diesem Thron aus ewig herrschen werde. Diese Prophezeiung und andere ihrer Art sowohl im Alten wie im Neuen Testament spielten im 2. und 3. Jahrhundert bei den Auseinandersetzungen um die Frage, ob Christus bei seiner Wiederkunft ein irdisches tausendjähriges Reich aufrichten werde, eine große Rolle, und diese Thematik sollte in der Geschichte des Christentums immer wieder mit Leidenschaft aufgerollt werden, sowohl am Ende des Mittelalters als auch im 20. Jahrhundert.[172] Auch dies alles ist bei der koranischen Nacherzählung weggelassen, so daß darin Maria nicht die Mutter des Königs ist und ihr auch nicht selbst, wie das in der katholischen Tradition geschah, die Bezeichnung »Königin« verlichen wird.

20. Sie sprach: »Woher soll mir ein Knabe werden, wo mich kein Mann berührt hat und ich keine Dirne bin?«
21. Er sprach: »Also sei's! Gesprochen hat dein Herr: ›Das ist mir ein Leichtes‹; und wir wollen ihn zu einem Zeichen für die Menschen machen und einer Barmherzigkeit von uns. Und es ist eine beschlossene Sache.«

Wieder ist zunächst die Feststellung wichtig, daß der Koran sich an die neutestamentliche Fassung hält, derzufolge Maria sagt: »Wie soll das geschehen, da ich keinen Mann erkenne?« (Lk 1,34), was der üblichen Sprache der hebräischen Bibel entspricht, in der das Wort »erkennen« als Euphemismus für Geschlechtsverkehr verwendet wird (vgl. Gen 4,1.25). Diese getreue Übernahme aus dem Neuen Testament bedeutet, daß Maria für den Koran und seine loyalen Anhänger nicht weniger wie für das Evangelium und dessen loyale Anhänger mit dem Oxymoron Jungfrau-Mutter zutreffend bezeichnet wird. Dieser Aspekt der muslimischen Mariologie weckte sowohl im byzantinischen Osten wie mittelalterlichen Westen bei den christlichen Reaktionen auf den Islam Bewunderung und auch Bestürzung. Ebenso stellen auch die Aussagen: »Gesprochen hat dein Herr: ›Das ist mir ein Leichtes‹« und »Also schafft Allah, was er will; wenn er ein Ding beschlossen hat, spricht er nur zu ihm: ›Sei‹ und es ist«[173] die Entsprechung zum Wort Gabriels bei Lukas dar: »Denn für Gott ist nichts unmöglich« (Lk 1,37). Doch wieder sind die Weglassungen bei weitem interessanter und sagen über das Bild, das sich der Koran von Maria macht, mehr aus. Denn im Evangelium hatte Gabriel Marias Frage mit der Erklärung beantwortet: »Der Heilige Geist wird über dich kommen, und die Kraft des Höchsten wird dich überschatten. Deshalb wird auch das Kind heilig und Sohn Gottes genannt werden« (Lk 1,35). Diese ganze Erklärung ist im Koran sichtlich gestrichen. Der geboren werden soll, so sagt der Engel hier, werde ein »reiner Knabe« sein – das heißt, ein reiner Sohn Marias –, aber in keinem traditionell christlichen Sinn würde er »Sohn Gottes genannt« werden, denn das würde die Dreifaltigkeit implizieren und in den

Augen der Muslime den biblischen Monotheismus leugnen. Vermutlich aus demselben Grund ist auch die Verheißung Gabriels an Maria: »Der Heilige Geist wird über dich kommen, und die Kraft des Höchsten wird dich überschatten« verschwunden; denn es gibt keine Dreifaltigkeit, und folglich auch keinen »Heiligen Geist« im orthodox trinitarischen Sinn dieses Titels.

> *22. Und so empfing sie ihn und zog sich mit ihm an einen entlegenen Ort zurück.*
> *23. Und es überkamen sie die Wehen an dem Stamm einer Palme. Sie sprach: »O daß ich doch zuvor gestorben und vergessen und verschollen wäre!«*
> *24. Und es rief jemand unter ihr: »Bekümmere dich nicht; dein Herr hat unter dir ein Bächlein fließen lassen;*
> *25. Und schüttele nur den Stamm des Palmbaums zu dir, so werden frische reife Datteln auf dich fallen.*
> *26. So iß und trink und sei kühlen Auges, und so du einen Menschen siehst,*
> *27. So sprich: ›Siehe, ich habe dem Erbarmer ein Fasten gelobt; nimmer spreche ich deshalb heute zu irgend jemand.‹«*

Das alles ist gegenüber dem Neuen Testament neu. In diesen Versen ist zudem die bereits erwähnte Typologie zwischen Maria, der Mutter Jesu, und Hagar, der Mutter Ismaels, noch expliziter als am Anfang dieser Perikope. In zwei separaten Kapiteln des Buches Genesis, die vielleicht eigenständige ursprüngliche Traditionen dargestellt haben (Gen 16,6 und 21,9–21), aber beide in das Buch, wie es uns vorliegt, integriert worden sind, heißt es, Hagar sei »an einen entlegenen Ort« gegangen: das erste Mal, als ihre Schwangerschaft die Eifersucht Saras weckte, und das zweite Mal nach der Geburt des Isaak. Ihr Verzweiflungssschrei wurde durch ein wunderbares Eingreifen Gottes beantwortet. Weil der Koran laut Definition eine neue Offenbarung sein sollte, die in einem Zug in einer geschlossenen Abfolge von Augenblicken göttlicher Autorität erfolgte, können wir über die Frühstadien dieser Typologie zwischen Hagar und Maria nur Spekulationen anstellen. Aber es wird wohl die historische und literarische Wahrscheinlichkeit nicht im Übermaß strapazieren, wenn man eine Analogie mit der weiter oben behandelten Typologie zwischen Eva und Maria herstellt.[174] Denn Hagar war wie Eva eine Stammutter; und Ismael war die Verkörperung des Anfangs des Volkes der Ismaeliten. Diese gesamte Konstruktion ließe sich deshalb so verstehen, daß es sich dabei um die islamische Weise handelt, die besondere Stellung der Jungfrau Maria in der Geschichte des Wirkens »Allahs, des Erbarmers, des Barmherzigen« mit der Welt zu feiern. Als der »reine Knabe« seiner Mutter Maria steht Jesus in der Nachfolge der berufenen Diener Gottes – nach Abraham, dem Vater Ismaels, und nach Mose, sowie vor Mohammed. Daher folgen auf die Eröffnungsworte dieses Abschnittes der 19. Sure »*Und gedenke auch im Buche der Maria*« in späteren Abschnitten die Aufforderungen »*Und gedenke im Buche des Abraham*« und dann »*Und gedenke im Buch des Moses*«[175], wobei der Ausdruck »Buch« im Koran der Standardbegriff für die hebräische Heilige Schrift ist.

Die Beziehung Marias zu dieser Abstammungslinie nimmt in den folgenden Versen eine überaschende Wendung:

> *28. Und sie brachte ihn zu ihrem Volk, ihn tragend. Sie sprachen: »O Maria, fürwahr, du hast ein sonderbares Ding getan!*
> *29. O Schwester Aarons, dein Vater war kein Bösewicht und deine Mutter keine Dirne.«*

Seinem Wortlaut nach setzt der Text Maria (»Maryam« in der Umschrift dieser Sure) mit der »Schwester Aarons« und der Schwester Moses gleich, die im Buch Exodus »Miriam« genannt wird. Auf ähnliche Weise bezeichnete im 13. Jahrhundert die jüdische antichristliche polemische Schrift *Nizzahon Vetus* Maria als die gleiche Person wie Maria Magdalena, indem sie sie *Miriam M'gaddela nashaia* nannte, vielleicht in der Absicht, Maria, die Mutter Jesu, als Prostituierte und Sünderin darzustellen, statt als die heilige Jungfrau und Mutter Gottes, als die sie in der christlichen Frömmigkeit und Lehre verehrt wurde.[176] Schon byzantinische Schriftsteller, die sich als westliche Kritiker des Islam und des Koran äußerten und den Propheten als ungebildeten Kameltreiber voller größenwahnsinniger Ideen abtaten, benutzten diesen Abschnitt, um zu beweisen, wie wirr er sei, denn er habe es fertiggebracht, zwei Frauen miteinander zu verwechseln, die in mehr als tausendjährigem Abstand voneinander gelebt hätten, nur weil beide den gleichen Namen trügen. Es wurde zur Standarderklärung, Mohammed habe Juden von Miriam sprechen hören und Christen von Maria – beide vermutlich als »Maryam« bezeichnet –, und in seiner Unwissenheit habe er aus beiden eine gemacht. Allerdings hat der Herausgeber und Übersetzer der im Englischen verbreitetsten Übersetzung des Koran erklärt: »Muslimische Kommentatoren weisen den Vorwurf zurück, hier liege eine Verwechslung zwischen Miriam, der Schwester Aarons, und Maryam (Maria), der Mutter Jesu vor. Sie argumentieren, ›Schwester Aarons‹ bedeute in diesem Zusammenhang einfach ›tugendhafte Frau‹.«[177] Doch auch wenn man nicht von der erhabenen Lehre der direkt göttlichen Inspiration des Koran überzeugt ist, wie sie die muslimische Orthodoxie lehrt, ließe sich der Umstand, daß in der Nacherzählung der Geschichte des Mose im Koran Hagar typologisch verwendet wird, als Hinweis verstehen, daß man in dieser Gleichsetzung etwas anderes als einen schlichten Fehler sehen könnte. Denn es gab bereits im nachbiblischen Judentum die weitverbreitete Spekulation und Erwartung nicht nur der Wiederkunft des Elija, für den deshalb am Sedertisch immer ein Platz freigehalten wurde, sondern auch einer weiteren historischen Rolle des Mose. Das Christentum hatte diese Spekulation aufgegriffen, sowohl indem es Mose und Christus als Gegensatzpaar beschrieb, wie etwa in der Formulierung »Das Gesetz wurde durch Mose gegeben, die Gnade und die Wahrheit kamen durch Jesus Christus« (Joh 1,17), als auch Mose und Christus (und Elija) auf dem Berg der Verklärung einander zuordnete, denn dort erschienen die beiden alttestamentlichen Gestalten rechts und links von Jesus, als er verklärt wurde (Mt 17,3). Weil es dem Koran grundsätzlich darum ging – und das vom Islam als grundlegende Korrektur aufgefaßt wurde –, Jesus wieder in die Stammreihe der Propheten einzugliedern, und zwar vor Mohammed und nach Mose, war der Parallelismus zwischen Mose und Jesus ein zentral wichtiger Punkt. So würde es zumindest als plausible Alternative zur üblichen westlichen Abwertung des Mohammed erscheinen, wenn man diese Anrede »Schwester Aarons« an Maria, die Mutter Jesu, als weiteren Beleg für diese Parallelsetzung sehen würde.

35. Dies ist Jesus, der Sohn der Maria – das Wort der Wahrheit,
das sie bezweifeln.
36. Nicht steht es Allah an, einen Sohn zu zeugen. Preis Ihm!
Wenn er ein Ding beschließt, so spricht er nur zu ihm: »Sei« und es ist.
37. (Jesus sagte nämlich:) Und siehe, Allah ist mein Herr und euer Herr;
so dienet ihm; dies ist ein rechter Weg.
38. Doch die Sekten sind untereinander uneins.

Diese Folge von Sätzen ist eindeutig polemischer Natur. Sie behauptet ausdrücklich eine Nicht-Verbindung, wo das orthodoxe Christentum eine Verbindung gelehrt hatte. »Dies ist Jesus, der Sohn der Maria« – »Nicht steht es Allah an, einen Sohn zu zeugen. Preis Ihm!« Zur Zeit des Auftretens des Propheten Mohammed waren mehr als fünfhundert Jahre nach-neutestamentlicher Theologie ins Land gegangen, und in dieser Zeit waren, mit den Worten des Koran gesprochen, »die Sekten untereinander uneinig«, ja sie waren gewaltig zerstritten. Fünf ökumenische Konzilien waren zusammengetreten und hatten dogmatische Dekrete erlassen: 325 in Nicäa, 381 in Konstantinopel das erste Mal, 431 in Ephesus, 451 in Chalcedon und 553 in Konstantinopel das zweite Mal. So gab es zur Zeit des Propheten Mohammed im orthodoxen christlichen »Glaubensschatz« (*depositum fidei*) eine umfangreiche Materialsammlung. Und weil die Beziehung zwischen der göttlichen und der menschlichen Natur in der einen Person Jesu Christi die Crux vieler dieser dogmatischen Dekrete gewesen war, hatte Maria in ihnen eine wichtige Rolle gespielt, wie der Titel Theotokos, Mutter Gottes, belegte: Jesus Christus ist der Sohn Gottes *und* der Sohn Marias; das Problem bestand darin, wie man diesen Unterschied zum Ausdruck bringen konnte, ohne eine Auftrennung vorzunehmen. Daher mußte auch die muslimische Reaktion gegen den Verlauf, den die orthodoxe Dogmatik in der christlichen Kirche genommen hatte, besonders im Hinblick auf die Person Jesu Christi, entsprechend der Entwicklung im Christentum nachziehen und ebenfalls sorgfältig auf die Gestalt Marias achten. Folglich betonte der Islam, Maria sei nicht Theotokos, Mutter Gottes, sondern nur die Mutter Jesu. In diesen Versen der Sure 19 lautet das Gegensatzpaar also: »Dies ist Jesus, der Sohn der Maria« und »Nicht steht es Allah an, einen Sohn zu zeugen.« So ist wie für die christliche Orthodoxie auch in direkt antithetischer Weise für die muslimische Orthodoxie der Schlüssel zum korrekten Verständnis sowohl dessen, was Jesus war, als auch, was er tat, Maria als seine Mutter.

Das Bild Marias, der Jungfrau und Mutter Jesu, wie es der Koran zeichnet, nimmt nicht nur einen wichtigen Platz im Koran selbst ein, und damit im islamischen Glauben, sondern in mehrfacher Hinsicht birgt es auch »brückenbauende« Implikationen. Eine von diesen ist zweifellos die Rolle Marias im Verhältnis zwischen Judentum und Islam. Manche werden es kaum glauben, aber das Bild, das der Koran vom Judentum zeichnet, ist im wesentlichen zutiefst positiv.

Durchweg spricht der Koran vom Volk Israel mit dem Ehrentitel »Das Volk des Buches«, und selbst bei den in etwas weniger schmeichelhafter Sprache formulierten Aussagen in Sure 17 über die *Bani Isra'il*, »Die Kinder Israels«, handelt es sich der Substanz nach um eine Wiederholung dessen, was Gott selbst in der hebräischen Bibel wieder und wieder über das Volk Israel gesagt hat. Man könnte durchaus die These aufstellen, der Koran habe sich auf breiter Front darum bemüht, nach sechs Jahrhunderten des christlichen Anti-Judaismus wieder ein Gleichgewicht herzustellen. Das äußert sich besonders deutlich darin, daß er Abraham als den gemeinsamen Vorfahren und Vater im Glauben beansprucht, wie er in Sure 14 gefeiert wird. Darin betet Abraham: »Gelobt sei Allah, der mir in meinem Alter Ismael und Isaak schenkte!«[178] und stellt so die beiden Abrahamssöhne und somit auch die beiden von diesen abstammenden Völker gleichrangig nebeneinander, ohne Ismael dem Isaak unterzuordnen. Im Licht der nachfolgenden Bedeutung Ägyptens für die islamische Kultur und Politik ist es amüsant, festzustellen, daß die Geschichte des Patriarchen Joseph, wie sie in späteren rabbinischen Traditionen ausgestaltet wurde, in Sure 12 aus der Sicht Israels, nicht aus derjenigen Ägyptens nacherzählt wird. Mose wird auch im Koran als der Gesetzgeber und Vorläufer des Propheten dargestellt. Jedoch nimmt unter diesen Gemeinsamkeiten zwischen Judentum und Islam Maria einen besonderen Platz ein. Weil man den Koran so lesen könnte, daß er sich bemüht, Jesus wieder in die Geschichte Israels einzugliedern, muß bei diesem Vorhaben Maria der entscheidende Angelpunkt sein, denn sie ist auch für die Christen das Verbindungsglied zwischen Jesus und der Geschichte Israels. Selbst dort, wo der Koran negativ vom Judentum spricht, muß sie in Erscheinung treten: »Verflucht sind die Ungläubigen unter den Kindern Israel durch die Zunge Davids und Jesus, *des Sohnes der Maria*; solches, dieweil sie rebellisch waren und sich vergingen«, sprach der Prophet im Namen Gottes.[179]

Parallel zu dieser Bedeutung Marias für die Beziehung zwischen Judentum und Islam ist ihre Bedeutung für die Beziehung zwischen Islam und Christentum. Schon für die frühesten christlichen Autoren, die gegen den Islam schrieben, war das Bild, das der Koran von der Jungfrau Maria zeichnet, einer seiner überraschendsten Züge. Ein Verfasser anti-muslimischer Traktate, Bartholomäus von Edessa, der vermutlich im 9. Jahrhundert schrieb, erklärte: »Im gesamten Koran findet sich kein derartiger Lobpreis Mohammeds oder seiner

Mutter Aminah, wie er bezüglich unseres Herrn Jesus Christus und der heiligen Jungfrau Maria, der Theotokos, gefunden wird.«[180] Tatsächlich, so hat Norman Daniel gesagt, »ist die Wärme, mit der im Koran von Christus und seiner Mutter gesprochen wird, mit nichts anderem im ganzen Koran zu vergleichen. Christus wird als ein einmaliges Wesen vorgestellt, während die Persönlichkeit seiner Mutter lebendiger beschrieben wird. Der Koran inspiriert eine Marienverehrung, aus der der Koran mehr gemacht haben könnte.«[181] Man kann nur hinzufügen, daß auch die Christen mehr daraus hätten machen können. Die beiden hauptsächlichen Einwendungen des Islam gegen die christliche Einstellung gegenüber Maria beziehen sich auf den Begriff und Titel der Theotokos und auf ihre Darstellung auf Ikonen. Wegen seiner konsequenten Behauptung der Transzendenz und des Andersseins Gottes fand der Islam den Titel Theotokos anstößig – »Nicht steht es Allah an, einen Sohn zu zeugen. Preis Ihm!«[182] –, und einige muslimische Apologeten behaupteten sogar, die Christen bezögen Maria als Mutter Gottes in die Gottheit mit ein. Trotz der Richtigstellung in christlichen Reaktionen darauf, vor allem von byzantinischer Seite, könnte die moslemische Kritik durchaus bestimmte Verwirrungen auf der Ebene der Volksfrömmigkeit angesprochen haben, wo Maria tatsächlich den Rang einer Art Gottheit innehatte, ein Phänomen, das in der Geschichte des Christentums immer wieder auftrat, wie in anderen Kapiteln dieses Buches noch gezeigt wird. Die besondere Stellung ihres Bildes unter den byzantinischen und slawischen Ikonen[183] war dazu angetan, ihr tatsächlich ein außergewöhnliches Maß an Aufmerksamkeit zu verschaffen, das nicht nur Christen beeindruckte, sondern auch Moslems, die die Ikonenverehrung als Götzendienst scharf ablehnten. Dennoch versuchten die christlichen Erwiderungen darauf klarzustellen, daß der christliche Glaube sie nicht auf eine Stufe mit der Gottheit stelle, sondern sie nur als das erhabenste Beispiel dessen preise, was aus der Menschennatur werden könne – und was sie in ihr geworden sei, und zwar aus dem souveränen Willen und Beschluß Gottes heraus, den der englische Bote verkündete, als er laut Koran zu Maria sagte: »Wir wollen ihn zu einem Zeichen für die Menschen machen und einer Barmherzigkeit von uns. Und es ist eine beschlossene Sache.«[184] Für den Islam bedeutet dies, wie eine frühere Sure betont: »Nicht ist der Messias, der Sohn der Maria, etwas andres als ein Gesandter; vorausgingen ihm Gesandte, *und seine Mutter war aufrichtig.*«[185]

Aber über alle diese Wirkungen hinaus ist das Marienbild des Koran dazu angetan, ein multikulturelles christliches Verständnis für den Islam und noch weit darüber hinaus zu wecken. Das dringende Bedürfnis, Symbole und Begriffe in unseren zahlreichen kulturellen Traditionen zu finden, die die Funktion eines *pontifex* erfüllen können, also des priesterlichen Vermittelns und Brückenbauens, legt den Schluß nahe, es habe vermutlich kein Symbol und keinen Begriff im Christentum gegeben, der diese »pontifikale« Berufung der Vermittlung mit mehr Erfolg und weitreichenderen Folgen erfüllt hätte als Maria.[186] Ein ausgezeichneter Beweis für diese These ist das Bild Marias im Koran, in dem nach der bereits zitierten Aussage von Daniel »ihre Persönlichkeit lebendiger beschrieben wird« als sogar die ihres Sohnes oder des Propheten. Bei aller Ehre für das muslimische Bilderverbot müßte man jedoch diese These noch stark ausweiten, indem man sich vor allem die heiligen Bilder Marias in einer ganzen Vielzahl von Kulturen ansieht.[187] Ferner müßten alle ihr gewidmeten Feste und Feierlichkeiten und die Heiligtümer berücksichtigt werden, die ihr zu Ehren entstanden sind, wie etwa in Lourdes, Fatima, Marpingen und Guadalupe.[188]

Auf diesem Gebiet kam ein wichtiger Beitrag zu dem, was man als die »multikulturelle Maria« bezeichnen könnte, von einer schon früher geschilderten Quelle, nämlich von den Worten der Braut im Hohenlied: »Schwarz bin ich und schön« (Hld 1,5)[189]. Dieses Zitat muß man zusammen mit den Marienporträts sehen, die als Bilder der »Schwarzen Madonna« eine eigene Gattung bilden.[190] Zur Erklärung des Entstehens der Schwarzen Madonnen stellte Marvin Pope im Rahmen des gleichen Kommentars, in dem er die übliche Übersetzung dieser Worte korrigierte, mehrere Hypothesen vor, wofür er die wichtigste kunsthistorische Monographie über dieses Thema zitierte.[191] Er kam zum Schluß, daß ein Ursprung in Kleinasien »höchstwahrscheinlich« sei und zog wichtige Parallelen zur Schwarzen Demeter, Isis und anderen schwarzen Gottheiten des Heidentums.[192] Die Frühgeschichte der Verehrung der Jungfrau Maria in Afrika nahm diese späteren Entwicklungen voraus.[193]

Der Titel »Schwarze Madonna« gewann besondere Bedeutung, als er auf die berühmte Marienikone zu Jasna Góra in der polnischen Stadt Tschenstochau angewandt wurde, die dem heiligen Evangelisten Lukas, der auch Ikonenmaler gewesen sein soll, zugeschrieben wird. Es handelt sich um das meistverehrte sakrale Bild in Mitteleuropa, und es ist Zielpunkt unzähliger Pilgerschaften.

Prinz Ladislaus Opolszyk brachte es 1382 nach Tschenstochau, und 1386 erbaute Prinz Jagiello (Jagello) nach seiner Heirat mit Königin Jadwiga (Hedwig) von Polen und seiner Krönung die Kirche für das Heiligtum der Ikone. Aus der Erfahrung seines ganzen in der polnischen Kultur verbrachten Lebens, in der sie das oberste Symbol war, komponierte 1976 Henryk Górecki sein Opus 36, *Symfonia piesni zalosnych* (»Symphonie der Klagegesänge«), das als Gedächtniswerk für die Opfer des Zweiten Weltkriegs gleichrangig neben Benjamin Britten's *War Requiem* und Dimitri Schostakowitschs *Leningrader Symphonie* steht. Zugleich ist es aber auch, vor allem in seinen Sopranarien, ein beredter Ausdruck dessen, was die polnische Tradition im Gesicht der Schwarzen Madonna von Tschenstochau gesehen hat.[194] Die Schwärzung des Gesichts der Jungfrau auf dieser Ikone war durch Ruß verursacht, aber das hatte immerhin die heilsame Wirkung, daß es den Prozeß stimulierte und sanktionierte, den Papst Johannes Paul II., ein besonderer Verehrer der Heiligen Jungfrau von Tschenstochau, als »Akkulturation« bezeichnet hat, vor allem auf den Gebieten der Liturgie und Kunst. Doch ist dieses Phänomen nicht ohne viele historische Parallelen, und paradoxerweise stammte die stärkste jemals gemachte Aussage zugunsten dieser multikulturellen Bilder ausgerechnet aus einer Quelle, die alle Bilder strikt ablehnte, nämlich aus dem heiligen Koran des Islam.

6 DIE MAGD DES HERRN UND DIE STARKE FRAU

Da sagte Maria: Ich bin die Magd des Herrn.
(Lk 1,38)

Eine starke Frau, wer wird sie finden?
(Spr 31,10)

Würden Kunst- oder Kirchengeschichtler dem Beispiel ihrer Kollegen in den Naturwissenschaften folgen und gemeinsam einen »Zitatenindex« erstellen, nicht der Artikel, Beiträge und Bücher anderer Fachleute, wie das die Wissenschaftler tun, sondern der Themen, die die Aufmerksamkeit der Maler und Bildhauer im Lauf der Geschichte auf sich gezogen haben, würde sich wahrscheinlich klar zeigen, daß die Gestalt Marias an vorderster Spitze läge. Außerdem würde sich wohl ergeben, daß der Augenblick der Verkündigung die Frömmigkeit der Gläubigen und die Kreativität der Künstler in einem Maß wie keine andere Szene aus ihrem Leben angeregt hat. Wahrscheinlich wäre sie sogar öfter zu verzeichnen als alle anderen Marienthemen zusammengenommen. Jedes Thema und Kapitel dieses vorliegenden Buches hätte sich unter irgendeinem Gesichtspunkt mit einer künstlerischen Darstellung der Verkündigung illustrieren lassen.[195]

Je nachdem, wie man sie interpretiert, scheinen mindestens drei Werke der frühchristlichen Kunst in den römischen Katakomben die Verkündigung dargestellt zu haben. Eines findet sich in der Priscilla-Katakombe, ein anderes in der Katakombe der Heiligen Marcellinus und Petrus, und das dritte in der erst 1956 entdeckten Katakombe der Via Latina.[196] Die Verkündigungsszene wurde im abendländischen Mittelalter zum beliebten Thema für Altarbilder und andere Gemälde, und im Spätmittelalter nahm ihre Häufigkeit noch besonders zu, wie David Robb gezeigt hat.[197] Im byzantinischen Osten war die Verkündigung eines der zwölf Feste des Kirchenjahrs. Im Lauf der Zeit wurde die Verkündigung im Osten auf vielen Ikonen dargestellt. Dazu gehören auch zwei byzantinische Kameen, die von manchen Kunsthistorikern bis ins 6. Jahrhundert zurück datiert

Abb. 10
Allegorie des Glaubens
Jan Vermeer (ca. 1671/74)
The Metropolitan Museum of Art, Friedsam Collection, New York

worden sind. Sie werden in den Sammlungen der Sankt Petersburger Eremitage aufbewahrt.[198] Besonders augenfällig oft erschien die Verkündigungsszene auf der »Königstür« der Ikonostase byzantinischer Kirchen. In der byzantinischen Basiliusliturgie rezitiert der Priester während seines »großen Einzugs« durch die Ikonostase die verschiedenen »Ankünfte« Gottes und Christi im Lauf der Heilsgeschichte, darunter vor allem auch jene Ankunft, die in der Inkarnation im Augenblick der Verkündigung an Maria stattfand.[199] So stellte also auch die auf diesem Portal abgebildete Verkündigungsszene das erhabenste Kommen Gottes des Logos ins Fleisch dar, das er von der Jungfrau Maria erhielt.

Wie diese künstlerischen Darstellungen zeigen, glaubte man, die Wichtigkeit der Verkündigung liege in erster Linie im Wunder der Inkarnation.[200] In der dramaturgischen Struktur des ersten Kapitels des Lukasevangeliums stellte die Erzählung von der Verkündigung das erzählerische Gegenstück zum Höhepunkt des ersten Kapitels im Johannesevangelium dar: »Und das Wort ist Fleisch geworden« (Joh 1,14). Das war der zentrale Sinn der Verkündigungsszene. Diese Worte »*Et Verbum caro factum est*« (in der Vulgata-Fassung) wurden im Gebet des »*Angelus*«, des »Engel des Herrn« gesprochen, und so machten christliche Frömmigkeit und Lehre deutlich, daß die Inkarnation im Augenblick der Verkündigung stattgefunden hatte und darum ihre Wichtigkeit ausmachte; oder, mit den Worten des Paulusbriefs an die Galater gesprochen: das war der einmalige Augenblick, in dem »Gott seinen Sohn sandte, geboren von einer Frau« (4,4). In der ganzen Geschichte der Aufmerksamkeit auf die Person Jesu Christi war damit immer eng die Aufmerksamkeit auf seine Mutter verbunden, genau wie in den gerade zitierten Worten. Was das Johannesevangelium in der Sprache der Theologie und der hellenistischen Philosophie feststellte, als es sagte: »Das Wort (Logos) ist Fleisch geworden«, das beschrieb das Lukasevangelium in der Sprache des Dramas und des Dialogs, nämlich in der Form eines Zwiegesprächs zwischen Maria als der Auserwählten Gottes und dem Engel als dem Gesandten Gottes. Diese Beschreibung der Verkündigung hielt sich genau wie die vorausgehende Verkündigungsgeschichte an Zacharias, den Vater Johannes des Täufers, an ein vorgegebenes Grundschema und eine bestimmte Stilform.[201]

Zugleich stellte die Verkündigung für das christliche Denken das erlesenste Beispiel und Grundmodell für die Erörterung jener rätselhaften Frage dar, die sowohl in der Philosophie- wie Theologiegeschichte immer wieder ausführlich erörtert worden war und die große Aufmerksamkeit nicht nur der Denker der christlichen, sondern auch der jüdischen und moslemischen Tradition auf sich gezogen hatte: in welchem Verhältnis die Notwendigkeit und der freie Wille oder die göttliche Allmacht und die menschliche Freiheit zueinander stehen. Jüdischen Denkern war diese christliche Kontroverse schwieriger als alle anderen Kontroversen zu erklären, weil diese keine Notwendigkeit sahen, zwischen der Freiheit Gottes und der Freiheit des menschlichen Willens zu wählen. Die ganze Geschichte hindurch wurde Maria auf der einen Seite als »die Magd des Herrn« gesehen, wie sie sich selbst im Lukasevangelium (1,38) genannt hatte, also als diejenige, die zum Werkzeug des göttlichen Plans wurde. In allen Jahrhunderten wurde sie als Vorbild der Geduld zitiert, ja der quietistischen Passivität und des fraglosen Gehorsams. Wenn der Prophet Jesaja fragte: »Sagt denn der Ton zu dem Töpfer: Was machst du mit mir?« (45,9) und noch einmal ausdrücklich beteuerte: »Wir sind der Ton, und du bist unser Töpfer« (64,7); oder wenn der Apostel Paulus, an diese Worte der hebräischen Bibel anknüpfend, fragte: »Ist nicht der Töpfer Herr über den Ton? Kann er nicht aus derselben Masse ein Gefäß herstellen für Reines, ein anderes für Unreines?« (Röm 9,21) – dann war das alles eine Bestätigung der unergründlichen und nicht hinterfragbaren Autorität Gottes, im Verhältnis zu dem das Menschengeschlecht und der einzelne nur als unterwürfiges, ja träges Material angesehen werden konnten. Das Engelswort bei der Verkündigung: »Für Gott ist nichts unmöglich« wurde zur Grundlage dafür, Maria infolge ihrer Selbstbezeichnung als »Magd« (*Ancilla* in der Vulgata) immer als Beweis dafür anzuführen, daß, wenn die souveräne Autorität und der allmächtige Wille Gottes am Zug waren, wie das immer wieder der Fall war und auch immer wieder der Fall sein würde, das Ergebnis grundsätzlich immer als gut und weise anerkannt werden mußte, selbst wenn sein Sinn für die Augen der Sterblichen vorerst noch verschleiert sein sollte. Verstärkt wurde diese Definition Marias als der Magd noch durch den Umstand, daß sie als Frau ohnehin infolge einer verhängnisvollen Kombination von Natur, Schöpfung und Fall auf die Rolle der Passiven und Unterwürfigen festgelegt war, des Gefäßes, das nichts als empfangen konnte. So ließ sie sich den Frauen als Vorbild vor Augen führen, wie sie sich verhalten sollten, nämlich in unterwürfigem Gehorsam gegenüber Gott, ihren Ehemännern, dem Klerus und der Hierarchie der Kirche.

Aber fast während des ganzen Verlaufs der Geschichte des Nachdenkens über die Ereignisse der Verkündigung und über die Form der Teilnahme der Person Marias daran war dieses Porträt nur die eine Hälfte des Bildes. Öfter ist nämlich schon bemerkt worden, daß ein für die Zukunft offener Gehorsam als höchste Aktivität und nicht als Passivität definiert werden sollte. Bei näherem Zusehen erweist sich darum der Titel »Magd« als bedeutend komplexer, als viele seiner Ausleger wahrhaben wollen. Der griechische Begriff *doulè kyriou* bedeutete wörtlich »die Sklavin des Herrn«. Es ist die weibliche Form des viel vertrauteren und häufiger verwendeten männlichen Begriffs *doulos Ièsou Christou*, »Sklave Jesu Christi« (z.B. in Röm 1,1), der im Neuen Testament geradezu zum *terminus technicus* für die Apostel wurde. Daraus wurde dann später der weiter ausgebaute und vollständigere Titel »Sklave der Sklaven Gottes« (*servus servorum Dei*). Augustinus zum Beispiel hatte sich selbst als »Sklave Christi und Sklave der Sklaven Christi« (*servus Christi servorumque Christi*) tituliert. Seit Papst Gregor dem Großen wurde dann der Titel *servus servorum Dei* der Serie der Standardtitel des Bischofs von Rom beigefügt.[202] Sieht man sich das Pontifikat Gregors I. genauer an, dann tut man sich mit dem Schluß schwer, der Begriff *servus* habe zur Rechtfertigung von Passivität oder Quietismus gedient. Ursprünglich diente er dazu, das Paradox Christi zu kennzeichnen, der sowohl »in der Gestalt Gottes« (*morphè theou*) als auch »in der Gestalt eines Sklaven« (*morphè doulou*) war (Phil 2,6–7). Der männliche Titel *doulos* und der weibliche Titel *doulè* kommen zusammen im Neuen Testament nur eimal vor, in einem Zitat aus dem Griechischen der Septuaginta im zweiten Kapitel der Apostelgeschichte: »Auch über meine Knechte und Mägde (*epi tous doulous mou kai epi tas doulas mou*) werde ich von meinem Geist ausgießen in jenen Tagen«. Und dann wurde an dieses Zitat das folgenreiche Versprechen angefügt: »Und sie werden Propheten sein« (2,18 als Zitat aus Joel 3,2). Für den Fall der Knechte, der *douloi*, stellte die Geschichte der apostolischen Kirche, wie sie in den nachfolgenden 26 Kapiteln der Apostelgeschichte beschrieben wurde und sich dann durch die Jahrhunderte fortsetzte, die Erfüllung dieses Versprechens dar. Aber was die Erfüllung des Versprechens des Propheten für den Fall der Mägde anging, so hatten sie ihren ersten und vorrangigen Platz dort zu suchen, wo man in der Apostelgeschichte (1,14) schon ihr Vorbild mit den Aposteln verbunden findet, nämlich bei derjenigen, die sich in der Verkündigungsgeschichte als *doulè kyriou* bezeichnet.

Tatsächlich ist der Wortlaut ihres ersten prophetischen Sprechens schon in ihren Antworten an Gabriel zu finden, und sodann in den revolutionären Zeilen ihres Magnificat. Das klang gewiß nicht sehr »passiv« oder quietistisch.

Tatsächlich war, wie der Doppeltitel dieses Kapitels andeutet, Maria durch alle Jahrhunderte die Magd des Herrn und die Starke Frau, und nie eines ohne das andere. So kam es, daß in einer viel späteren Zeit als in der im vorliegenden Kapitel behandelten, nämlich der Zeit der Sklaverei in den Vereinigten Staaten, »die Herren ihren Sklaven das Christentum beibrachten, um ihnen Gehorsam einzutrichtern, aber Spirituals wie ›Oh, Mary‹, ›Go Down, Moses‹ und andere zeigen, daß sich manche Sklaven mit jenen biblischen Helden identifizierten, die in früherer Zeit gegen das Sklavenwesen gekämpft hatten.«[203] Das griechische Wort für Verkündigung war *euangelismos*, was die Funktion der Verkündigungsgeschichte als Urform der »Evangelisation« andeutet, wie sie auf den diese Szene zeigenden Ikonen dargestellt wird und in den Kommentaren der griechischen christlichen Tradition über diese Erzählung ausgedeutet wurde. Diese Funktion kommt sehr deutlich in den Formulierungen zum Ausdruck, die im 4. Jahrhundert der Philosoph und Theologe Gregor von Nyssa verwendete, als er die Verkündigungsworte aus dem Lukasevangelium kommentierte:

> In dem Augenblick, als der Heilige Geist über sie kam und sie von der Kraft des Höchsten überschattet wurde, wurde die menschliche Natur in Maria, in der die Weisheit ihr Haus gebaut hat (Spr 9,1), unverzüglich zu dem, was diese überschattende Kraft ihrem Wesen nach war, obwohl sie von Natur aus unserem sinnlichen Bereich von Fleisch und Blut angehörte; denn »zweifellos wird immer der Geringere von einem Höheren gesegnet« (Hebr 7,7). In Anbetracht der Tatsache also, daß die Kraft der Gottheit etwas Unendliches und Unermeßliches, der Mensch dagegen nur ein schwaches Atom ist, wurde in dem Augenblick, als der Heilige Geist über die Jungfrau kam und die Kraft des Höchsten sie überschattete, das von einem solchen Impuls geformte Zelt mit etwas gekleidet, das nichts von der menschlichen Verderblichkeit an sich hatte; es blieb so, wie es ursprünglich beschaffen war, ganz Mensch, war aber jetzt zugleich Geist und Gnade und Kraft, und die besonderen Merkmale unseres Menschseins bezogen von dieser Fülle der göttlichen Kraft einen ganz neuen Glanz.[204]

Das Ereignis der Inkarnation des Logos im Menschen Jesus Christus besaß zweifellos außerordentlichen, ja einmaligen Charakter; aber dennoch nahmen diese Denker es zugleich als Modell, wie das »Evangelium« (*euangelion*) überall und zu allen Zeiten wirkte, und darum war es für sie zugleich auch das Beispiel, an dem sich der volle Sinn der menschlichen Freiheit aufzeigen ließ. Es sei, so behaupteten sie, ein enges und verzerrtes Verständnis von Freiheit, wenn man diese mit Anarchie und Willkür gleichsetze und sie folglich so definiere, als bestehe sie aus dem Recht, alles zu tun, was man nur wolle, ganz gleich, wie destruktiv das für einen selbst oder andere sei. In Wirklichkeit gehört zur Freiheit in ihrem vollsten und tiefsten Sinn vor allem auch, wie im 20. Jahrhundert Paul Claudel sagte und beschrieb, daß man »in Freiheit gehorchen kann«.[205] Denn wenn das menschliche Geschöpf, das vom Schöpfer sowohl mit dem freien Willen, als auch mit dem unveräußerlichen Recht, von dieser Freiheit Gebrauch zu machen, ausgestattet ist und seine Freiheit dazu verwenden soll, ein authentisches Selbstsein und ein authentisches Menschsein zu erlangen, dann schließt eine solche Freiheit zum Gehorsam auch ein, daß keine begrenzte Freiheit von Einschränkungen freier sein kann, als wenn sie der unendlichen Freiheit zustimmt.[206] Die großartigste Illustration dafür war für von Balthasar genau wie für griechische Theologen wie Maximus Confessor, den von Balthasar so brillant kommentiert hat, die Zustimmung der »begrenzten Freiheit« der Jungfrau Maria zur »grenzenlosen Freiheit« Gottes im Augenblick der Verkündigung.

Bei der Verkündigung an Maria wurde das Wort Gottes durch einen geschaffenen Boten überliefert (»Engel« bedeutete im Griechischen ursprünglich »Bote«, genau wie der entsprechende Begriff im Hebräischen). Aber anders als der »Engel des Herrn«, der in einer Nacht 185.000 assyrische Soldaten aus dem Heer des Sanherib erschlagen hatte (2 Kön 19,35), brachte Gabriel das Wort Gottes an Maria, um von ihr eine Antwort zu erbitten, die frei und unerzwungen sein sollte. Im griechisch-christlichen Denken war Maria dazu vorherbestimmt, die Mutter Christi zu werden; sie war die Auserwählte des Allmächtigen. Der Wille des Allmächtigen aber war Gesetz, denn, um noch einmal mit Gregor von Nyssa zu sprechen, »die Kraft des göttlichen Willens ist ein hinreichender Grund für alles, was ist und für sein Kommen aus dem Nichts ins Dasein.«[207] Dennoch betonten diese griechischen christlichen Denker zugleich, erst als Maria aus freiem Willensentschluß heraus gesagt habe: »Ich bin die Magd des Herrn; mir geschehe, wie du es gesagt hast« (Lk 1,38), sei der Wille des Allmächtigen ausgeführt worden. Und, so schlossen sie, wenn das auf den folgenreichsten Eingriff ins Leben der Menschheit und in die Geschichte, den Gott je vornahm, zutrifft, dann muß es sich genauso immer dann verhalten, wenn Gottes Gnade am Werk ist: sie achtet die Freiheit und Integrität des Menschen und riskiert deshalb auch, wie im Musterfall von Adam und Eva, den Ungehorsam.

Irenäus hat es in seiner bereits besprochenen Gegenüberstellung[208] von Eva und Maria so ausgedrückt: »Genau wie erstere vom Wort eines Engels auf Abwege geführt wurde, so daß sie vor Gott floh, als sie sein Wort übertreten hatte, so empfing die letztere durch englische Vermittlung die frohe Botschaft, daß sie die Trägerin (*portaret*) Gottes und seinem Wort gehorsam sein sollte. Und wenn die erstere Gott nicht gehorchte, so wurde die letztere überzeugt (*suasa est*), Gott zu gehorchen, damit die Jungfrau Maria die Fürsprecherin (*advocata*) der Jungfrau Eva werde.«[209] Sie wurde »überzeugt«, nicht gezwungen, einen Gehorsam zu leisten, der in seiner Bestätigung nicht weniger Willenssache der Betreffenden war als der Gehorsamsbruch Evas. Da man Eva ihren freien Willen nicht absprechen und ihr folglich auch nicht die Verantwortung für ihr Verhalten abnehmen konnte, so konnte auch Maria ihr freier Wille nicht aberkannt werden. Es wäre ein fragwürdiger Versuch gewesen, die Gnade Gottes dadurch größer erscheinen zu lassen, daß man den freien Willen des Menschen verringert oder geleugnet hätte. Ein charakteristischer Unterschied der byzantinischen Philosophie und Theologie, der oft im Abendland Verwunderung oder Hilflosigkeit auslöste, war es, daß sie bei ihrer Sicht des Verhältnisses von Gnade und freiem Willen nicht in den Alternativen dachte, die zur Zeit des Augustinus entwickelt worden waren. Als Pelagius, der Erzfeind von Augustinus in der Kontroverse über Gnade, freien Willen und Prädestination, 415 vor eine Versammlung griechischer Theologen und Bischöfe in Lydda-Diospolis in Palästina geladen wurde, erklärte er der Synode seine Lehre über das Verhältnis zwischen Gnade und freiem Willen dergestalt, daß er für orthodox erklärt wurde – sehr zur Bestürzung von Augustinus.[210] Die Verteidigungsschrift des Augustinus, die er gegen dieses Vorgehen schrieb, *De gestis Pelagii*, war eines seiner wenigen Werke, die ins Griechische übersetzt wurden, vielleicht schon zu seinen Lebzeiten, und es wurde im 9. Jahrhundert in die *Bibliotheca* des Gelehrten und Patriarchen von Konstantinopel, Photius, aufgenommen. Ein Vergleich zwischen dem Dekret, der Reaktion des Augustinus und dem Traktat des Photius zeigt eindeutig, daß für das ostchristliche Denken die augustinische Formulierung der Anthithese von Gnade und Freiheit, oder sogar von Natur und Gnade, in eine falsche Fragestellung führte, auf die jede Antwort falsch sein mußte.

Im Westen war das beliebteste Modell für das Verhältnis zwischen Natur und Gnade, und folglich zwischen Freiheit und Gnade, der Apostel Paulus. Seine Erfahrung des gewalttätigen Eingreifens Gottes, der ihn auf der Straße nach Damaskus zu Boden geworfen und hatte erblinden lassen, wird zu drei verschiedenen Malen in der Apostelgeschichte erzählt (9,1–31; 22,1–16; 26,9–23), und er selbst schildert sie noch einmal in einer ziemlich anderen Version in seiner Selbstverteidigung zu Anfang des Galaterbriefs (1,11–24). Das war eine Erfahrung des radikalen Bruchs zwischen dem, was er gewesen war und dem, was er wurde. Dieser radikale Bruch zwang ihn, nach einer kontinuierlichen Linie zu suchen, und folglich beteuerte er im neunten, zehnten und elften Kapitel des Römerbriefs, daß er sowohl zu seiner Vergangenheit als auch zu seinem drastischen Bruch mit ihr stehe.[211] Dieses paulinische Bekehrungsmodell prägte das Denken von Augustinus. Als Augustinus bei der berühmten Szene im Garten eine Stimme sagen hörte: »*Tolle, lege*« (»Nimm und lies«), und im Neuen Testament zu lesen begann, stieß er auf einen Abschnitt aus Paulus zum Thema des Bruchs mit der Vergangenheit.[212] Paulus ermahnte darin die Römer, und jetzt den Augustinus: »Laßt uns ehrenhaft leben wie am Tag, ohne maßloses Essen und Trinken, ohne Unzucht und Ausschweifung, ohne Streit und Eifersucht. Legt den Herrn Jesus Christus an, und sorgt nicht so für euren Leib, daß die Begierden erwachen« (Röm 13,13–14). Und, wie Augustinus kurz vorher gesagt hatte, »befaßte ich mich alsbald mit großer Begier mit den verehrungswürdigen Schriften deines Geistes, und vor allem denen des Apostels Paulus.«[213] Auch dem Denken von Martin Luther gaben Paulus und eine Stelle aus seinem Römerbrief das Grundmuster vor: »Im Evangelium wird die Gerechtigkeit Gottes offenbart aus Glauben zum Glauben« (1,17 Vulg: *Iustitia enim Dei in eo revelatur ex fide in fidem*). In seinem autobiographischen Vorwort zu seinen gesammelten lateinischen Werken, einer 1545, ein Jahr vor seinem Tod, verfaßten *apologia pro vita sua*, erzählte Luther, als Mönch und Anfänger in der Exegese habe er um den Sinn dieser Stelle gerungen, denn er habe angenommen, »die Gerechtigkeit Gottes« beziehe sich, wie seiner damaligen Meinung nach in der ganzen Heiligen Schrift, auf jene Qualität der göttlichen Natur, infolge derer Gott gerecht sei und darum die Sünde verurteile. Mit einem Schlag änderte sich diese Sichtweise, und, wie er sagt, »ich hatte das Gefühl, neugeboren zu sein und durch die weitgeöffneten Tore ins Paradies hineinzuschreiten«, denn ihm ging auf, daß Paulus in Wirklichkeit von der Gerechtigkeit sprach, mit der Gott den Sünder bei seiner Rechtfertigung ausstattet. Das geschah ihm nicht als Vollendung seines menschlichen Suchens, sondern dank einer Initiative Gottes, der von sich aus eingriff.[214] Luthers Lehre über die Natur und die Gnade unterschied sich deutlich von derjenigen des Augustinus, und sie betonte den Bruch zwischen Sünde und Gnade. Als er 1525 seine berühmte Kontroverse mit Erasmus ausfocht und *De servo arbitrio* schrieb, war er persönlich davon überzeugt, die Lehre des heiligen Paulus wiederzugeben, als er dem menschlichen Willen vor seiner Bekehrung jegliche positive Funktion bezüglich der Gnade Gottes absprach und die Aktivität völlig in den souveränen Willen Gottes hinein verlegte.

Im Gegensatz dazu war es für die Denker der östlichen Tradition typisch, daß sie statt von dieser Antithese von einer Komplementarität ausgingen. Das bedeutet nicht, daß sie im mindesten das Wunder der Gnade Gottes geschmälert hätten, die sie in Prosa und Poesie priesen. Sie vertraten, man solle beten, als hänge alles von der Gnade Gottes ab, aber handeln, als hänge alles vom Tun des Menschen ab. Jedoch deuteten sie zugleich die Gnade als eine völlig unverdiente Gabe Gottes und als eine Bekräftigung der Kontinuität mit der Natur und Schöpfung, und daher mit der Freiheit. Mit der paradoxen Formel eines führenden byzantinischen Denkers des 7. Jahrhunderts, Maximus Confessor, gesprochen, gewährt Gott »denjenigen, die ihm geglaubt haben, eine *Belohnung* als *Geschenk*, nämlich die ewige Vergöttlichung.«[215] Offensichtlich schlossen sich die Begriffe »Belohnung« und »Geschenk« nicht gegenseitig aus, sondern ergänzten einander so, daß sie zusammen das Heil in der Form der »Vergöttlichung«[216] bewirkten. Ein Fachmann hat beim Kommentieren einer ähnlichen Textstelle wie dieser darauf hingewiesen, daß es »für Maximus möglich war, einerseits zu sagen, im Menschen selbst stecke nicht die Kraft zur Vergöttlichung, und andererseits, daß Gott Mensch werde, *sofern* der Mensch sich selbst vergöttlicht habe.«[217]

Dieses für den Osten charakteristische Denken in der Kontinuität sollte besonders deutlich in einem sehr persönlichen Brief zum Ausdruck kommen, den Basilius von Caesarea wahrscheinlich im Jahr 375 schrieb:

> Die Unterweisung über Gott, die ich als Junge von meiner gesegneten Mutter und meiner Großmutter Makrina empfangen hatte, habe ich immer mit wachsender Überzeugung bewahrt. Als ich in die Reifejahre meines Verstandes kam, schwankte ich mit meinen Meinungen nicht hierhin und dorthin, sondern hielt mich an die Prinzipien, die mich meine Eltern gelehrt hatten. Genau wie die Saat beim Wachsen zunächst klein ist und dann größer wird, *aber immer ihre Identität wahrt, ihre Art nicht ändert, aber sich Schritt für Schritt im Wachsen vervollkommnet*, so ist meiner Meinung nach ein und dieselbe Lehre in meinem Fall durch eine Abfolge von Etappen gewachsen. Was ich jetzt vertrete, hat nicht das verdrängt, was ich am Anfang geglaubt habe.[218]

Bezeichnenderweise wandte Basilius das, was er hier über die Kontinuität seines Reifeprozesses im Kontext einer christlichen Unterweisung sagte, mit entsprechenden Abwandlungen auch auf das Verhältnis zwischen Christentum und klassischer Kultur an, vor allem in seinem berühmten Brief-Essay *Ermahnung an die Jugend, wie sie den besten Nutzen aus den Schriften der heidnischen Autoren ziehen kann*, mit welcher er seine Neffen aufforderte, die Tiefen der klassischen griechischen Tradition auszuloten und aus ihr wichtige Lektionen für ihren christlichen Glauben und ihr Leben zu lernen.[219] Auch im Denken seines bereits zitierten Bruders Gregor von Nyssa erschlossen diese Bekräftigung der Kontinuität und das Beharren auf der Freiheit sogar im Verhältnis zur Gnade Gottes neue tiefere Einsichten.[220]

Die aktive Reaktion der Mutter Gottes bei der Verkündigung, als sie das Wort und die Gnade Gottes annahm, war also ein Schlüsselereignis, das geeignet war, diese für das byzantinische Denken typische Betonung der aktiven Rolle des freien Willens beim Annehmen des in Freiheit geschenkten Wortes und der Gnade Gottes zu bestätigen. Die östlichen Denker interpretierten die Verkündigungsszene und die Rolle Marias darin als Grundmuster, das zeigte, wie die Inkarnation sowohl etwas völlig Neues war, als auch gleichzeitig zutiefst in Kontinuität mit dem stand, was Maria bislang gewesen war und folglich dieses bestätigen konnte. Daher war sie »voll der Gnade« (*kecharitomenè*), wie der Engel in seinem Gruß zu ihr gesagt hatte (Lk 1,28). Denn »der gesamte Gnadenschatz« wohnte in ihr[221], und obwohl das die Gnade des Allmächtigen war, besaß sie diese infolge ihres eigenen freien Willens. Ihr freies Eingehen auf den Willen und die Gnade Gottes machte sie in einem einzigartigen Sinn zur Mitarbeiterin Gottes, so wie der Apostel Paulus sich und seine Gefährten den Korinthern gegenüber »als Mitarbeiter Gottes« (*synergoi*; 2 Kor 6,1) bezeichnet hatte, und darin war sie zugleich ein Vorbild der Freiheit. In vielen Jahrhunderten des Denkens und Betrachtens über Maria ist diese ihre beispielhafte Rolle von einer verzerrten Auslegung ihrer Worte »Ich bin die Magd des Herrn« verdunkelt worden, so daß die eigentliche Dynamik dieses Ereignisses verlorenging. Aber trotzdem ist die Kraft, die in der Verkündigungserzählung steckt, von Zeit zu Zeit immer wieder in ihrer ganzen Wucht entdeckt worden: »Denn auf die Niedrigkeit seiner Magd hat er geschaut. Siehe, von nun an preisen mich selig alle Geschlechter« (Lk 1,48).

Doch wie um ein Gegengewicht zu schaffen zur quietistischen Auslegung, die man diesem Bild Marias als – wie sich sich selbst bezeichnete – *Ancilla Domini*, Magd des Herrn, nur allzugern gab, schob man in der mittelalterlichen Tradition dieser Einseitigkeit sprachlich einen Riegel vor, indem man auf sie auch das Schriftwort anwandte: »Eine starke Frau, wer wird sie finden?« (Spr 31,10, in der Vulgata-Fassung: *Mulierem fortem quis inveniet?*) und sie also zugleich als die »starke Frau« feierte. Was immer der ursprüngliche hebräische Begriff *hayil* im Kontext des Schlußkapitels des Buches der Sprichwörter genau bedeutet haben mag – im Englischen haben sich mehrere moderne Übersetzer auf »capable« geeinigt, in der deutschen Einheitsübersetzung heißt es »eine tüchtige Frau« –, so ließ dieses hebräische Wort jedenfalls auch den Sinn »stark sein« zu. Sowohl die griechische Übersetzung in der Septuaginta, *andreia* (das Wort für die klassische Tugend der »Mannhaftigkeit« oder »Stärke«), als auch die lateinische in der Vulgata, *fortis*, verstanden es in diesem Sinn. Die »Starke Frau« wurde so zur wirkungsvollen Formel für das Motiv und die Metapher Marias als Kriegerin und Kämpferin, als Eroberin und Führerin.

Den größten Einfluß auf dieses Motiv übte zumindest in der westlichen Christenheit die lateinische Übersetzung der Bestrafungsworte aus, die Gott nach dem Sündenfall von Adam und Eva (in Gen 3,15) an die Schlange richtete: *Inimicitias ponam inter te et mulierem, et semen tuum et semen illius; ipsa conteret caput tuum, et tu insidiaberis calcaneo eius.* Das lautet ins Deutsche übersetzt: »Feindschaft setze ich zwischen dich und die Frau, zwischen deinen Nachwuchs und ihren Nachwuchs. Sie zertritt dir den Kopf, und du stellst ihrer Ferse nach.« Es gibt deutliche Hinweise darauf, daß Hieronymus diesen Text nicht so übersetzte; als Meister des Hebräischen wußte er, daß das Pronomen nicht mit »sie« wiedergegeben werden konnte. Eines der frühesten Manuskripte seiner Übersetzung hatte tatsächlich auch statt *ipsa* das richtige *ipse*, und auch Papst Leo I. zitierte diese Textstelle noch in dieser richtigen Form.[222] Dennoch setzte sich schließlich die Lesart *ipsa* durch, aus Gründen, die wir nicht kennen. Doch selbst als das stattgefunden hatte, deuteten frühe Ausleger dieses weibliche Pronomen auf die Kirche als diejenige, die den Kopf Satans zertreten hat und immer noch zertritt.[223] Beda Venerabilis, in dessen angelsächsischem England der Marienkult in Blüte stand, zitierte in seinem Genesis-Kommentar diese Stelle mit dem weiblichen Pronomen, erklärte jedoch: »Die Frau zertritt den Kopf der Schlange, wenn die heilige Kirche die Schlingen und giftigen Tücken des Teufels zerstreut.«[224] Ein anderer Mönch des 8. Jahrhunderts, Ambrosius Autpertus, rühmte »den täglichen Sieg Christi in der Kirche« und sah diesen Sieg in den im Paradies zur Schlange gesprochenen Worten präfiguriert, daß *ipsa*, die Frau, ihr den Kopf zertreten werde.[225] Aber es war bereits allgemein üblich, die Kirche gleichzusetzen mit Maria als der ersten, die an die Inkarnation und als der einzigen, die zwischen Karfreitag und Ostern an die Auferstehung geglaubt hatte. Im Mittelalter war die bei weitem vorherrschende Interpretation des weiblichen Pronomens dieser Schriftstelle daher die mariologische.[226] Nachdem Bernhard von Clairvaux bereits die erste Hälfte des Wortes an die Schlange auf Maria gedeutet hatte, fuhr er fort: »Und wenn du immer noch zweifelst, ob er von Maria gesprochen hat, dann höre, was noch folgt: ›Sie wird dir den Kopf zertreten.‹ Wem war dieser Sieg vorbehalten, wenn nicht Maria? Ohne allen Zweifel war sie es, die das giftige Haupt zertrat.«[227]

Sowohl biographisch wie ikonographisch könnte einige Möglichkeit bestehen, diese erste sogenannte messianische Prophezeiung mit der komplexen Symbolik in Jan Vermeers spätem Gemälde von ungefähr 1671/74, *Allegorie des Glaubens*, in Verbindung zu bringen. Arthur K. Wheelock jr. schreibt: »Nur in seiner *Allegorie des Glaubens* bezieht er abstrakte theologische Begriffe in ein visuelles Vokabular ein, das seinen anderen Gemälden gleicht.«[228] Vermeer hatte als Erwachsener zum römischen Katholizismus konvertiert.[229] Seine Konversion spiegelte sich in einer ganzen Anzahl seiner Gemälde, darunter *Christus im Haus von Maria und Martha*, das oft als Darstellung der mittelalterlichen Deutung der beiden Schwestern als Verkörperungen des Verhältnisses von kontemplativem und aktivem Leben gedeutet wird. Fachleute haben die Frauengestalt in seinem Gemälde *Frau, die eine Waage hält* als die Jungfrau Maria identifiziert, die Mittlerin, die zwischen dem Menschengeschlecht und dem Urteil Gottes steht.[230] Dieses Urteil wird nicht nur mittels der Waage dargestellt, von der es beim Propheten Jesaja heißt: »Seht, die Völker sind wie ein Tropfen am Eimer, sie gelten so viel wie ein Stäubchen auf der Waage« (40,15), sondern auch auf dem Gemälde des Jüngsten Gerichts an der Wand hinter ihr.

Da, wie das Zweite Vatikanische Konzil es in seinem Dekret *Lumen Gentium* ausdrücken sollte, »Maria ... gewissermaßen die größten Glaubensgeheimnisse in sich vereinigt und widerstrahlt« (*maxima fidei placita in se quodammodo unit et reverberat*)[231], konnte sich ein Gemälde mit dem Titel *Allegorie des Glaubens* sehr wohl auf sie konzentrieren. Im Vordergrund sieht man in direkter Anspielung auf die Erzählung vom Fall Adams und Evas und die Worte der Genesis den blutigen Kadaver einer Schlange, deren Kopf von einem Stein zerschmettert ist, und ganz nahe neben ihr einen Apfel. Über ihr steht eine Frau in Siegerpose, die ihren Fuß auf eine Weltkugel setzt. Auf dem Gemälde an der Wand, das wie im Gemälde von der *Frau, die eine Waage hält*, offensichtlich einen Kommentar zur Handlung des Bildes geben soll, ist die Kreuzigung dargestellt, also der Augenblick, in dem die Schlange die Mutter und den Sohn in die Ferse biß, aber dabei selbst besiegt wurde. Wie um ganz sicher zu gehen, daß der Betrachter nicht den springenden Punkt übersehe, hängt zusätzlich noch ein Kreuz an der Wand. Es scheint keinerlei Möglichkeit zu geben – auch nicht mit der Lupe –, den Titel des aufgeschlagenen Buches zu entziffern, und erst recht nicht seine genauen Worte. Sollte es eine Bibel sein, auf Holländisch oder vielleicht wahrscheinlicher auf Lateinisch, scheint der Text gegen Ende des Buches zu stehen. Könnte es sich vielleicht um die Stelle von der Vision der in die Sonne gekleideten Frau aus dem Buch der Offenbarung handeln?[232] Oder wäre der Gedanke zu weit hergeholt, daß es eine hebräische Bibel ist, die im Holland des 17. Jahrhunderts leicht zu beschaffen war? Dann wäre sie nämlich statt weit hinten ganz vorne aufgeschlagen – und zwar genau bei den Worten Gottes an die Schlange, jedoch interpretiert gemäß der gängigen lateinischen Übersetzung, und graphisch dargestellt von diesem giftigen, aber jetzt harmlosen Schlangenkopf.

Eine andere Form, in der sich Maria als die Starke Frau des Buchs der Sprichwörter erwies, war ihre Rolle als Leitstern und Führerin der Seeleute: Der Name »Maria, der Meerstern« (*Maria maris stella*) soll ihr angeblich von oben gegeben worden sein.[233] Man war der Meinung, dieser Name sei in dem Orakel des Bileam (in Num 24,17) prophezeit worden: »Ein Stern geht in Jakob auf«. Weil diese Metapher im Mittelalter sehr weit verbreitet war[234], erfreute sich das Bild Marias als Stern, der das Schiff des Glaubens lenkt, besonderer Beliebtheit, auch wenn es zumindest zum Teil einem sprachlichen Kunstgriff zu verdanken ist. Es scheint infolge der etymologischen Deutung des Namens »Maria« durch Hieronymus entstanden zu sein. Dieser hatte nämlich gegenüber anderen Deutungen derjenigen den Vorzug gegeben, die besagte, »Maria« bedeute »ein Tropfen Meereswasser« (*stilla maris*). Als Isidor von Sevilla diese Etymologie übernahm, war aus *stilla* (»Tropfen«) unversehens *stella* (»Stern«) geworden. Davon angeregt, dichtete ein unbekannter Poet wohl des 9. Jahrhunderts einen Hymnus, der sich allgemeiner Beliebtheit erfreuen sollte. Er grüßte darin Maria als den Meerstern, die nährende Mutter Gottes, die immerwährende Jungfrau und das Tor des Himmels:

Ave, maris stella,	*Meerstern, sei gegrüßet,*
Dei mater alma	*Gottes hohe Mutter,*
atque semper virgo,	*allzeit reine Jungfrau,*
felix caeli porta.[235]	*selig Tor zum Himmel!*

Bald wurde dieser Titel zum festen Bestandteil von Marienpredigten und hatte auch in der theologischen Literatur seinen festen Platz; aber vor allem in der Poesie wurde das Symbol der mutigen Maria als Leitstern auf der Fahrt durchs Lebensmeer immer wieder gern gebraucht. Im Bild des Leitsterns galt sie als die, die auch weiterhin alle Feinde und Stürme besiegen hilft, und daher als die Starke Frau, die zugleich die Magd des Herrn ist.

Abb. 11: *Marienikone;* Ägypten, byzantinische Epoche, 6. Jhdt.
© 1996 The Cleveland Museum of Art, Leonard C. Hanna Jr. Vermächtnis 1967.144

7 DIE ZIERDE DES GOTTESDIENSTES UND DIE ANFÜHRERIN DES HIMMLISCHEN CHORS

Die Prophetin Mirjam, die Schwester Aarons, nahm die Pauke in die Hand, und alle Frauen zogen mit Paukenschlag und Tanz hinter ihr her. Mirjam sang ihnen vor: Singt dem Herrn ein Lied, denn er ist hoch und erhaben! Rosse und Wagen warf er ins Meer.

(Ex 15,20–21)

Die Gleichsetzung von Maria, der Mutter Jesu, mit Mirjam, der Schwester des Mose, war nicht nur ein Thema des Koran[236], sondern auch schon lange davor ein Thema der christlichen Typologie gewesen. Als er den Psalmvers 68,26 kommentiert hatte: »Dazwischen Mädchen mit kleinen Pauken« (*in medio iuvenculae tympanistriae*), hatte Augustinus die Jungfrau Maria als »unsere Paukenschlägerin« (*tympanistria*) bezeichnet, weil sie jetzt das Volk Gottes und die Engel des Himmels zum Preis des Allmächtigen anführe, wie vor ihr Mirjam das Volk Israel dafür begeistert habe.[237] Und Tausende englischsprachiger protestantischer Gemeinden in diesem Jahrhundert – die meisten, ohne zu wissen, daß sie diese Typologie von Mirjam und Maria weiterführten, und viele sogar, ohne überhaupt zu ahnen, daß sie von Maria redeten – haben ihr die Rolle der Zier des Gottesdienstes und Anführerin der himmlischen Chöre zuerkannt, nämlich mit den Worten des 1906 gedichteten Hymnus von John A.L. Riley: »Ye Watchers and ye Holy Ones«:

O higher than the cherubim,
More glorious than the seraphim,
Lead their praises, Alleluia!
Thou Bearer of th'Eternal Word,
Most gracious, magnify the Lord, Alleluia![238]

Damit sollte gesagt sein: Wenn die Engel im Himmel, die Cherubim und Seraphim, Gott priesen, wurden sie von der angeführt, die der Erzengel Gabriel als die »Begnadete« gegrüßt und die ihren eigenen Hymnus mit den Worten »Meine Seele preist die Größe des Herrn« angestimmt hatte. Es war also diejenige, die als Theotokos die Trägerin des ewigen Wortes war, des fleischgewordenen Logos. Derartige Anmutungen bezüglich Marias wären natürlich solchen Gemeinden von der Kanzel her schwer nahezubringen gewesen; über die Gesangbücher in ihren Kirchenbänken dagegen übernahmen sie sie ohne große Schwierigkeiten.

Allerdings spielte Maria selbst in Gemeinden, wo sie spontaner in Zusammenhang mit dem Gottesdienst gebracht wurde, außerhalb der offiziellen öffentlichen Liturgie eine größere Rolle als in ihr. In den Gebeten der *Basilius-* und *Chrysostomusliturgie* des Ostens wurde sie unermüdlich um ihre Fürbitte angerufen.[239] Vor allem aber der *Hymnos Akathistos* (dessen Titel bedeutet: »nicht hinsetzen«, weil er im Stehen zu singen war)[240] vervielfältigte ihre Feier als »unverheiratete Braut« und Gegenstand des Lobpreises der Kirche, und er wiederum regte zu zahlreichen Darstellungen in den darstellenden Künsten an.[241] Auch in der westlichen Meßliturgie nahm sie unter der Anrufung der Heiligen im Himmel, die sich mit der Kirche auf Erden im Bitten, Lobpreisen und Danksagen vereinen sollten, einen Ehrenplatz ein. Allerdings waren zwei der verbreitetsten und volkstümlichsten Formen der Marienfrömmigkeit in der westlichen Tradition nichtliturgischen Charakters. Die Anfänge der ersten werden gewöhnlich dem Dominikanerorden zugeschrieben, die Anfänge der zweiten dem Franziskanerorden, obwohl beide im römischen Katholizismus ganz allgemeine Verbreitung fanden. Die Übung des Rosenkranzbetens wurde vermutlich nicht vom heiligen Dominikus eingeführt, wie man allgemein unter Berufung auf nicht überprüfbare Legenden Alans de la Roche im Bericht von seinen Offenbarungen wissen wollte. Dennoch hatte das Rosenkranzgebet besondere Verbindungen mit dem Predigerorden.[242] Beim Rosenkranzgebet handelt es sich um eine Frömmigkeitsübung, die auch außerhalb des Christentums verbreitet ist, zum Beispiel im Hinduismus, Buddhismus und Islam. Der »Rosenkranz« ist eine Perlenkette, die man als Gedächtnisstütze beim Rezitieren von Gebeten benutzt. Im Englischen stammt das Wort »bead« für »Perle« vom urgermanischen Wort für »beten«, wie es im heutigen Deutsch existiert und im englischen Wort »bid« erhalten ist. Das *Oxford English Dictionary* erläutert dazu: »Der Name wurde vom ›Bitten‹ auf die kleinen runden Perlen übertragen, die man zum ›Bitten sagen‹ (›telling beads‹), d.h. Abzählen von Gebeten, verwendete, aus dem sich die anderen Sinne dann ganz natürlich ergaben.«[243] Es gab leichte Variationen zwischen den einzelnen Traditionen, aber im wesentlichen bestand das Rosenkranzgebet aus dem Beten von 15 Vaterunsern, 15 Einheiten von je zehn »Gegrüßet seist du, Maria« und 15 »Ehre sei dem Vater«, wobei jede der 15 Einheiten auf eines der Geheimnisse der neutestamentlichen Heilsgeschichte konzentriert war. Ein voller Rosenkranzzyklus umfaßte also 150 »Gegrüßet seist du, Maria«.[244]

Der »Angelus« oder »Engel des Herrn« dagegen rührte von einer Anordnung her, die 1269 Bonaventura als Generalminister der Minderbrüder erlassen hatte: die Franziskanerbrüder sollten es Franz von Assisi nachtun und beim Läuten der Abendgebetsglocke *Ave Maria* beten. Das wurde, wie es aussieht, im 14. Jahrhundert, erweitert zu einem Angelusgebet am Morgen (erstmals überliefert aus Parma 1317/18), am Mittag (Prag 1386) und am Abend (Rom 1327, anderswo sogar schon früher).[245] Es fand auch unter den Laien große Verbreitung; und es wurde sogar zum Beispiel in den ersten Akt von Puccinis *Tosca* einbezogen, wo es der Sakristan betet, genau wie das *Te Deum laudamus* in die mächtigen Akkorde der Schlußszene dieses Aktes integriert ist. Der *Angelus* oder »Der Engel des Herrn« erhielt seinen Namen von den Anfangsworten des ersten seiner drei an das Lukasevangelium angelehnten Betrachtungsverse (d.h. der dritte zitiert Joh 1,14), an den sich jeweils ein *Ave Maria* anschloß: *Angelus Domini nuntiavit Mariae,/ et concepit de Spiritu Sancto* – »Der Engel des Herrn brachte Maria die Botschaft,/ und sie empfing vom Heiligen Geist.« Mittels dieser beiden außerliturgischen Gottesdienstformen sowie durch die verschiedenen Komponenten der Liturgie selbst grub sich die Geschichte Marias tief in die Sprache und Spiritualität zahlloser Gläubiger in der westlichen Welt ein.

Doch der Bereich der Gottesverehrung, in dem sich Maria am wirkungsvollsten betätigte, war derjenige der Ikonenkunst.[246] Denn im 8., 9. und 10. Jahrhundert standen die politische, religiöse und künstlerische Zukunft des byzantischen Reiches und der byzantinischen Kultur auf dem Spiel. Die Grundfesten dieser Tradition wurden in ihrer Identität in Frage gestellt, als in mehreren Wellen der Bilderstreit das Reich erschütterte, also die Auseinandersetzung um die Verwendung von Bildern im christlichen Gottesdienst. Das Argument gegen die Bilder, und schließlich genauso das Argument für sie, gründete sich letztlich auf die Frage, ob man die gottmenschliche Person Christi auf einer Ikone abbilden könne oder nicht. Doch dieses Argument schloß auf spezielle Weise auch die

Person Marias ein, wie das schon bei der Gründung von Byzanz selbst der Fall gewesen war.[247] Nach Aussage ihrer Gegner griffen die Ikonoklasten, die Bilderstürmer, nicht nur die Verehrung der Ikonen ganz allgemein, sondern auch die orthodoxe Marienverehrung im besonderen an.[248] Ferner wird berichtet, sie hätten den orthodoxen Glauben an die besondere Fürbitte Marias für die Kirche verworfen.[249]

Bei der Entgegnung auf solche Angriffe fühlten sich orthodoxe Theologen – wie Johannes von Damaskus, der argumentierte, die einem Bild erwiesene Ehre gelte nicht der Abbildung, sondern der abgebildeten Person[250] – genötigt, genauer zu definieren, wie die unterschiedlichen Formen der »Verehrung« (*proskynèsis*), die die Christen Geschöpfen zuteil werden lassen dürfen, sich von der »Anbetung« (*latreia*) unterscheiden, die man nur Gott dem Schöpfer, aber keinem Geschöpf entgegenbringen darf.[251] Wurde eine solche Verehrung Idolen entgegengebracht, so handelte es sich dabei (mit dem Originalbegriff gesprochen) um »Idololatrie« (*eidololatreia*)[252]. Die »Ikonodulen«, die »Ikonenverehrer«, vertraten natürlich energisch, dieser Begriff treffe auf ihre Ikonenverehrung ganz und gar nicht zu. Aber mit »Gott dem Schöpfer« hatte die orthodoxe Theologie seit dem Konzil von Nicäa und sogar schon davor den dreifaltigen Gott gemeint, Vater, Sohn und Heiligen Geist, und es war legitim, jedem von ihnen eine »Verehrung« (*proskynèsis*) entgegenzubringen, die »Anbetung« (*latreia*) war, wie sie ausschließlich dem wahren Gott vorbehalten ist. Zudem richtete sich eine solche »Anbetung« (*latreia*) wie schon seit dem Neuen Testament an die Person Jesu Christi: während laut Lukas Christus am Kreuz gebetet hatte: »Vater, in deine Hände lege ich meinen Geist« (Lk 23,46), hatte, ebenfalls laut Lukas, Stephanus, der erste christliche Martyrer, sterbend ausgerufen: »Herr Jesus, nimm meinen Geist auf!« (Apg 7,59). Damit hatte er ganz selbstverständlich die Gebetsanrede des gleichen Gebets vom Vater auf den Sohn verlegt. Der Grund war, wie der Apostel Paulus erklärte, daß »alle im Himmel, auf der Erde und unter Erde ihre Knie beugen (sollten) vor dem Namen Jesu und jeder Mund bekenn(en sollte): ›Jesus Christus ist der Herr‹ – zur Ehre Gottes des Vaters« (Phil 2,10–11). Für die christliche Orthodoxie bedeutete dieses »Kniebeugen« und »Bekennen« (*proskynèsis*) echte und volle »Anbetung« (*latreia*), und sie hatte zum genauen Gegenstand die ganze Person des inkarnierten Gottessohns – nicht nur seine göttliche Natur, da seine göttliche Natur nach der Inkarnation nicht mehr für sich existierte, sondern mit seiner menschlichen vereint war, und zwar dauerhaft und »untrennbar« (*achoristos*), wie das Konzil von Chalcedon im Jahre 451 erklärt hatte[253], welche rein für und an sich, da geschöpflicher Natur, nicht Gegenstand der »Anbetung« (*latreia*) sein konnte, jedoch in der ungeteilten Person des Gottmenschen angebetet werden konnte und sollte.

Bei allen anderen Formen orthodoxer »Verehrung« (*proskynèsis*) dagegen handelte es sich um eine niedrigere Form der »Verehrung«, um *douleia*, und folglich nicht um einen Verstoß gegen das erste Gebot. Zumindest an einigen Stellen seiner Werke machte Johannes von Damaskus die Unterscheidung zwischen »Anbetung« (*latreia*) und »Verehrung« (*douleia*).[254] Aber infolge einer kuriosen Wendung der Geschichte der Linguistik findet sich der vorzüglichste Beleg für diese Unterscheidung nicht in seinen Schriften, noch überhaupt in denjenigen irgendeines anderen griechischen patristischen oder byzantinischen Denkers, sondern bei lateinischen christlichen Autoren, vor allem bei Augustinus von Hippo. Augustinus schrieb in seinem *Gottesstaat*:

> Denn das ist die Verehrung, die man dem göttlichen Wesen oder, um mich genauer zu fassen, dem wesenhaften Gotte schuldet, wofür ich mich, da mir kein passendes lateinisches Wort zur Verfügung steht, notgedrungen eines griechischen Ausdrucks bediene. Das Wort *Latreia* haben nämlich die Unseren überall, wo es in der Heiligen Schrift vorkommt, mit ›Dienst‹ übersetzt. Doch den Dienst, den man Menschen schuldig ist und auf den sich das Apostelwort bezieht, daß die Knechte ihren Herren untertan sein sollen, pflegt man auf griechisch anders zu bezeichnen. Unter *Latreia* aber ist nach dem Sprachgebrauch derer, die uns Gottes Wort schriftlich überliefert haben, entweder immer oder doch so gut wie immer der Dienst zu verstehen, welcher der Verehrung Gottes geweiht ist.[255]

Diese Stelle gehörte zu den ersten Zeugnissen – oder zumindest zu den frühesten erhaltenen Zeugnissen – dafür, daß eine solche klare Unterscheidung gemacht wurde.[256] Es muß hinzugefügt werden, daß es etwas paradox ist, wenn Augustinus diesen Rang in der Geschichte des Griechischen einnimmt, wenn man bedenkt, daß er wiederholt beteuert hat, seine Griechischkenntnisse seien sehr unzuverlässig. Als Schüler hatte er eine starke Abneigung gegen die griechische Sprache und sogar das Lesen von Homer entwickelt,[257] und als er dann als katholischer Bischof die nicäische Lehre über die Dreifaltigkeit verteidigen sollte, mußte er zugeben, daß er die terminologischen Feinheiten, die die griechischen Theologen in den vorangegangenen Generationen bei ihren Distinktionen über die Grundlagen der Trinität eingeführt hatten, nicht voll zu begreifen vermochte.[258]

Als Theotokos war Maria – und das schloß die Maria der Ikonen ein – der legitime Gegenstand der orthodoxen christlichen »Verehrung« (*proskynèsis*). Solche Unterscheidungen waren um so notwendiger, als es nicht nur in der byzantischen Frömmigkeit, sondern auch im byzantischen Sozialleben viele vorgeschriebene Haltungen und Gesten des Respekts gegenüber zahlreichen Persönlichkeiten gab. Schon im Sprachgebrauch des klassischen Griechenland ließen sich alle diese Formen der Ehrfurchtsbezeugung auf allen Ebenen unter der Kategorie »Verehrung« (*proskynèsis*) zusammenfassen, weshalb dieser Begriff nicht nur »eine Huldigung vor den Göttern oder ihren Abbildungen, das Niederfallen und Verehren« bedeutete, sondern insbesondere die »orientalische Art und Weise, sich vor Königen und Oberen niederzuwerfen« bezeichnete.[259] Dieser Brauch wurde noch weitergetrieben durch das, was Charles Diehl »die tausend Verfeinerungen der exakten und im Grunde kindischen Etikette, die jede Verrichtung des Lebens am kaiserlichen Hof in Konstantinopel regulierte«, nannte.[260] Bei dieser Inflation von Akten der »Verehrung« bedurfte es eines eigenen Sprachgebrauchs zur Bezeichnung der Verehrung Gottes und derjenigen der Heiligen, und vor allem auch derjenigen Marias. Daher befand die mittelalterliche lateinische Theologie, wie sie zum Beispiel Thomas von Aquin vertritt (der ebenfalls den griechischen Begriff in seiner latinisierten Form verwendete), daß die einfache Unterscheidung zwischen »Anbetung« (*latreia*) und »Verehrung« (*douleia*), wie sie Johannes von Damaskus eingeführt hatte, der speziellen Stellung der Theotokos nicht genau entspreche. Denn sie sei gewiß weniger als Gott, aber genauso sicher sei sie mehr als jeder andere Mensch und mehr als jeder Heilige. Aus diesem Grund gebühre ihr zwar nicht *latria*, aber dennoch mehr als *dulia*.[261] So wurde für ihren Kult als eigener Begriff derjenige der *hyperdulia* geprägt.[262] Nach dem Mittelalter, im Gefolge der Reformation, sollte die lateinische Kirche die Unterscheidung zwischen *latria* und *dulia* (einschließlich *hyperdulia*) um so hilfreicher finden, als die protestantische Polemik die Kirche regelmäßig der

»Mariolatrie«, der »Anbetung Marias«, anklagte.[263] Der Begriff »Mario-latrie« wäre also als eine Form der *latria* gegenüber Maria zu verstehen gewesen. Aber so überschwenglich die Sprache der Gebete und Hymnen an die Adresse Marias auch werden mochte – und das wurde sie im Westen zweifellos –, war diese Unterscheidung als Verwahrung gegen den Vorwurf der »Mariolatrie« gedacht – selbst wenn die einfachen Gläubigen mit ihrer Frömmigkeit diese Unterscheidung nicht unbedingt immer sahen und sie weder im Westen noch im Osten in ihren Gebeten zu Maria und ihrer Ikonen oder ihren Bildern und Statuen praktisch keine Rolle spielte.[264] Selbst die Verteidiger der Ikonen mußten zugeben, daß das Verhältnis zwischen theoretischer Theologie und Frömmigkeit der einfachen Gläubigen nicht immer leicht zu handhaben sei.[265]

Vielleicht die eindrucksvollste unter allen traditionellen Darstellungen der Jungfrau Maria in der byzantinischen Kunst war die sogenannte Deesis (vom griechischen Wort *deesis* für Gesuch oder Fürsprache).[266] Im klassischen Griechisch wurde dieser Begriff regelmäßig für ein »Gesuch« in irgendwelcher Form verwendet.[267] Im byzantinischen Griechisch verwendete man ihn für unterschiedliche weltliche Anträge und Bittschriften, etwa für diejenigen der Untertanen an den Kaiser.[268] Aber im patristischen und dann im byzantinischen Griechisch wurde es auch zum Standardbegriff für fürbittende Gebete: für die Gebete, die die Kirche »nicht nur an Gott, sondern auch an Heilige, allerdings nicht an andere Menschen« richtete; für das Gebet, das Christus als der ewige Mittler dem Vater darbrachte; und auch für die Gebete der Heiligen, und namentlich der Mutter Gottes, die diese als erschaffene Mittler im Namen der Kirche Christus und dem Vater darbrachten.[269] Die Deesis als Form künstlerischer Darstellung ist in drei Abschnitte bzw. Tafeln eingeteilt. Im Zentrum steht Christus als der Herr. Zu beiden Seiten Christi stehen, mit Christus für die Sünder fürbittend, die Mutter Gottes und Johannes der Täufer (oft als »der Vorläufer«, *ho Prodromos*, bezeichnet).[270] Die Deesis konnte in Kunstwerken unterschiedlicher Größe dargestellt werden. Auf einem kleinen byzantinischen Reliquiar aus dem 11. Jahrhundert, das aufgeklappt gerade 8 x 8 cm mißt, erscheint die Deesis als Flügelaltärchen, so daß sich die beiden Seitenflügel mit Maria und Johannes genau über dem Bild der Zentralfigur zusammenklappen lassen. Im Gegensatz dazu zeigt ein Mosaik der Deesis auf einer Wand der Hagia Sophia in Istanbul dieses byzantinische Motiv in sehr großem Maßstab.

Historiker der byzantinischen Kunst und Architektur haben die Bedeutung der Deesis mit großer Sensibilität und Kompetenz erschlossen[271] und den Begriff der Deesis in den englischen Sprachgebrauch eingeführt. Unglücklicherweise haben die Historiker der byzantinischen Spiritualität und Theologie die Deesis nicht mit gleicher Sorgfalt erforscht, trotz der tiefen und eindrucksvollen Art, wie sie mehrere der zentralen Motive des ostchristlichen Verständnisses der gesamten »Ökonomie« (*oikonomia*) der Heilsgeschichte darstellt. Die Beiordnung Marias und Johannes' des Täufers in der Deesis war eine Möglichkeit, den beiden Gestalten ihren besonderen Platz zuzuweisen, die nach dem christlichen Verständnis der Heilsgeschichte auf der Grenze zwischen dem Alten und dem Neuen Testament standen. Nach dem Ausspruch Christi im Evangelium (Mt 11,13) ging die Reihe der alttestamentlichen Propheten nur bis zu Johannes dem Täufer. Justinus der Märtyrer berief sich auf diese Stelle, um zu beweisen, daß es nach Johannes keine Propheten mehr im Volk Israel geben werde.[272] Zacharias, der Vater des Täufers, war ein Priester »aus dem Stamm Levi«, der die priesterliche Vermittlung zwischen Gott und dem Volk, die auf Aaron zurückging, fortführte. Die Eltern des Johannes waren die Empfänger einer »Verkündigung« (*euangelismos*) durch den Engel Gabriel, ganz analog derjenigen, die einige Monate danach der Jungfrau Maria, der Base der Mutter des Johannes, Elisabeth, zuteil wurde.[273] Nach Gregor von Nyssa »wurde das Geschenk in ihm von dem verkündet, der sieht, daß die Geheimnisse eines Menschen größer sind als diejenigen jedes Propheten.«[274] Denn Christus selbst hatte über Johannes den Täufer gesagt: »Unter allen Menschen hat es keinen größeren gegeben als Johannes den Täufer« (Mt 11,11; Lk 7,28).

Keiner Mutter *Sohn* war größer als Johannes der Täufer, aber keiner Mutter *Tochter* war größer als die Tochter irgendeiner anderen Mutter, nämlich Maria, die Mutter Gottes, die Gregor von Nyssa an einer früheren Stelle im selben Traktat »Maria die Makellose« (*amiantos*) genannt hatte.[275] In der östlichen Christenheit nahm sie nicht nur ikonographisch, sondern auch theologisch einen einzigartigen Platz ein, und wie wir gesehen haben, hatten sich darauf durch alle Jahrhunderte der christlichen Frühgeschichte ihre Verehrung und die Spekulation über sie konzentriert. Ihren höchsten Ausdruck hatte die Marienverehrung in der byzantinischen Liturgie gefunden. Die ostkirchliche Mariologie übte von ihren Quellen bei den griechischen Kirchenvätern und in der byzantinischen

Christenheit her das gesamte patristische und frühmittelalterliche Zeitalter hindurch einen entscheidenden Einfluß auf abendländische Deutungen Marias aus, wobei sich Kirchenväter wie Ambrosius von Mailand als Vermittler griechischer Mariologie an die lateinische Kirche betätigten.[276]

Den einzelnen Unterschieden zwischen der lateinischen und der griechischen Tradition lag ein grundsätzlicherer Unterschied zugrunde. Er bezieht sich auf die Lehre der griechischen christlichen Theologie, daß die Erlösung bei denjenigen, die sie empfangen, eine echte Umwandlung ihres Menschseins als solchem bewirke, durch die sie an der Wirklichkeit des Göttlichen teilhätten. Anders Nygren war der Auffassung, die Vorstellung, »das Menschliche werde ins Göttliche erhöht«, teile der griechische Kirchenvater Irenäus »mit der hellenistischen Frömmigkeit ganz allgemein.«[277] Die christliche Fassung dieser Lehre enthielt tatsächlich ganz deutliche hellenistische Anklänge.[278] Aber diese Vorstellung der Erlösung als Vergöttlichung, *theosis*[279], war nichts ausschließlich Griechisches. Sie fand sich auch bei verschiedenen lateinischen Vätern, darunter Augustinus, und, wie Nygren einräumte, fanden sich Anklänge daran sogar gelegentlich in den Schriften der protestantischen Reformer und ihrer Anhänger.[280] Im 6. Jahrhundert, fast zur selben Zeit, als der Wandteppich *Marienikone*, der als Illustration diesem Kapitel voransteht, geschaffen wurde, arbeitete ein lateinischer christlicher Schriftsteller den Gedanken der Vergöttlichung in ein philosophisches Werk ein, das im Mittelalter weite Verbreitung finden sollte: »Da die Menschen gesegnet werden, indem sie das Gesegnetsein erlangen, und Gesegnetsein nichts anderes als Göttlichsein ist, ergibt sich, daß Menschen gesegnet werden, indem sie das Göttlichsein erlangen. Und wie Menschen gerecht werden, indem sie Gerechtigkeit erlangen, und weise, indem sie Weisheit erlangen, müssen diejenigen, welche das Göttlichsein erlangen, notwendigerweise auf ähnliche Art Götter werden. Folglich ist jeder, der gesegnet ist, ein Gott. Allerdings gibt es von Natur aus nur einen Gott; viele Götter jedoch gibt es in der Form der Partizipation an diesem.«[281] Mit dieser Vorstellung konnte man sich zudem auf Bibelstellen berufen. Im Alten Testament, im Buch der Psalmen (82,6), gab es den geheimnisvollen, an die Herrscher dieser Erde gerichteten Spruch: »Wohl habe ich gesagt: Ihr seid Götter«. Ihn hatte Christus im Neuen Testament zitiert, und damit wurde er zum Beweis, da er ja »jene Menschen Götter genannt hat, an die das Wort Gottes ergangen ist, und ... die Schrift nicht aufgehoben werden kann« (Joh 10,34–35).

Da ja die Gläubigen mehr als alle anderen diejenigen waren, »an die das Wort Gottes ergangen ist« und das noch einmal ganz besonders auf Maria zutraf, war daraus nach der griechisch-christlichen Tradition zu schließen, daß die Gläubigen – und wieder vor allem Maria – »Götter« genannt werden konnten. Denn schließlich war das ein Punkt, in dem »die Schrift nicht aufgehoben werden kann.«

Doch die Schriftstelle, die in erster Linie die Rechtfertigung für diese Vorstellung bot und darum vor allem in der byzantinischen Liturgie als klassischer Beweistext zitiert wurde, war die faszinierende neutestamentliche Formel: »Durch sie (d.h. die Macht Gottes) wurden uns die kostbaren und überaus großen Verheissungen geschenkt, damit ihr der verderblichen Begierde, die in der Welt herrscht, entflieht und an der göttlichen Natur Anteil erhaltet (*theias koinonoi physeos*)« (2 Petr 1,4). An dieser Stelle des Neuen Testaments war sowohl der negative Aspekt der griechischen Kirchenväter, bei der Erlösung handle es sich um die Flucht vor der »Vergänglichkeit und Verderblichkeit« (*phthora*), formuliert, als auch der positive, die Erlösung bedeute eine Teilhabe an der göttlichen Natur. So stand das griechische Wort *theosis*, Vergöttlichung oder Gottwerdung, für eine ganz eigene Vorstellung vom Sinn und Inhalt der Erlösung. Sie wurde bei den östlichen Vätern auf die bereits im 2. und 3. Jahrhundert geläufige Formel gebracht: »Gott wurde Mensch, damit der Mensch Gott werde.« Diese Sicht hatte maßgeblich zur Entwicklung der Lehre von der Dreifaltigkeit beigetragen. Athanasius hatte es so formuliert: »Durch unsere Teilhabe am (Heiligen) Geist werden wir in die Gottheit eingewoben.«[282] Die griechischen Väter und ihre Schüler bemühten sich nach Kräften, die biblische Formel von der Teilhabe an der göttlichen Natur gegen jede Spur des Pantheismus abzusichern, indem sie die unverletzliche Transzendenz Gottes über alle Sprache, alles Denken und sogar alles Sein betonten; andererseits jedoch bemühten sie sich nicht weniger darum, dieser Verheißung einer dank der Inkarnation des Logos Gottes in der Person Jesu Christi vergöttlichten Menschheit konkreten Inhalt zu geben.

Dieser konkrete Inhalt fand auch in der russisch-orthodoxen Kunst sein Musterbeispiel in der Person der Maria, der Theotokos.[283] Die Ikonenmaler haben sich offensichtlich nicht gescheut, Maria als »göttlich« darzustellen, und die Verteidiger der Ikonen legten oft geradezu einen Überschwang an den Tag, wenn sie von ihren »göttlichen« Eigenschaften sprachen, denn »göttlich« war tatsächlich das angemessene Wort für sie als die Theotokos. Im strengen Sinn war die Erlösung als Vergöttlichung wie jede Verheißung himmlischer Herrlichkeit eschatologischer Natur und konnte von niemandem im gegenwärtigen irdischen Leben ganz erreicht werden. Aber Maria war der schlagende Beweis dafür, daß sie grundsätzlich erreicht werden konnte, wenn auch in dieser Welt nicht ganz und endgültig. Ihr Porträt auf den Ikonen ist ein Beweis dieser Tatsache, genau wie das Magnificat, das als Teil des *Orthros*, des Morgenoffiziums der griechischen Kirche, gesungen wird.[284]

Ikonen Christi stellten ihn zugleich in der »Gestalt Gottes« und in der »Gestalt eines Knechtes« dar (Phil 2,6–7), wie sie durch die Inkarnation in seiner Person vereinigt waren. Obwohl seine »göttliche Natur« für seine Zeitgenossen hinter der »Natur eines Sklaven«, die sich ihren Augen darbot, nicht immer sichtbar gewesen war, war sie bei seiner Verklärung schon in dieser Welt und sogar noch vor seiner Auferstehung zu sehen gewesen. Das kam im frühesten erhaltenen Mosaik von der Verklärung zum Ausdruck, dessen ikonographische Deutung William Loerke kunstvoll mit der theologischen Interpretation dieses Ereignisses durch Maximus Confessor verknüpft hat:

> Ungefähr fünfundsiebzig bis achtzig Jahre, nachdem das Mosaik geschaffen war, gab Maximus Confessor der Verklärung eine phantasievolle und tiefsinnige Deutung. Er sah Christus in dieser Vision als Symbol seiner selbst, als Sichtbarwerden des Verborgenen im Sichtbaren, bei dem die lichtvollen Gewänder zugleich die menschliche Natur umkleiden und die göttliche enthüllen. Dieses Ereignis war kein statisches Bild, sondern ein sich entfaltendes Drama. Die leuchtenden Gewänder Christi, die Schattierungen des Blau in der Aureole und die Transparenz in den Strahlen des aus der Aureole hervorbrechenden Lichts deuten an, daß hier eine verborgene Kraft sichtbar wird – die visuelle Analogie zur Deutung des Maximus.[285]

Die historische Analogie dafür aber, eine Realität, die Vorwegnahme und zugleich Ergebnis des Wunders der Verklärung Christi darstellte, war Maria, die Mutter Gottes. Sie besaß nicht wie Christus eine präexistente göttliche Natur, sondern war ihrem Ursprung nach reiner Mensch wie alle anderen Menschenwesen. Doch weil sie von Gott zur Theotokos erwählt war, war ihre vollkommen menschliche Natur verklärt worden. So war sie schon in diesem ihrem irdischen Dasein auf besondere Weise eine »Teilhaberin der göttlichen Natur« geworden, wie es der Zweite Petrusbrief allen, die an ihren göttlichen Sohn glauben, versprochen hatte.

Den Grund für die »Vergöttlichung« als spezifisch östliche Beschreibung der Erlösung gab eine spezifisch östliche Beschreibung der Wiedergutmachung der Sünde des Menschen ab. Nach byzantinischer Theologie war es notwendig, aber unzureichend, von der Erlösung der Menschen als von der Vergebung ihrer Sünden zu sprechen. Die Deutung der Passion und Kreuzigung Christi als Opfer für die Sünde – eine Deutung, die der Schrift entstammte und daher Ost wie West gemeinsam war –, wurde im christlichen Osten ergänzt durch das Bild des *Christus Victor*, und das stellte für den Osten eine ganz eigene Art des Sprechens über das Erlösungsgeheimnis dar. Durch seinen Sieg hatte Christus als Zweiter Adam Sünde und Tod überwunden, und durch seine Verklärung hatte er der Menschheit einen kurzen Blick auf ihre eigene Bestimmung geschenkt. Auch an Maria als Zweiter Eva war diese Bestimmung sichtbar geworden, und zwar wegen ihres Sohnes und des göttlichen Lebens, das er ihr mitgeteilt hatte – erst ihr, dann allen anderen. Eine solche Sicht der Verfassung des Menschen und der Erlösung näherte sich gelegentlich auf gefährliche Weise der Definition der Sünde von Adam und Eva nicht als Folge ihrer Übertretung des Gebotes Gottes, sondern als Konsequenz ihrer Natur als zeitliche und endliche Wesen. Eine solche Definition hätte dann eher dem Neuplatonismus als dem Neuen Testament entsprochen. Aber schon die Konzentration auf Maria, die Theotokos, als historische Erfüllung der Verheißung, daß die Menschheit Göttlichkeit erlangen solle, bewahrte diese Sichtweise davor, völlig in die neuplatonische Lehre abzugleiten.

Wie der erfolgreiche Kampf um das Recht, Christus auf Ikonen darzustellen, auch zum Recht führte, seine Mutter auf Ikonen abzubilden, so lieferte wiederum ihre Ikone die Rechtfertigung für Ikonen aller anderen Heiligen. Folglich umrahmte die eindrucksvollen Gestalten der Theotokos und der Erzengel Michael und Gabriel ein Kranz von Medaillons der Apostel und anderer Heiliger. Umgekehrt führte das Verbot, den Gottmenschen Christus abzubilden, zum Verbot, den Menschen Maria zu porträtieren, der durch ihn und weil er zu seiner Mutter erwählt worden war, vergöttlicht worden war. Da der Begriff der Vergöttlichung einen Wesensbestandteil der byzantinischen Definition der Heiligkeit ausmachte, lag aus diesen mariologischen Diskussionen die Extrapolation nahe, daß man auch die Berechtigung sah, die Heiligen auf Ikonen darzustellen. Denn welchen Sinn sollte es haben, so fragten die Ikonodulen, den obersten Befehlshaber darzustellen, nicht aber seine Truppen?[286] Das Leben Christi, das man auf den Ikonen darstellte, war ja nicht nur das Leben, das er während seines irdischen Daseins im 1. Jahrhundert geführt hatte: der auferstandene Christus lebte im Leben seiner Kirche weiter – und im Leben seiner Heiligen. So argumentierten sie, daß es eine verhängnisvolle Verkürzung der Perspektiven seines Bildes wäre, wollte man in die Abbildung seines Lebens nicht auch die Abbildungen derjenigen mit einbeziehen, in denen er fortgelebt hatte und immer weiter fortlebte und so heilige Geschichte verwirklichte. Doch konnte die Theologie der Ikonen noch nicht einmal hier aufhören. Der Logos, dessen inkarnierte Gestalt abzubilden legitim war, war selbst das lebendige Abbild Gottes und derjenige, durch den Himmel und Erde und alles, was darin ist, erschaffen worden waren. Die Mutter Gottes, die man ebenfalls auf einer Ikone abbilden durfte, war die Königin des Himmels. Die Heiligen, deren Leben auf der Ikonostase und auf einzelnen Ikonen gefeiert wurden, waren jetzt in der Gegenwart Gottes im Himmel. Anwesend waren auch, nicht als Empfänger der Erlösung, aber als Teilnehmer am Erlösungsdrama, die Engel, die im oberen Bereich dieser Ikone dem erhöhten Christus dienten und im unteren Bereich zu beiden Seiten seiner Mutter standen. Alle diese Bilder standen miteinander in Beziehung, in einer »großen Bilderkette«, wie die byzantinische Theologie nachdrücklich feststellt.

Auf dem genannten Teppich aus dem 6. Jahrhundert mit der *Marienikone* ist ikonographisch wie theologisch die wichtigste Person nicht die Jungfrau Maria, sondern Christus. Als in Herrlichkeit thronender Christus nimmt er das obere Drittel des Bildes ein, das zwar kleiner, aber gewiß vorrangig ist. Im unteren Teil des Bildes ist zudem noch einmal das Christuskind in herrscherlicher Pose abgebildet, nach einer Schriftrolle greifend, vermutlich der Gesetzesrolle. Doch der Größe und in vieler Hinsicht auch dem Stil nach ist die wichtigste Gestalt das Porträt der Muttergottes Maria, die auf einem Thron sitzt, und auf beiden Seiten steht bei ihr ein Erzengel:

> Auf unserem Wandteppich sitzt die Jungfrau auf einem kostbar mit Edelsteinen verzierten Thron byzantinischer Art, auf dem ein gewaltiges rotes Kissen liegt. Sie ist in eine einfache purpurne *palla* und Tunika gekleidet und trägt

> schwarze Schuhe. Ein Ende der *palla* – oder des *mataphorion*, wie der griechische Name lautet – ist als Schleier um ihren Kopf gelegt; darunter wird ihr Haar von einer kleinen weißen Kappe verborgen, auf die ein goldenes Kreuz »gestickt« ist. Ihr Haupt ist von einem großen gelben Nimbus umgeben. Das Christuskind, ohne Nimbus, sitzt in ihrem Schoß zur Linken. Es ist in eine goldgelbe Tunika und ein *pallium* gekleidet; purpurne *clavi* verzieren die Schulter der Tunika ... Das Gewand der Jungfrau ist das einer Frau der Mittelklasse der Spätantike. Das ist das Gewand, in dem sie allgemein auf allen byzantischen Abbildungen aus der Zeit vor dem Bildersturm abgebildet wird. Sie wird zwar nie im kostbaren Gewand einer Kaiserin dargestellt, was häufig in der zeitgenössischen römischen Kunst der Fall war, aber ihre schlichten Kleider sind dennoch ganz purpurfarben, also in der dem byzantinischen Königshaus vorbehaltenen Farbe.[287]

Obwohl die *Marienikone* ein Wandteppich und kein Gemälde ist, scheint es ikonographisch notwendig, ihre spezielle Behandlung der Gestalt der Gottesmutter Maria einschließlich des Thrones mit der Geschichte der byzantinischen liturgischen und theologischen Definition Marias als Theotokos in Verbindung zu bringen. Später sollte das die Art beeinflussen, wie sie in der christlichen Kunst des Westens nicht weniger als in derjenigen des Ostens abgebildet werden sollte.[288]

8 DAS MUSTER DER KEUSCHHEIT UND DIE GESEGNETE MUTTER

Wie soll das geschehen, da ich keinen Mann erkenne?
(Lk 1,34)

Das Paradox Marias als Jungfrau-Mutter veranschaulichte nicht nur die zutiefst paradoxe Einstellung der Orthodoxie und des Katholizismus zur Sexualität, sondern prägte diese auch entscheidend mit. Zum Ausdruck kommt diese zum Beispiel darin, daß die Jungfräulichkeit als größerer Wert als die Ehe gepriesen – und andererseits die Ehe, und nicht die Jungfrauenweihe, als Sakrament gefeiert wird. Maria in ihrer Eigenschaft als Jungfrau diente als einzigartiges und erhabenes Muster der Keuschheit. Zugleich war sie in ihrer Eigenschaft als Mutter auf einzigartige Weise gesegnet, »mehr als alle anderen Frauen«, wie Elisabeth ihr zusprach und wie sie mit den Worten des *Ave Maria* gegrüßt wurde. Ausdrücklich bezog sich das nicht auf ihre Jungfrauschaft, sondern, wie Elisabeth weiter sagte, darauf, daß sie »die Mutter meines Herrn« war (Lk 1,42–43). Die in diesem Paradox steckende Spannung durchzog einen Großteil der nachfolgenden Geschichte des Christentums, und namentlich der Geschichte seines Bemühens, die Moral und das Leben des Christen genauer zu definieren. Auch in dieser Geschichte spielte Maria eine maßgebliche Rolle.

Die christliche Askese ist bestimmt schon älter als das Christentum. Die Welt, in die das junge Christentum eintrat, erlebte eine ganze Reihe energischer Bewegungen, die sich dem Verzicht auf die Erfüllung der Bedürfnisse des physischen Lebens und der Pflege der Disziplinen der Selbstbeherrschung auf den Gebieten des Essens und Trinkens, des leiblichen Komforts und vor allem der Sexualität verschrieben hatten.[289] Schließlich wurden mit dem klassischen griechischen Wort *askèsis*, das ursprünglich ganz allgemein Übung und Disziplin meinte, diese Praktiken der Selbstbeherrschung und Selbstverleugnung bezeichnet.[290] Somit wurde die Sprache der militärischen Übung und der athletischen Disziplin auf das moralische Gebiet übertragen, um damit zu erklären, daß es der Enthaltsamkeit bedürfe, wenn man ein größeres Ziel erreichen wolle, sei es in diesem oder

Abb. 12
Vermählung der Jungfrau Maria
Giotto di Bondone
entstanden zwischen 1304 und 1313
Scrovegni-Kapelle, Padua

im kommenden Leben. Marc Aurel sagte in diesem Sinn mit militärischen Metaphern: »Das Leben ist ein Kriegszug, ein kurzer Aufenthalt in einem fremden Land. Auf den Nachruf folgt das Vergessen. Wo also kann der Mensch die Kraft finden, seine Schritte zu lenken und auf sie zu achten? In einem einzigen nur – in der Philosophie. Philosoph sein heißt, den göttlichen Geist in sich selbst unbefleckt und unverletzt bewahren, so daß er sich über alle Freuden und alle Leiden erhebt.«[291] Auch in den Schriften, die den Namen des Apostels Paulus tragen, wird immer wieder auf die militärische Sprache zurückgegriffen, wenn es darum geht, die christliche Disziplin zu beschreiben.[292] Aber seine lebhafteste Metapher für die asketische Disziplin entlieh Paulus dem Sport, wie er in der hellenistischen Welt geübt wurde: »Wißt ihr nicht, daß die Läufer im Stadion zwar alle laufen, aber daß nur einer den Siegespreis gewinnt? Lauft so, daß ihr ihn gewinnt. Jeder Wettkämpfer lebt aber völlig enthaltsam; jene tun dies, um einen vergänglichen, wir aber, um einen unvergänglichen Siegeskranz zu gewinnen. Darum laufe ich nicht wie einer, der ziellos läuft, und kämpfe mit der Faust nicht wie einer, der in die Luft schlägt; vielmehr züchtige und unterwerfe ich meinen Leib, damit ich nicht anderen predige und selbst verworfen werde« (1 Kor 9,24–27). »Seinen Leib zu züchtigen und zu unterwerfen«, was zunächst zweifellos die Pflicht eines jeden Christen war, wurde schließlich zum Spezialgebiet des professionellen Asketen.

Gelegentlich, wenn auch nicht unbedingt, wurzelte der asketische Impuls in einem metaphysischen Dualismus, mochte er nun platonischen Ursprungs sein oder nicht. Laut dieser Sicht der Welt und der Natur des Menschen entstammten die Begierden des Menschen, und vor allem sein sexuelles Begehren, einer niedrigeren Quelle als der übrige Mensch; er teilte sie mit den Tieren, und sie standen im Konflikt mit den Geboten des Geistes und der höheren Natur des Menschen. Der einzige Weg, Geist und Sinn von ihnen zu befreien, bestand darin, diese Begierden durch Verzicht zu besiegen. Zwar nicht direkt mit solchen Spekulationen verknüpft, gab es dennoch im antiken Rom das Institut der vestalischen Jungfrauen, die verpflichtet waren, für die Zeit ihres Dienstes, der normalerweise fünf Jahre, oft aber auch erheblich länger dauerte, ihre Jungfräulichkeit zu bewahren; verletzten sie sie, verfielen sie der Strafe, lebendig begraben zu werden.[293]

Allem Anschein nach entstand die Hochschätzung der Jungfräulichkeit und die Kultivierung der Askese zumindest zum Teil in Reaktion auf das, was man als die Exzesse sexueller Ausschweifung in der Spätantike betrachtete. Spätere Moralisten haben gern römische Satiriker wie Tacitus, Juvenal und Martial mit ihren Auslassungen über diese Exzesse zitiert; selbst Edward Gibbon mit seiner kaum verhohlenen Verachtung für Mönchtum und Askese hielt sich an des Tacitus »aufrichtige Wertschätzung der Tugend der Barbaren (d.h. Germanen) im Gegensatz zu dem zügellosen Verhalten der römischen Damen« und bemerkte, »der gefährlichste Feind (der Keuschheit) ist ein verweichlichter Geist«.[294] Wie Peter Brown gezeigt hat, war in der spätantiken Gesellschaft das Gefühl weitverbreitet, das Leben des Menschen müsse vor seiner Tendenz bewahrt werden, seinen Sinnen freien Lauf zu lassen, und echte Heiligkeit lasse sich finden, wenn man den von Gibbon genannten »verweichlichten Geist« stärke, indem man Verzicht übe.[295] Und wie das auf den einzelnen zutraf, so konnte es auch für die Gesellschaft als ganze stimmen, die daher in ihrem Schoß hauptberufliche und ständige Asketen brauchte, als Mahnmal und Beispiel für diejenigen, die ihr Leben zuchtlos ihren Neigungen und Sinnen auslieferten.

Der asketische Impuls war in der Spätantike so stark, daß an manchen Orten sogar das Judentum in seinen Bann geriet. In der im Buch Numeri (6,2–3) beschriebenen Einrichtung der Nasiräer besaß Israel eine Gruppe, deren Mitglieder sich durch heilige Gelübde verpflichteten, in Selbstverleugnung zu leben und »ein dem Herrn geweihter Nasiräer« zu sein. Das bekannteste Beispiel ist Simson, zu dessen Vater Manoach der Engel des Herrn bei der Verkündigung seiner Geburt sagte, er werde »von Geburt an ein Gott geweihter Nasiräer sein« (Ri 13,5). Der jüdische Philosoph und Theologe Philo von Alexandria, ein Zeitgenosse von Jesus und Paulus, beschrieb in einer Abhandlung mit dem Titel *Über das kontemplative Leben* eine weitere Ausprägung der jüdischen asketischen Bewegung, die er *Therapeutae* nannte. Es handelte sich um Männer und Frauen, die in einer Mönchsgemeinschaft in der Alexandria benachbarten ägyptischen Wüste lebten. Unter diesen, so berichtet Philo, »sind auch Frauen ... von denen die Mehrzahl auch im Alter noch Jungfrauen bezüglich ihrer Reinheit sind (jedoch nicht aus Notwendigkeit, wie es manche Priesterinnen bei den Griechen sind, die mehr dazu gezwungen wurden, ihre Keuschheit zu wahren, als daß sie es aus eigenem Entschluß getan hätten). Sie sind es aus Bewunderung der Weisheit und aus Liebe zu ihr, und sie begehren so sehr, ihr Leben mit der Weisheit zu verbringen, daß sie den Freuden des Leibes gegenüber gleichgültig sind, und sie wollen keine Sterblichen, sondern nur Unsterbliches hervorbringen.«[296] Die verblüffende Ähnlichkeit zwischen dieser Gemeinschaft von *Therapeutae* im hellenistischen Judentum und dem frühchristlichen Mönchtum brachte Eusebius, den ersten Geschichtsschreiber des Christentums, zur Überzeugung, Philo habe in Wirklichkeit eine christliche Gruppe beschrieben. Er zitierte diese Stelle und nannte als Beweis dafür, daß es »eindrucksvollere Beispiele für ein derartiges Leben nirgendwo sonst als in der evangelischen Religion der Christen gebe«.[297] Wie die Ausführungen des Eusebius zeigen, begannen bis zum 4. Jahrhundert in der Kirche Askese und Mönchtum festen Fuß zu fassen. Die wichtigste Dokumentation darüber verdanken wir dem *Leben des heiligen Antonius* von Athanasius von Alexandria. Auch diese Biographie eines Mönchs spielt in der ägyptischen Wüste, aber dieses Mal ist es eindeutig ein christlicher Mönch, der es gelernt hatte, »seinen Leib mit Glauben, Gebeten und Fasten zu befestigen«, selbst wenn »der Teufel die Gestalt einer Frau annahm und ihr ganzes Verhalten nachahmte, nur um Antonius zu verführen«.[298] Bezeichnenderweise erfuhr Augustinus erstmals etwas von den christlichen Asketen über eine lateinische Übersetzung der Lebensbeschreibung des Antonius, die vielleicht noch zu Lebzeiten des Athanasius während eines seiner Exilaufenthalte im Westen angefertigt worden war.[299]

Wie zu erwarten, konzentrierten sich die Apologeten der christlichen Askese auf die Jungfrau Maria als Modell des Lebens der Jungfräulichkeit und Selbstverleugnung. Athanasius tat dies in seinem *Brief an die Jungfrauen*, in dem er Maria in einer Sprache beschrieb, die darauf angelegt war, die Asketinnen, die er ansprach, zu ihrer Lebensweise zu motivieren.[300] Besonders unter diesen Apologeten des Mönchslebens zu nennen ist auch Hieronymus, dessen Einfluß viele seiner Zeitgenossen erreichte. So ist zum Beispiel seine »lange fortgeführte Korrespondenz« mit Augustinus über eine ganze Reihe von Themen, wie Peter Brown gesagt hat, »eine einzigartige Dokumentation aus der frühen Kirche. Denn sie zeigt zwei hochgebildete Menschen, die mit gelehrter Höflichkeit eine bemerkenswert erbitterte Korrespondenz führen.«[301] Seine größte Bedeutung in der Geschichte verdankt Hieronymus zweifellos seiner Übersetzung der Bibel ins Lateinische, aber er lieferte auch andere wichtige Beiträge. Unter diesen waren zwei seiner nachhaltigsten seine Klostergründungen und seine Marienlehre. Schon in seinen jungen Jahren, vor seiner Priesterweihe, lebte Hieronymus als Einsiedler in der syrischen Wüste in Chalkis und widmete sich asketischen Praktiken und dem wissenschaftlichen Studium. Dabei lernte er Hebräisch, das er schließlich meisterlich beherrschte, weshalb er die jüdischen Schriften zu kommentieren und zu übersetzen vermochte. Es folgte eine öffentliche Laufbahn in Konstantinopel und dann in Rom als Sekretär von Papst Damasus; aber selbst in dieser Zeit betätigte er sich als leidenschaftlicher Förderer des asketischen Lebens. Er überzeugte eine Reihe Frauen aus der römischen Aristokratie, darunter Paula und ihre Tochter Eustochium, sowie Marcella und Melania, ihr Leben in privilegierter Stellung in der modischen Gesellschaft Roms aufzugeben und in Klöster einzutreten.

Diese Klöster waren in Palästina, wohin Hieronymus im Jahre 386 selbst emigrierte und wo er in Bethlehem ein eigenes Kloster gründete. Er hatte beobachtet, daß »in jenen Tagen keine hochgeborene Dame in Rom sich dem Mönchsleben verschrieben oder es gewagt hatte – so fremd und schändlich wirkte das damals –, sich als Nonne zu bezeichnen«, und er schrieb das Verdienst, Marcella und andere Frauen für das asketische Leben begeistert zu haben, dem *Leben des Antonius* von Athanasius zu.[302] In einem Brief an Eustochium anläßlich des Todes ihrer Mutter, den er »zwei Nächte lang in mühevoller Arbeit diktierte«[303] und der zu einer Kurzbiographie geriet, beschrieb Hieronymus Paulas Askese und die klösterliche Jungfrauengemeinschaft, der sie vorgestanden hatte. »So streng trennte Paula sie von den Männern«, erklärte er, »daß sie nicht einmal Eunuchen gestattet hätte, sich ihnen zu nahen, um spitzen Zungen (die immer lauern, die Klosterleute zu bekritteln) keinerlei Gelegenheit zu bieten, sich wegen ihrer eigenen Schandtaten trösten zu können.«[304] In einem anderen Brief, an Gaudentius adressiert, der einige seiner erschütterndsten Aussagen über die Plünderung Roms im Jahre 410 enthält,[305] kam er auf die Berufung zur Jungfräulichkeit zu sprechen. Zunächst stellte er klar: »Das, was ich sage, ist nicht auf alle anwendbar«, stellte Gaudentius dann aber doch die Frage: »Bist du jungfräulich? Warum findest du dann Gefallen an der Gesellschaft einer Frau?« Und bezüglich eines kleinen Mädchens, das sein Vater von Kindheit an dem Leben der Jungfräulichkeit geweiht hatte, gab er die Anweisung, es »solle nur mit Mädchen zusammen sein, nichts von Jungen wissen und selbst das Spielen mit ihnen strikt meiden.«[306]

Hieronymus war gleichzeitig in der frühen Kirche einer der einflußreichsten Interpreten des Lebens und der Person der Jungfrau Maria. Sein Schreiben gegen

Jovinian, der, obwohl selbst Mönch, den in seinen Augen übertriebenen Jungfräulichkeitswahn des Hieronymus angegriffen hatte, verfaßte er als scharfe Polemik, die, wie es im englischen Standard-Handbuch für frühchristliche Literatur heißt, »mit ihrer für 1 Kor 7 vorgelegten Exegese zusammen mit den drastischen Ausdrücken, die er der heidnischen frauenfeindlichen Literatur entlehnte, heftige Reaktionen auslöste.«[307] Sein Traktat *Gegen Helvidius*, 383 geschrieben, war eine Verteidigungsschrift der immerwährenden Jungfrauschaft Marias, »um zu zeigen, daß die Mutter des Sohnes (Gottes), die Mutter war, noch ehe sie Braut wurde, auch nach der Geburt ihres Sohnes Jungfrau blieb.«[308] Er nutzte seine gewaltigen rhetorischen Fähigkeiten als Kontroversschriftsteller und seine außergewöhnliche Bildung als Bibelgelehrter, um zu beweisen, daß die Textstellen, die im Neuen Testament von Jesus als dem *erst*geborenen Sohn Marias sprechen, nicht unbedingt bedeuteten, daß Maria nach ihm noch weitere Söhne gehabt habe, denn »jeder einzig empfangene Sohn ist ein erstgeborener Sohn, aber nicht jeder erstgeborene ist ein einzig empfangener.«[309] Außerdem widmete er dem Problem eine ausführliche und sorgfältige Argumentation, das sich daraus ergab, daß in den Evangelien von den »Brüdern« Jesu die Rede ist.[310] Zu seiner Lösung behauptete Hieronymus, »daß man die Söhne der Maria, der Schwester der Mutter unseres Herrn, die zwar zunächst nicht an ihn glaubten, später aber doch zum Glauben kamen, als Brüder des Herrn bezeichnen konnte.«[311] Die Verteidigung der immerwährenden Jungfrauschaft Marias durch Hieronymus erbrachte die Standard-Argumente, auf die in der Folge immer wieder alle Verfechter dieser Lehre zurückgriffen, darunter sogar Martin Luther. Doch im Anschluß an den Maria gewidmeten Abschnitt seines Traktats brachte Hieronymus eine Erörterung der jeweiligen Verdienste der Jungfräulichkeit und der Ehe, ein Thema, das Teil des Traktats von Helvidius war, auf den Hieronymus seine Entgegnung schrieb. »Sind Jungfrauen etwa besser als Abraham, Isaak und Jakob, die verheiratete Männer waren?«, hatte Helvidius argumentiert. Und mit dem Argument: »Werden nicht täglich von der Hand Gottes Kinder im Schoß ihrer Mütter gebildet?« meinte Helvidius, daraus sei doch unzweifelhaft zu schließen, daß die Ehe mindestens so heilig wie die Jungfrauschaft sei.[312]

Die Antwort des Hieronymus bestand aus einer Fortführung der Argumentation des Apostels Paulus: »Es ist gut für den Mann, keine Frau zu berühren. Wegen der Gefahr der Unzucht soll aber jeder seine Frau haben, und jede soll ihren Mann haben ... Wer seine Jungfrau heiratet, handelt also richtig; doch wer sie nicht heiratet, handelt besser« (1 Kor 7,1–2.38). Damit sollte nicht gesagt sein, die Ehe sei schlecht; sie sei gut, aber der Erhalt der Jungfrauschaft sei besser. Mit dieser Autorität des Neuen Testaments im Rücken fühlte sich Hieronymus zur Aussage ermächtigt: »Ich beschwöre meine Leser, nicht zu unterstellen, daß ich, wenn ich die Jungfrauschaft preise, irgendwie die Ehe abgewertet und die Heiligen des Alten Testaments von denjenigen des Neuen abgetrennt hätte, also die, welche Frauen hatten, von denen, die sich völlig des Umgangs mit Frauen enthielten.«[313] Dennoch wertete Hieronymus die Ehe faktisch tatsächlich ab – wie auch die Frauen ganz allgemein –, wie in der folgenden Beschreibung, für die er eine Kunst der Rhetorik aufbrachte, die er an den Schriften des Cicero geschult hatte:

> Der Jungfrau liegt daran, weniger hübsch zu erscheinen; sie gibt sich eher ein häßliches Aussehen, um ihre natürliche Attraktivität zu verbergen. Die verheiratete Frau trägt sich vor dem Spiegel Farbe auf, und zur Beleidigung ihres Schöpfers müht sie sich, sich schöner zu machen, als sie von Natur aus ist. Dann kommt das Geplapper der Kinder, der umtriebige Haushalt, Kinder, die ihren Zuspruch erwarten und von ihr geküßt werden wollen, das Kalkulieren der Ausgaben, die ständige Sorge, genügend Geld zur Verfügung zu haben ... Derweil kommt die Nachricht, der Ehemann und seine Freunde seien eingetroffen. Das Weib fliegt wie ein Schwalbe im ganzen Haus hin und her. Sie muß sich um alles kümmern. »Ist das Sofa weich? Ist der Boden gewischt? Sind Blumen in den Vasen? Ist das Essen fertig?« Sage mir, ich bitte dich, wo bei all diesen Sorgen noch Raum für den Gedanken an Gott sein soll? Sind das glückliche Heimstätten?[314]

Als bestes Argument, das er gegen den klaren Eindruck, den eine derartige Beschreibung weckte, ins Feld führen konnte, blieb ihm schließlich nur noch die ausdrückliche Behauptung: »Wir verurteilen die Ehe nicht, denn die Jungfrauschaft ist selbst die Frucht der Ehe.«[315]

Was in den Darstellungen des Hieronymus fehlte, war zum einen eine ausführlichere Darstellung Marias nicht nur als Jungfrau, sondern auch als Mutter, sowie zweitens eine klarere Aussage über die sakramentale Definition der Ehe.

Das erste dieser Themen behandelte ein anderer Bekannter des Augustinus genauer, der Mann, der ihn dem christlichen Evangelium zugeführt hatte, Ambrosius von Mailand. Ambrosius war mehr als Augustinus ein echter *Doctor Marianus*, und das zumindest teilweise deshalb, weil er stark von der griechischen christlichen Tradition abhängig war.

Ambrosius wurde wegweisend, als er den »ursächlichen Zusammenhang zwischen der jungfräulichen Empfängnis und der Sündlosigkeit Christi, dem Freisein von der Befleckung der Erbsünde« herstellte, also »die Gedankenverbindung: Fortpflanzung der Erbsünde durch die geschlechtliche Verbindung sowie die Sündlosigkeit Christi infolge seiner jungfräulichen Empfängnis.«[316] Das würde schließlich die westliche Kirche zwingen, die Lehre von der Unbefleckten Empfängnis Marias zu definieren.[317] Nicht weniger als Hieronymus beharrte Ambrosius auf der immerwährenden Jungfrauschaft Marias, die, wie er äußerte, »nicht den Trost suchte, zur Geburt eines weiteren Sohnes fähig zu sein.«[318] Er hielt sich auch an die gerade zitierten Paulusworte und vertrat, die Jungfräulichkeit stehe höher als die Ehe, weshalb er die Behauptungen derer entschieden zurückwies, die sagten, »in der Enthaltung liege kein Verdienst, im kargen Leben keine Gnade, und auch in der Jungfräulichkeit keine, sondern alle würden gleich bewertet.«[319] Wie Hieronymus widmete auch Ambrosius mehrere Schriften dem Thema der Jungfräulichkeit, darunter den Traktat *Über die Jungfrauen*. Das vorhin über Hieronymus zitierte Handbuch frühchristlicher Literatur sagt diesbezüglich im Abschnitt über Ambrosius: »Dieses Werk, das als der erste systematische spirituell-theologische Traktat über das Thema der Jungfräulichkeit auf Latein gilt, wahrt eine ausgewogene und positive Einschätzung der Ehe.«[320] In Buch II dieses Traktats gab er zunächst seiner Schwester Marcellina eine Beschreibung und Empfehlung des Standes der Jungfräulichkeit und stellte dann die Verbindung zu Maria her: »Nimm dir sodann das Leben Marias, das vollkommene Jungfrauschaft war, zum Vorbild. Du kannst in ihm wie in einem Spiegel sehen, wie Keuschheit aussieht und zu welcher Tugend sie führt. Das kannst du als Modell deines eigenen Lebens übernehmen und daraus alle Tugendregeln ablesen: was du verbessern mußt, was du zustandebringen sollst, an was du festhalten sollst.«[321]

Ambrosius stellte Maria als Modell des christlichen Lebens dar und beschrieb, wie in Maria, der Jungfrau, alle Arten von Tugenden aufgeleuchtet hätten, namentlich jedoch die folgenden sechs: »Das Geheimnis der Bescheidenheit, das Banner des Glaubens, das Geheimnis der Frömmigkeit, das häusliche Leben als Jungfrau, die Gefährtin beim Dienst (nämlich ihres Sohnes), die Mutter im Tempel.«[322] Die zweite dieser beiden Dreiergruppen, »das häusliche Leben als Jungfrau, die Gefährtin beim Dienst (nämlich ihres Sohnes), die Mutter im Tempel« gab Ambrosius jedoch die Möglichkeit, über die erste, »das Geheimnis der Bescheidenheit, das Banner des Glaubens, das Geheimnis der Frömmigkeit« hinauszugehen und so sein Marienbild gegenüber demjenigen des Hieronymus um einiges zu vertiefen. Beschrieb die erste Dreiergruppe die Jungfrau in ihrer Herzensinnerlichkeit und im Geheimnis ihrer Gottesbeziehung, so wandte sich die zweite nach außen, in Richtung ihrer historischen Sendung als Mutter Christi. Denn die »häuslich lebende Jungfrau« war auch die »Mutter im Tempel«, und weil sie nicht nur Jungfrau, sondern auch Mutter war, konnte sie auch »die Gefährtin beim Dienst« Christi sein.

Das warf auf viele Geschichten in den Evangelien ein neues Licht, aber es neigte auch dazu, sogar ihre Jungfrauschaft in den Kontext ihrer göttlichen Mutterschaft zu versetzen, wie W. J. Dooley klar gezeigt hat.[323] »Was immer sie tat, war ein Lehrstück«, schloß Ambrosius aus der Evangeliengeschichte; denn sie »verhielt sich bei allem so, als werde sie von vielen gewarnt, und sie erfüllte jede Tugendpflicht so, als lehre sie eher, als daß sie lerne.«[324] Daher betonte Ambrosius auch Marias »Fülle an Diensten«: sie sei sowohl »in ihrem Haus daheim fleißig« und »auswärts von anderen begleitet« gewesen[325] – und zu ihrem Fleißigsein gehörte all das, was Hieronymus karikiert hatte.

Der bereits erwähnte metaphysische Dualismus als häufiger Begleitumstand der Askese in der Spätantike verschwand nicht mit dem Kommen des Christentums, sondern nahm seinen Platz auch im christlichen Denken ein, vor allem im Denken jener zahlreichen christlichen Theologen, die ihr Christentum mit dem Neuplatonismus verquickten. Wo das geschah, äußerte sich die christliche Askese in einer Verschmähung des Leibes, die zu verkennen schien, daß Gott ihn geschaffen hatte, und daher in einer Abneigung gegen die Sexualität, die mit Unmoral gleichgesetzt wurde. Da die meisten Schriftsteller zu diesem Thema Männer waren, und zumal unverheiratete Männer, schlug diese Abneigung leicht in eine grundsätzliche Frauenverachtung und Frauenfeindlichkeit um; die Frauen galten dann als Fallstricke des Teufels, um die *vita angelica* des Asketen oder Zölibatärs zu verderben. Daher war es dringend notwendig, daß die Ehe als x Dies Geheimnis ist groß, ich deute es aber auf Christus und die Gemeinde

Sakrament der Kirche angesehen wurde, wozu es eines langen und komplexen Prozesses bedurfte. Merkwürdigerweise war die Ehe das einzige unter den später als solchen definierten sieben Sakramenten, das schon im Neuen Testament als *mystèrion* oder *sacramentum* bezeichnet wurde (in Eph 5,32). Zwar wurden diese beiden Begriffe im Griechischen und Lateinischen ursprünglich nicht im spezifischen Sinn des christlichen »Sakraments« benutzt, aber sie trugen doch dazu bei, daß die Ehe schließlich als Sakrament definiert wurde.[326]

Welche Rolle die Lehre über Maria bei dieser Entwicklung der Lehre über die Ehe gespielt hat, ist ziemlich unklar. Das zeigt sich zum Beispiel in Giottos Gemälde *Die Heirat der Jungfrau* in der Arenakapelle in Padua, das John Ruskin so faszinierte.[327] Oberflächlich gesehen könnte es sich dabei einfach um eines von vielen Vermählungsbildern handeln, auf dem man Braut und Bräutigam festlich gekleidet und von wohlwollenden und betenden Gästen umringt sieht. Aber an dieser Vermählung und diesem Paar ist etwas Besonderes, vor allem an der Braut, die zuvor ein Gelübde der Keuschheit abgelegt hatte und jetzt an der Handlung beteiligt und doch nicht beteiligt ist. Beim Betrachten dieses Gemäldes muß man unwillkürlich an die Darstellung der *Vermählung des heiligen Franziskus mit der Frau Armut* denken, die auch im XI. Gesang von Dantes *Paradiso* gefeiert wird. Hier erfuhr der Verzicht des Franziskus auf alle weltliche Habe in einer allegorischen Zeremonie seine Weihe, einer Zeremonie, die normalerweise bei der Übertragung weltlicher Besitztümer stattfand.[328] Auch hier handelt es sich um eine echte Trauung, aber sie ist von einmaliger Art, und das wegen der Braut. Diese Braut ist, wie sie der griechische *Hymnos Akathistos* nennt, »die unvermählte Vermählte« (*nymphos anymphètos*).

Einerseits vertraten sowohl Theologen wie Kirchenrechtler die These, bei der Eheschließung von Maria und Joseph sei eine wirkliche Ehe geschlossen worden, obwohl sie sexuell nicht vollzogen wurde, und zwar auf Grund des Prinzips, daß »der Konsens, nicht der Beischlaf die Ehe ausmacht« (*consensus, non concubitus, facit connubium*). Daher gilt »eine Ehe, in der beide Partner freiwillig und aus übernatürlichen Motiven dem Beispiel Marias und Josephs folgen und völlige Abstinenz praktizieren, entweder von Anfang an oder ab einem späteren Zeitpunkt« als *Josephsehe* und als gültige Ehegemeinschaft.[329] Aber andererseits erwies es sich als schwierig, auf der Grundlage der mystischen Sichtweise Marias als Archetyp der Kirche und umgekehrt der Kirche als Braut Christi klare Schlüsse auf den sakramentalen Charakter der menschlichen Ehe zu gewinnen, die von Christus zur Zeit seines irdischen Wirkens nicht eingerichtet worden war (auch nicht auf der Hochzeit von Kana in Galiläa, Joh 2,1–11), sondern vom Schöpfer Adams und Evas im Garten Eden vor dem Sündenfall. Dennoch besiegte das Bild Marias als der Mutter in dieser Hinsicht die offensichtlichen Übertreibungen des asketischen Denkens, wie das Bild Marias als der Jungfrau die tatsächlichen sexuellen Ausschweifungen der Spätantike besiegt hatte. Die volle Wahrheit schien offensichtlich im Paradox zu liegen.

9 DIE MATER DOLOROSA UND DIE MITTLERIN

Dir selbst aber wird ein Schwert durch die Seele dringen.
(Lk 2,35)

Im Hochmittelalter, also im 12. und 13. Jahrhundert, verknüpfte man auf besondere Weise miteinander, was Ernst Robert Curtius »die Grundbotschaft des mittelalterlichen Denkens« nannte und als »den Geist, mit dem es wieder der Tradition zu ihrem Recht verhalf« definierte[330]; Charles Homer Haskins sprach deshalb von einer echten »Renaissance des 12. Jahrhunderts«.[331] Diese Verknüpfung von Tradition und Innovation wurde nirgends eindrucksvoller sichtbar als in der Abbildung Marias als *Mater Dolorosa*, als Schmerzensmutter, sowie in der entsprechenden Lehre von Maria als der *Mediatrix*, der Mittlerin. Schon allein die Zahl der Bezugnahmen auf sie in Poesie und Prosa, zusammen mit ihrem immer häufigeren Dargestelltwerden in den bildenden Künsten würde es schwer machen, nicht Otto von Simsons Urteil zu teilen, daß »dieses Zeitalter tatsächlich das Zeitalter Marias war«.[332] In der tschechischen Kunst der Zeit der Gotik war sie zum Beispiel die vorherrschende Gestalt.[333]

Der hauptsächliche objektive Ausdruck der Mariologie und der wichtigste theologische Beitrag dieser Zeit zur christlichen Lehre war die systematische Klärung des Titels »Mittlerin«. Das muß man allerdings in kreativer Spannung zur Zunahme ihres wichtigsten subjektiven Ausdrucks sehen, nämlich des Motivs der Schmerzensmutter in Literatur und Frömmigkeit.

Maria hatte den Tod Christi sowohl beweint, weil er ihr Sohn war, als auch begrüßt, weil er damit ihr Erlöser und der Erlöser der Welt wurde. Die Prophezeiung des Simeon im Evangelium, daß »dir ein Schwert durch die Seele dringen« wird (*et tuam ipsius animam pertransiet gladius*, Lk 2,35), war schon lange als Beschreibung der Erfahrung genommen worden, die Maria als zugleich wichtigste und betroffenste Zuschauerin bei der Kreuzigung würde durchmachen müssen, sowie auch als Anspielung auf ihren eigenen Tod.[334] Die Beschreibung, daß »bei dem Kreuz Jesu seine Mutter stand«, als er sein drittes Wort vom Kreuz sprach: »Frau, siehe dein Sohn! ... und ... Siehe, deine Mutter!« (Joh 19,25–26),

Abb. 12
Pietà (1498–99/1500)
Michelangelo Buonarroti
St. Peters-Basilika, Vatikan

entstammte zwar dem Johannesevangelium, aber sie schien eindeutig die Erfüllung der Weissagung Simeons im Lukasevangelium darzustellen. Die Verbindung dieser beiden Bilder, der am Fuß des Kreuzes stehenden Mutter und der Mutter, deren seufzende, trauernde und klagende Seele ein Schwert durchbohrt, inspirierte die eindrucksvollen Verse des *Stabat Mater*:

Stabat mater dolorosa	Christi Mutter stand mit Schmerzen
iuxta crucem lacrimosa	bei dem Kreuz und weint' von Herzen,
dum pendebat filius;	als ihr lieber Sohn da hing.
cuius animam gementem	Durch die Seele voller Trauer
contristantem et dolentem	schneidend unter Todesschauer
pertransivit gladius.	jetzt das Schwert des Leidens ging.[335]

Dieses Jacopone da Todi zugeschriebene Gedicht wird wohl bald nach seiner Abfassung (vor 1306) vertont worden sein, oder es wurde sogar von vornherein zum Singen geschaffen; jedenfalls blieb es für Komponisten bis ins 19. und 20. Jahrhundert ein ansprechender Text, der die Aufmerksamkeit so verschiedener Meister wie Giovanni Pierluigi Palestrina, Joseph Haydn, Giovanni Pergolesi, Franz Schubert, Giuseppe Verdi und Krzysztof Penderecki auf sich zog.[336] Der Kontrast zwischen der Wiedergabe des Gedichts durch Gioacchino Rossini und seinen jüngeren Zeitgenossen Antonin Dvořák gibt nicht nur interessante Aufschlüsse über die Unterschiede zwischen diesen beiden Komponisten, sondern zeigt auch die Bandbreite an subjektiven Empfindungen, die sich mittels des *Stabat Mater* ausdrücken lassen. Dvořáks Lesart ist meditativ, nach innen in die erschütterte Seele der Jungfrau gerichtet, und sodann in die erschütterte Seele des frommen Gläubigen, und es geht um ein Bedenken des Sinns dieses schrecklichen Ereignisses am Kreuz. Rossinis Lesart dagegen ist unwiderstehlich opernhaft, zuweilen geradezu überbordend, wie etwa in seinem dramatischen Satz für eine Solotenorstimme zu den Worten aus Simeons Prophezeiung »*Cuius animam gementem pertransivit gladius*«. Johann Wolfgang von Goethe ließ in seinem *Faust* Gretchen in der Stunde ihrer Krise mit einer freien Nachahmung des lateinischen Texts des *Stabat Mater* zur *Mater Dolorosa* beten: »Ach neige,/ Du Schmerzensreiche,/ Dein Antlitz meiner Not!/ Das Schwert im Herzen,/ Mit tausend Schmerzen/ Blickst auf zu deines Sohnes

Tod./ Zum Vater blickst du,/ Und Seufzer schickst du/ Hinauf um sein' und deine Not.«[337] Damit verlieh er der authentischen Marienfrömmigkeit des Volkes einen subtilen poetischen Ausdruck, und – wichtiger für seine kompositorische Absicht mit dieser Dichtung – er bereitete damit seine Szene mit der Erhöhung der *Mater Gloriosa* in die himmlischen Sphären vor.[338] Ähnlich paraphrasierte Henryk Górecki in seiner Symphonie Nr.3 die Worte des *Stabat Mater*, ohne es direkt zu zitieren; er thematisierte in einem Zwiegespräch zwischen Christus und seiner Mutter die volle Bandbreite der Schmerzen der *Mater Dolorosa*, um damit das ganze Leiden und Sterben der Opfer des Zweiten Weltkrieg zu umfassen:

Wohin ist er, mein liebster Sohn? Vielleicht hat ihn in der Erhebung der grausame Feind getötet.	Kajze mi sie podziol mój synocek mily? Pewnie go w powstaniu zle wrogi zabily.[339]

Aber das waren relativ zurückhaltende Versionen des *planctus Mariae* oder der *Marienklagen*, also der Dichtgattung dieser und späterer Epochen.[340] Wie diese lateinischen und deutschen Gattungsstile zeigen, wurde die Schmerzensmutter vor allem in der abendländischen Kirche zum geläufigen Thema. Aber dank neuerer Untersuchungen von Margaret Alexiou und Gregory W. Dobrov ist es jetzt möglich, die Entwicklungslinien von dieser westlichen Version bis zur byzantischen Poesie der Klagenden Jungfrau zurückzuverfolgen, und von dort aus sogar noch weiter zurück zum klassischen Klagegesang des Klageweibs.[341]

So klagt zum Beispiel Maria im *Kontakion* von Romanos dem Meloden:

Mich überwältigt meine Liebestrauer, Kind, sie macht mich krank.
Nicht ertragen kann ich den Gedanken, in meinen Kammern mich zu bergen, indes du an dem Kreuze hängst;
Ich daheim bei mir, indes du in dem Grabe liegst.
Nimm mich mit dir! Dein Anblick lindert meinen Schmerz.

Darauf antwortet Christus:

Laß deine Trauer, Mutter, leg sie ab.
Klage ziemt sich nicht dir, die du »Begnadete« gerufen wurdest.
Verfinstre deinen Ruf nicht mit dem Weinen.
Werde nicht so wie jene, welche nichts begreifen, allweise Magd.
Du bist ja mitten in meiner Hochzeitskammer.

Dobrov hat dazu bemerkt: »Das spielt natürlich auf den erhöhten Status Marias an, in dem sie als im Rang Zweithöchste nach der Gottheit ein gut Stück weit die Funktion Christi als Mittler zwischen Gott und Mensch übernimmt.«[342]

Was die Poesie des Mittelalters in West wie Ost in bewegenden Versen beschrieb, stellten die bildenden Künste in West und Ost auch sichtbar dar.[343] Zu diesem Thema könnte man die vielen Statuen, Altarbilder und Holzschnitte genauer untersuchen, die die mit dem Schwert durchbohrte Muttergottes zeigen. Der bekannteste Versuch, in Plastik oder Malerei die Tiefe der Trauer Marias darzustellen, die den geschundenen Leichnam ihres gekreuzigten Sohnes auf dem Schoß trägt, ist sicher Michelangelos *Pietà*.[344] Der Ausdruck wird noch dadurch verstärkt, daß, wie schon oft bemerkt wurde, Michelangelo Maria als junge Frau darstellt, die infolge ihrer einzigartigen Stellung als die Jungfrau voll der Gnade nicht dem Prozeß des Alterns unterworfen ist, genau wie ihr Leib nicht der Zerstörung durch die Verwesung ausgeliefert werden sollte.[345] Auf ihrem Gesicht, das voller jugendlicher Anmut ist, sind Trauer und stille Gelassenheit vermischt: Diese ihre tragischsten Stunden, in denen ihr Sohn »Mein Gott, mein Gott, warum hast du mich verlassen?« gerufen hatte (Mt 27,46), waren zugleich die Stunden ihrer Erfüllung, sowie der Erfüllung der sie betreffenden Worte Gottes an Joseph im Traum: »Sie wird einen Sohn gebären; ihm sollst du den Namen Jesus geben; denn er wird sein Volk von seinen Sünden erlösen« (Mt 1,21).

Dieses Thema – »Sie leidet mit, in ihrem Geist erlebt sie den Tod des Sohnes mit«, um mit einem der tiefgründigsten römisch-katholischen Theologen des 20. Jahrhunderts, Hans Urs von Balthasar, zu sprechen[346] – war keineswegs auf Kunst, Poesie und Sakralgesang beschränkt. Im Lauf des Mittelalters war die Schmerzensmutter immer wieder der Inhalt marianischer Visionen[347], und zwar zu so verschiedenen Zeiten und an so unterschiedlichen Orten, daß sie von Schweden bis Spanien reichten. So sagte Jesus im ersten Buch der *Offenbarun-*

gen der heiligen Birgitta von Schweden zu seiner Mutter: »Du bist wie das kostbare Gold, das auf dem eisernen Amboß gehämmert worden ist, denn du bist mit unzähligen Schmerzen geprüft worden. Durch mein Leiden hast du mehr gelitten als je ein Mensch.«[348] An einer anderen Stelle paraphrasierte Birgitta den Bericht der Evangelien über die Kreuzigung so, wie Maria das Ereignis hätte erzählen können. Und am anderen Ende der Nord-Süd-Achse von Mitteleuropa beschrieb die heilige Teresa von Avila, die Papst Paul VI. 1970 mit dem Titel »Kirchenlehrerin« geehrt hat, eine Vision, in der »der Herr ... sich in meine Arme legte, auf die Art, wie sie im ›Fünften Schmerz Marias‹ dargestellt wird ... ›Habe davor keine Angst‹, sagte er zu mir, ›denn die Vereinigung meines Vaters mit deiner Seele ist unvergleichlich größer als dies.‹« Wie der Herausgeber von Teresas Text anmerkt, handelt es sich beim »Fünften Schmerz (genauer ist es der Sechste) um das Bild Marias mit dem toten Leib ihres Sohnes in den Armen.«[349]

Anselm von Canterbury, der Autor des einflußreichsten jemals geschriebenen Traktats über Christus als Mittler, des *Warum Gott Mensch wurde*, schrieb im 11. Jahrhundert auch einen Traktat *Über die jungfräuliche Empfängnis und die Erbsünde*, sowie glühende Gebete an Maria als die Mittlerin.[350] Nach Anselms eigener Aussage hängen die beiden Traktate innerlich eng zusammen, denn die Betrachtung Christi als Mittler führte unvermeidlich zur Frage, »wie es kam, daß Gott einen Menschen ohne Sünde aus der sündigen Masse des Menschen herausgreifen konnte«, was also auch eine Frage bezüglich Marias war.[351] In der christlichen Ikonographie wie in der christlichen Literatur beschäftigte man sich mit neuer Aufmerksamkeit mit der Bedeutung Marias. Ein Gemälde aus dem 7. Jahrhundert von Ildefons von Toledo, der für seine Marienverehrung berühmt war, stellt »eines der frühesten Zeugnisse des Marienkults dar, der von da an anfing, in die christliche Frömmigkeit Einzug zu halten.«[352] Maria wurde auch als die Frau gesehen, die die Weisheit der Welt durch das Wunder der Jungfrauengeburt zuschanden gemacht, sowie als diejenige, die die Irrlehren der Häretiker besiegt und den Einfällen der Barbaren standgehalten hatte.

Infolge ihrer Einzigartigkeit wurden ihr viele Titel verliehen. Wie im Osten, so auch im Westen wetteiferten Dichter und Theologen darin, immer neue Bezeichnungen für Maria zu erfinden. Sie war »Muster und Norm der Frömmigkeit«,[353] deren Gebetsleben die Gläubigen in ihrem eigenen Leben nachahmten. Sie war ihr großes Vorbild, denn sie war »mutig in ihrem Entschluß, zurückhaltend in ihrem Schweigen, klug bei ihrem Fragen und aufrichtig in ihrem Bekenntnis.«[354] Als »Königin der Engel, Herrscherin der Welt und Mutter dessen, der die Welt läutert« konnte sie Titel erlangen wie: Mutter der Wahrheit; Mutter und Tochter der Demut; Mutter der Christen; Mutter des Friedens; Meine Gnädigste Frau. Sie wurde mit einem an Augustinus erinnernden Titel die »Stadt Gottes« genannt. Das Paradox, daß ein Geschöpf zur Mutter des Schöpfers geworden sei, rechtfertigte Namen wie »Quell, aus dem die Quelle des Lebens fließt« und »Ursprung des Anfangs«. Daher war sie »die Frau, der einzig grenzenlose Verehrung gebührt, diejenige, die mehr als alle anderen Frauen zu bewundern ist«, ja »der strahlende Glanz der Welt, die reinste Magd der Erde.« So überragte sie alle anderen, war »die Schönste von allen«, »die Liebenswerteste von allen«, »überstrahlend, voll der Gnaden, herrlicher als alle«. Der Ruhm ihres Namens hatte die Welt erfüllt.

Das meiste davon hätte Jahrhunderte später gesagt werden können – und wird es auch tatsächlich. Das Besondere an der Frömmigkeit und dem Denken dieser Epoche gegenüber dem Vorausgegangenen war die zunehmende Betonung des Amtes Marias als Mittlerin. Der Titel als solcher scheint erstmals in der östlichen Theologie aufgetaucht zu sein, wo sie als »Mittlerin von Gesetz und Gnade« angesprochen wurde. Ob nun aus solchen östlichen Quellen oder aus der westlichen Reflexion stammend, ging der Begriff *mediatrix* jedenfalls anscheinend gegen Ende des 8. Jahrhunderts in den lateinischen Sprachgebrauch ein. Doch war es im 11. und 12. Jahrhundert, daß er sich allgemeiner Beliebtheit erfreute. Mit diesem Titel sollten zwei Funktionen benannt werden, die man als diejenigen Marias erkannt hatte: sie war »der Weg, auf dem der Erlöser zu uns gekommen ist«, und sie war auch diejenige, »durch die wir zu dem aufsteigen, der durch sie zu uns herabgestiegen ist ... durch die wir Zugang zum Sohn haben, so daß uns er, der uns durch sie geschenkt wurde, auch durch sie bei sich aufnehmen möge.« Der Begriff *mediatrix* bezog sich auf diese beiden Aspekte der vermittelnden Stellung Marias.

Zunächst einmal war das eine Möglichkeit, von ihrer aktiven Rolle bei der Inkarnation und Erlösung zu sprechen. Dabei schien sich direkt und unwiderleglich die allgemein anerkannte These auszuwirken, daß »die Erlösung des Menschengeschlechts unmöglich hätte stattfinden können, wenn nicht der Sohn Gottes aus einer Jungfrau geboren wäre«, und damit verbunden die These, daß es »genauso unerläßlich war, daß die Jungfrau, aus der der Logos Fleisch annehmen sollte, geboren sein mußte.« So war sie zum »Tor des Paradieses geworden, das der Welt wieder Gott brachte und für uns den Himmel zugänglich machte.« Dank ihrer Teilnahme an der Erlösung hatte sie den Himmel mit den Erlösten gefüllt und die Hölle von denen geleert, die ohne sie verdammt gewesen wären. Ihr Ja zum Wort und Willen Gottes hatte die Inkarnation und damit die Erlösung ermöglicht. »O wunderbar einzigartige und einzigartig wunderbare Frau«, betete Anselm, »durch die die Elemente erneuert werden, die Hölle erlöst wird, die Dämonen niedergetrampelt werden, die Menschheit gerettet und die Zahl der Engel wieder voll wird!« Der Gedanke, daß dank Maria die Zahl der Engel wieder voll wird, war eine Anspielung auf die Vorstellung, daß die Erwählten die Plätze der gefallenen Engel einnehmen würden. Maria wurde also als die gesehen, durch die »nicht nur der Menschheit ein dereinst verlorenes Leben zurückgeschenkt, sondern auch das Glück der Engel in der Höhe vermehrt wurde«, denn dank ihres Mitmachens bei der Erlösung wurde ihre Schar in voller Stärke wiederhergestellt. Im selben Sinn behob sie wieder, was Adam und Eva verdorben hatten, und brachte deren gesamter Nachkommenschaft das Leben. Und schließlich war durch sie auch das königliche Priestertum, von dem im Neuen Testament die Rede ist,[355] in der christlichen Kirche aufgerichtet worden. All dies machte sie zur »Dienerin und Mitarbeiterin des Heilsplans für die ganze Welt.«

Marias Mitarbeit am Heilswerk half auch den rätselhaften Umstand in den Evangelienerzählungen erklären, daß Christus nach seiner Auferstehung nicht zuerst seiner Mutter erschienen war: »Warum hätte er ihr auch erscheinen sollen, wo sie doch zweifellos schon vor seinem Leiden und Auferstehen von der Auferstehung gewußt hatte?« Sie war das jungfräuliche Menschenwesen, aus dem das göttliche Menschenwesen geboren wurde, das das sündige Menschenwesen retten sollte. Sie war »das Heiligtum der universellen Versöhnung, die Ursache der umfassenden Wiedergutmachung, das Gefäß und der Tempel des Lebens und die Erlösung aller.« Derartige Lobeshymnen Anselms über den Platz Marias in der Heilsgeschichte, in Form von Gebeten geäußert, und auch vieles andere, was über sie gesagt wurde, konnten nur bedeuten, daß sie, mit Bernhard von Clairvaux gesprochen, »unsere Mittlerin ist, diejenige, durch die wir deine Gnade, o Gott erlangt haben. Sie ist diejenige, durch die auch wir unseren Herrn Jesus in unserem Haus willkommen geheißen haben.« Oder, wie es Thomas von Aquin im

13. Jahrhundert ausdrückte: »Sie war so voll der Gnade, daß diese auf die ganze Menschheit überfloß. Es ist wahrlich schon etwas Großes, wenn eine einzige Heilige so viel Gnade hat, daß diese zur Erlösung vieler anderer gereicht. Aber erst recht ist es erstaunlich, wenn eine Heilige davon so viel hat, daß es zur Erlösung der ganzen Menschheit ausreicht; und so ist es bei Christus und der seligen Jungfrau. So kannst du in jeder Gefahr deine Zuflucht bei dieser glorreichen Jungfrau finden ... (Maria sagt:) ›In mir ist alle Hoffnung auf Leben und auf Tugend‹.«[356]

Dieser Titel der *mediatrix* galt jedoch nicht nur für Marias Platz in der Heilsgeschichte, sondern auch für ihre bleibende Stellung als Fürbittende zwischen Christus und der Menschheit. »Deine Jungfrauschaft preisen wir, deine Demut bewundern wir. Aber noch besser schmeckt uns dein Erbarmen, und darum umfangen wir noch inniger dieses Erbarmen, denken öfter daran, rufen es häufiger an.« Die Erinnerung an Marias »frühere Gnadengaben« weckten im Gläubigen die Hoffnung und Zuversicht, »zu dir (Maria) zurückkehren zu können, und durch dich zu Gott dem Vater und zu deinem einzigen Sohn«, und daß es möglich sei, »von dir (Maria) das Heil zu erbitten.« Inbegriff des Glücks des Gläubigen war das Bewußtsein, daß Maria als die Mittlerin zwischen ihm und ihrem Sohn stand; ja, Gott hatte sie für die spezielle Aufgabe erwählt, im Namen der Menschheit bei ihrem Sohn einzutreten. Und so war sie »die Mutter des Himmelreichs, Maria, die Mutter Gottes, meine einzige Zuflucht in jeglicher Not.« Maria wurde angerufen als diejenige, die dem Sünder das Abwaschen seiner Sünden und die Heilung davon bringen konnte, und sie war es, die Beistand gegen die Versuchungen des Teufels gewährte; aber sie tat das, indem sie zwischen Christus und der Menschheit vermittelte. »Durch dein frommes Gebet stimm deinen Sohn uns gnädig«, konnte man flehen; oder auch: »Maria, unsere Mittlerin, unsere Fürsprecherin, versöhne uns deinem Sohn, empfiehl uns deinem Sohn, stelle uns vor deinem Sohn. Tu dies, o Gnadenreiche, durch die Gnade, die du bei ihm (Gott) gefunden hast, durch die Vorzugsstellung, die du erworben hast, durch das Erbarmen, das du zur Welt gebracht hast.«

»Da wir uns über die Geburt Christi freuen«, ermahnte ein Prediger, »sollten wir uns nicht weniger über die Geburt der Mutter Christi freuen.« Denn es galt die Grundregel: »Was immer zum Preis der Mutter gesagt wird, fällt auf den Sohn zurück, und wenn wir den Sohn ehren, heißt das nicht, daß wir die Ehre der Mutter schmälern.« Christus freue sich, wenn die Jungfrau Maria gepriesen werde; umgekehrt sei eine Schmähung entweder des Sohnes oder der Mutter eine Schmähung auch jeweils des andern. Vor allem die Vorstellung der Fürbittrolle Marias als Mittlerin war dazu angetan, sie so zu deuten, als nehme man Christus etwas weg, der »der Hohepriester war, damit er die Huldigung des Volkes Gottes darbringe«. Das schlagende Gegenargument gegen das, was die protestantische Reformation zur »Abgötterei Marias« hochstilisieren und als Minderung der Herrlichkeit Christi, des einzigen Mittlers,[357] bezeichnen sollte, war die Anerkenntnis, daß sie erhöht worden war »durch deinen allmächtigen Sohn, um deines glorreichen Sohns willen, von deinem allmächtigen Sohn«, wie Anselm es in einem seiner Gebete ausdrückte. Zudem war das die Übereinkunft in der Tatsache, daß Maria durch Christus erlöst worden war, eine Übereinkunft, die entscheidenden Einfluß auf die spätere Formulierung der westlichen Lehre haben sollte, daß Maria durch ihre unbefleckte Empfängnis die große Ausnahme vom allgemeinen Behaftetsein mit der Erbsünde sein sollte.[358] Übertreibungen in Frömmigkeit und rhetorischem Überschwang wurden durch den Grundsatz korrigiert, daß »die königliche Jungfrau keine falschen Ehren nötig hat.«

Es wurde als angemessene Ehre und authentischer Ausdruck ihrer Stellung in der göttlichen Ordnung betrachtet, Maria als zweite an Würde zu sehen, vor der nur Gott kam, der in ihr Wohnung genommen hatte. Begründet war diese Würde durch die Rolle, die sie bei der Erlösung gespielt hatte, eine wichtigere Rolle als jeder andere gewöhnliche Mensch. Durch ihren Sohn war sie »über alle Geschöpfe« erhöht worden und war es wert, daß alle sie verehrten. Das galt für alle irdischen Geschöpfe, aber es schloß auch alle anderen Geschöpfe ein, so daß »es nichts im Himmel gibt, was nicht der Jungfrau durch ihren Sohn untertan wäre«. In einem Echo der Sprache des *Te Deum*, das Gott preist, wie es auch andere marianische Hymnen später im Mittelalter tun sollten, hieß es in einem Gedicht von Petrus Damiani: »Der gesegnete Chor der Engel, der Rang der Propheten und Apostel bekennen: Du bist erhöht über sie und bist zweite einzig nach der Gottheit.« Denn niemand von ihnen, »weder der Chor der Patriarchen in all seiner Größe, noch die Schar der Propheten mit all ihrer Macht, künftige Dinge voraussagen zu können, noch der Senat der Apostel mit all seiner richterlichen Gewalt« verdienen es, mit Maria verglichen zu werden. Weil sie diejenige war, die unter allen Himmelsbewohnern, Engeln wie Menschen, den ersten Platz einnahm, sollte sie den Lobpreis der ganzen Welt empfangen. Es gab, kurz gesagt, »nichts, was Maria gleichkam und nichts, was nächst Gott größer war als Maria.« So wie sich die Größe Gottes mit der berühmten Formel aus Anselms ontologischem Gottesbeweis definieren ließ als »das, als das größer nichts anderes gedacht werde kann«, so konnte, ebenfalls laut Anselm, die Reinheit der Jungfrau Maria definiert werden als »das, als das nächst Gott nichts Größeres gedacht werden kann.« Unter allem, was heilig genannt werden konnte, besaß Maria mit Ausnahme Gottes eine einzigartige Heiligkeit.

Daher war es auch angemessen, daß ihr Verehrung und Gebete gewidmet wurden. Obwohl es schon lange die Marienverehrung gab, wie wir in den vorausgehenden Kapiteln gesehen haben, ermutigten und förderten verschiedene Kirchenführer während dieser Jahrhunderte systematisch ihren Kult. In einer vielsagenden autobiographischen Erinnerung beschrieb ein Benediktinerabt, Guibert von Nogent, als seine Mutter bei seiner Geburt in schrecklichen Schmerzen lag, sei »das Gelübde getan (worden), ... wenn ein männliches Kind geboren werden sollte, werde das dem Dienst Gottes geweiht ... und derjenigen dargebracht werden, die die Königin aller nächst Gott ist.« Ein anderer Benediktinerabt, Bernhard von der Reichenau, machte es sich zur Gewohnheit, sich als »Sklave der Muttergottes« zu bezeichnen. Und noch ein anderer Benediktinerabt, Anselm, der später Erzbischof von Canterbury werden sollte, richtete gewöhnlich seine Gebete immer gleichzeitig an »meinen guten Herrn und meine gute Frau« und sprach zu ihnen: »Ich rufe euch beide an, verehrter Sohn und verehrte Mutter«. Was man als »die glühende Marienverehrung« des Bernhard von der Reichenau bezeichnet hat, war für sein Zeitalter charakteristisch. Mariengebete wurden zitiert, um zu ihrer Verehrung zu ermahnen und sie zu rechtfertigen, und man betonte, solche Gebete erlangten den Beistand »der Mutter des Richters am Tage der Not«. Es heißt, damals sei der Samstag zum Tag der Muttergottes erklärt worden, und diejenigen, die sie anriefen als »Tor des Himmels und Fenster ins Paradies«, erlangten die volle Lossprechung, wenn sie von ihrer Sündenschuld geplagt wurden.

Es war keine Übertreibung der Bedeutung Marias in Frömmigkeit und Gottesdienst der Kirche, als das Fest ihrer Geburt, von der es hieß, sie sei ihrer Mutter von einem Engel verkündet worden, genau wie ihr die Geburt Christi verkündet worden war (wobei allerdings das Neue Testament über diese erste Verkündigung nichts aussagt), gefeiert und von ihm behauptet wurde, es sei »der Anfang aller Feste des Neuen Testaments ..., der Ursprung aller anderen Feste.«

Wie unvermeidlich bei jedem Heiligen, und erst recht bei Maria, war es ein üblicher Ausdruck der Frömmigkeit, ihr das Wirken zahlreicher Wunder zuzuschreiben. Einige von ihnen mögen schon zu ihren Lebzeiten stattgefunden haben, aber andere ereigneten sich lange danach bis zum heutigen Tag. Ja, die Zahl solcher Maria zugeschriebener Wunder nahm nach dem Mittelalter sogar noch zu und erreichte eine Art Höchststand im 19. und 20. Jahrhundert.[359]

Eine besondere Form der Feier ihrer Wunder war die Verehrung ihrer Reliquien. In ihrem Fall stand man allerdings vor größeren Schwierigkeiten als bei jedem anderen Heiligen, weil man weithin des Glaubens war, kein Teil ihres Körpers sei auf Erden geblieben, sondern sie sei mit ihrem Leib in den Himmel aufgenommen worden, ein Glaube, der schließlich 1950 von Papst Pius XII. als Dogma verkündet wurde.[360] In Chartres zum Beispiel, so berichtete ein Schreiber, »werden der Name und die Reliquien der Mutter Gottes von fast der gesamten lateinischen Welt verehrt«; er bezog sich vor allem auf ihr »heiliges Kleid«. Doch wenn eine bestimmte andere Kirche behauptete, solche Reliquien zu besitzen, so entgegnete derselbe Schreiber, Maria habe doch wohl »durch den gleichen Heiligen Geist, durch den sie empfing, gewußt, daß der, den sie im Glauben gebar, die ganze Welt ausfüllen sollte«, und darum habe sie wohl kaum solche Erinnerungsstücke aus seiner Kindheit, wie etwa seine Milchzähne oder ihre eigene Muttermilch, aufbewahrt.

Eine angemessenere Art, ihr Gedächtnis zu feiern, war das Gedenken ihrer Geburt oder die Rezitation des *Ave Maria*, dessen andächtiges ständiges Wiederholen für die Frömmigkeit dieser Zeit charakteristisch wurde und dessen Auslegung schließlich die Grundlage dafür bot, ihr einen ganz besonderen Platz in der Heilsgeschichte zuzuweisen.

Ganz eindeutig gab es einen engen inneren Zusammenhang zwischen der subjektiven Verehrung Marias als der Schmerzensmutter und der objektiven Lehre von Maria als Mittlerin. In diesem Fall war der Zusammenhang nicht paradoxer Natur wie beim Gegensatzpaar »Muster der Keuschheit – Mutter des Herrn«[361], sondern komplementär, zumindest bis in der Neuzeit viele ihre objektive Transzendenz bestritten und sie des Titels der Mittlerin beraubten, auch wenn der gleichzeitig aufkommende Subjektivismus sich weiterhin symbolisch und gelegentlich auch sentimental im Bild der Schmerzensmutter ausdrücken sollte.

10 DAS ANTLITZ, DAS AM MEISTEN DEM ANTLITZ CHRISTI GLEICHT

Siehe, deine Mutter!
(Joh 19,27)

Eines der erhabensten Zeugnisse aus der Geschichte der Marienverehrung sind die Schlußgesänge von Dantes *Göttlicher Komödie*, in denen Bernhard von Clairvaux die selige Jungfrau Maria preist.[362] Diese Lobpreisungen waren zum großen Teil den vielen Schriften Bernhards über Maria nachempfunden.[363] Denn, so hat Steven Botterill gesagt, Bernhard »*hatte den Vorteil*, daß sein Denken sich nicht im Rahmen der akademischen Theologie bewegt: Seine Schriften über Maria sind von einer intensiven und zutiefst persönlichen Marienverehrung erfüllt und zielen im selben Maß darauf, die Herzen seiner Zuhörer zu bewegen, wie sie ihren Geist zum Denken anregen wollen.«[364] Von Bernhard war Dante auf den Gedanken gebracht worden, das Kind sei der Mutter wie aus dem Gesicht geschnitten, wie das zum Beispiel später der Antwerpener Maler Quinten Massys († 1530) im Bild festgehalten hat:

> Und jetzt schau in das Angesicht, das Christo
> am ähnlichsten, weil *Ihre* Klarheit nur
> dich vorbereiten kann, den Sohn zu schauen.[365]

Das Privileg des Blicks für Maria, das Bernhard in besonderem Maß zuteil geworden war und dann später auch Dante mit Bernhard teilen sollte, bestand aus einer den Schauenden umwandelnden Schau, die buchstäblich unbeschreiblich war. Doch bereitete diese Schau auf eine unendlich größere Schau vor, denn sie wies über sich selbst hinaus auf die Schau Christi als »dem Sohne Gottes und der Jungfrau«[366] und auf die glückselig machende Schau Gottes selbst. Dieser »apotheotische Gesang«[367] fängt an mit der Anrufung in paradoxen Begriffen: »Jungfrau und Mutter, Tochter deines Sohnes,/ bescheidenstes und höchstes der Geschöpfe«[368] und stellt die Quintessenz und das Ziel der gesamten *Göttlichen*

ABB. 13

Thronende Madonna mit Kind und vier Engeln

Quinten Massys (ca. 1490/95)

National Gallery, London

Komödie dar, sowie auch der gesamten in den bisherigen Kapiteln des vorliegenden Buches beschriebenen Geschichte. Außerdem bietet er eine Vorwegnahme der wesentlichen Züge der noch kommenden Handlung. Denn es war Maria als »des Himmels holde Herrin«, deren Fürsprache den »harten Spruch dort oben sänftigt«. Sie war es, die zu Beginn des Gedichts Beatrice den Auftrag gegeben hatte, dem Dichter zu Hilfe zu kommen, »der dir zuliebe sich hervorgetan« und so Dante überhaupt auf seinen Pilgerweg gesetzt hatte.[369] Und am Ende des Gedichts ist Maria für Dante nicht nur »unsere Liebe Frau« (*nostra donna*)[370], sondern auch »unsere Königin« (*nostra regina*)[371], die »Regina coeli« (»Himmelskönigin«)[372] und die »höchste Frau« (*Agusta*)[373], die Erfüllung der Verheißung im Paradies und der Archetyp aller Erlösten. Denn »kraft ihrer größeren Nähe zur Ebene der Menschen ist sie für diejenigen zugänglicher, die Grund zur Angst haben oder das unaussprechliche Mysterium Gottes oder die strenge Autorität Christi nicht begreifen können.«[374]

Der Leser könnte sich leicht von der rhapsodischen, geradezu dithyrambischen Ekstase des Bernhardschen Gedichts und der Schau einer transzendenten Jungfrau Maria gefangennehmen lassen, die hier gefeiert wird, und darüber vergessen, daß für Dante und für Bernhard von Clairvaux wie für die gesamte mittelalterliche Tradition Maria auf Seiten des Menschengeschlechts stand. Sie wurde als die gleiche Art von Mensch betrachtet, zu der der Dichter und seine Leser gehörten. Daher ist die Herrlichkeit, mit der sie gekrönt ist, eine besondere Form der Herrlichkeit – sie ist nicht der Art, aber dem Grad nach anders –, an der alle Erlösten teilhaben, eine Herrlichkeit, die ihr, wie auch ihnen, dank der Gnade und der Verdienste Christi zuteil wurde. Unter den paradoxen Verhältnissen der Inkarnation ist sie die Tochter ihres Sohnes, der sie erlöst hat. Dieser besondere Punkt war bereits unter den Franziskanern zu Dantes Zeit eine wichtige Komponente der sich entwickelnden Lehre von der Unbefleckten Empfängnis.[375]

Schon früh im *Paradiso* mußte Beatrice zur Beantwortung von Dantes unausgesprochener Frage über die jeweiligen Grade der Verdienste und folglich der Erlösung erklären:

> Der gottverklärteste der Seraphime
> und Moses, Samuel oder ein Johannes,
> gleichgültig welcher, ja sogar Maria,

sie alle haben ihre Sitze in
demselben Himmel wie die Geister, die
du eben sahst; auch gibt's kein jung und alt.[376]

Es gibt tatsächlich Grade der Erlösung, und folglich Sphären des Paradieses, und jede »verteilt dies Dasein auf verschiedne Wesen«, und zwar »in Stufen aneinander«, wie Beatrice schon früher erklärt hat;[377] und Maria nimmt die oberste Stufe ein. Ohne solche Stufen der Erlösung gäbe es keine vollkommene Gerechtigkeit auf der Grundlage der Verdienste, die vom einen zum anderen unterschiedlich sind und daher durch unterschiedliche Grade der Herrlichkeit belohnt werden müssen; folglich würde es ohne diese Stufen der Erlösung und der Verdammung keine *Göttliche Komödie* geben. Die Gerechtigkeit Gottes ist ein Geheimnis, das »unverständlich ... für euch Sterbliche« bleibt,[378] zum Beispiel dann, wenn es die Verdammung der Heiden vorsieht, die nie Gelegenheit hatten, das Evangelium zu hören. Dennoch bestätigen auch diejenigen, die dazu bestimmt sind, für ewig auf den niedereren Stufen des Paradieses zu wohnen: »In seinem Willen haben wir den Frieden«. »Da wurde es mir klar, wie allerwärts/ im Himmel Paradies ist, wenn auch nicht/ gleichartig das Geschenk der Gnade strömt«,[379] denn das sind alles Grade des gleichen Himmels und ein und desselben Paradieses, wie Maria auch in ein und demselben Himmel der Gipfelpunkt der einen Menschheit ist.

Als der Gipfelpunkt ist Maria die neue »Mutter aller Lebendigen«, wie laut der Bibel Eva die »Mutter aller Lebendigen« war (Gen 3,20). Maria steht daher in einer typologischen Beziehung zu Eva.[380] Diese Beziehung zwischen Eva und Maria, die ich im 3. Kapitel am Beispiel der Ausführungen des Irenäus von Lyon beschrieben habe, ist bezeichnenderweise das Thema, mit dem Bernhard seine Aussagen über die Jungfrau Maria in dem Gesang begann, der seiner Anrede an sie vorausgeht:

Die Wunde, die Maria heilen half,
hat jene schöne Frau zu ihren Füßen
dem menschlichen Geschlechte angetan.[381]

Und jetzt sitzt in Bernhards Erklärung und Dantes Vision die Mutter Eva zu Füßen der Mutter Maria – und auf einem höheren Platz als Rachel oder sogar

Beatrice.[382] All das hätte ganz und gar nicht in das System der Erlösung gepaßt, wie Dante es entwickelte, wenn nicht Maria als die Zweite Eva wirklich und vollständig ein Mitglied des Menschengeschlechts wäre. Cacciaguida erzählt im Paradies davon, wie seine Mutter »Maria sich empfehlend, mich gebar«[383]; der immer noch im Purgatorium weilende Buoconte beschreibt, wie er nach seiner Verwundung in der Schlacht ins Koma gefallen sei: »Mein Aug erlosch, und meine Stimme brach,/ Maria! rufend, und ich fiel« (*nel nome di Maria fini*);[384] und Piccarda Donati erzählte ihre bemerkenswerte Lebensgeschichte

> und begann zu singen: ›Ave
> Maria‹, und im Singen schwand sie wie
> ein schwerer Gegenstand im tiefen Wasser.[385]

Diejenige, die alle drei in ihrer extremen Notlage anriefen, war eine Frau, die zwar die Mittlerin, aber auch ihr Mitmensch war. Ja, sie hätte gar nicht ihre Mittlerin sein können, wenn sie nicht auch ein Menschenwesen wie sie gewesen wäre.

Zugleich gilt Maria als die Verkörperung der höchsten Tugenden, deren die Menschheit durch das Geschenk der Gnade fähig gemacht wurde. Bernhard sagt zu ihr: » ... alles Gute eines Menschenherzens,/ in Dir, in Dir, in Dir ist es vereint.«[386] Allerdings gibt es in dieser Hinsicht in der *Göttlichen Komödie* einen merkwürdigen Umstand, dessen Erklärung ganz und gar nicht selbstverständlich ist: Ein Großteil der Überlegungen über die speziellen Tugenden Marias wird im *Purgatorio* und nicht im *Paradiso* angestellt. Die Hymne Bernhards im *Paradiso* preist sie als »die Mittagssonne,/ die Liebe« für diejenigen, die schon im Himmel sind und als »der Hoffnung lebensvolle(n) Quell« für die noch auf der Erde weilenden.[387] Daher legte sie nicht nur großen Glauben an den Tag, was durchgehend impliziert war,[388] sondern sie ist obendrein das Muster sowohl der Hoffnung wie der Liebe. Kurz, sie verkörpert alle drei der in 1 Kor 13,13 genannten Tugenden: »Glaube, Hoffnung, Liebe, diese drei«. Genau über diese drei Tugenden wird Dante in den Gesängen XXIV–XXVI von den drei Aposteln, den »Tauben«[389] Petrus, Jakobus und Johannes geprüft, dem Trio, das bereits in den Schlußgesängen des *Purgatorio*[390] aufgetreten ist und den inneren Kreis der zwölf Apostel darstellt.[391] Doch die Tugenden, die im Vordergrund stehen, sind diejenigen, um derentwillen sich Maria im *Purgatorio* ausgezeichnet hat, nicht diejenigen, die im *Paradiso* an ihr hervorgehoben werden. Vielleicht ist ein Grund dafür darin zu suchen, daß die Seelen im Paradies bereits die Früchte der Tugend genießen, die sie (wenn auch in geringerem Maß) mit Maria teilen, während diejenigen im *Purgatorio*, die erst noch das Paradies erreichen müssen, der Gnade bedürfen, die durch die Tugenden Marias verdient und ihnen zuteil werden soll, weshalb sie einer ausführlicheren Beschreibung bedürfen.

Der Ausfall gegen die »überheblichen Christen« im X. Gesang des *Purgatorio* erfolgt somit auf dem Hintergrund der Demut der Jungfrau Maria, die bei der Verkündigung von sich gesagt hat: »Ich bin die »Magd des Herrn« (Lk 1,38).[392] Entsprechend ist es, als der Pilger an den Ort kommt, wo ihm erläutert wird: »Auf diesem Rundgang/ wird der Neid gegeißelt«, denn als er sich denen nähert, die von diesem Laster geläutert werden, »hört ich: ›Maria bitt für uns!‹ ... rufen.[393] Ein Stück weit davon entfernt »sah ich viele zornentflammte Menschen«, und wiederum wird das in Gegensatz gestellt zu der »sanfte(n) und mütterliche(n) Art«, wie die Jungfrau ihren zwölfjährigen Sohn zurechtgewiesen hat, als sie ihn im Tempel zu Jerusalem fand: »Kind, wie konntest du uns das antun? Dein Vater und ich haben dich voll Angst gesucht« (Lk 2,48).[394] Im Kreis derer, die sich der »Versäumnis oder Lauheit« schuldig gemacht haben, ist es nicht mehr Marias »sanfte und mütterliche Art«, was gepriesen wird, sondern hier ist es die Tugend, daß sie »eilends« und »aus rechtem Eifer« ihrer Base Elisabeth zu Hilfe kam (Lk 1,39).[395] Die Sünde der Habgier, des »unersättlich düstern Hunger(s)«, läßt ihre Opfer hier im Purgatorium »Maria, holde!« (*Dolce Maria*) rufen.[396] Das »ganze Volk, das ... der Schlemmerei ergeben war«, steht im denkbar schärfsten Gegensatz zu Maria, die sich während ihres irdischen Lebens nicht darum gesorgt hat, was sie essen und trinken sollte (vgl. Mt 7,31).[397] Und diejenigen, die im Purgatorium weilen, weil das Feuer ihrer Lust ausgebrannt werden muß, müssen laut die Worte der keuschen Jungfrau Maria rufen.[398] So wird der Rundgang durch das Purgatorium zugleich zu einer Sammlung der Tugenden der Jungfrau Maria.

In Dantes Sicht der Kirche, wie sie faktisch beschaffen war und dringend der Reform bedurfte, waren die im 13. und 14. Jahrhundert geführten Debatten über Armut und Besitz der Kirche von besonderer Wichtigkeit. Die Ausführung des Thomas von Aquin über Franz von Assisi im XI. Gesang des *Paradiso* beschreibt die geistliche Hochzeit zwischen Franz und der Frau Armut, die »von ihrem ersten Herrn (nämlich Christus) im Tod getrennt« ist und hierauf »elfhundert

Jahr und mehr« ohne Freier geblieben ist, bis Franz kam.[399] Eine der Fragen, über die zu Dantes Zeit in den franziskanischen Kontroversen über die Armut heftig diskutiert wurde, war, ob Maria wie Christus ein Gelübde der absoluten Armut abgelegt habe, und wenn ja, was sie zum Beispiel mit dem ganzen Gold, dem Weihrauch und der Myrrhe getan habe, die die Weisen aus dem Morgenland ihr und dem Kind gebracht hätten (Mt 2,11). Dantes Antwort auf die Frage nach der Armut Marias klingt eindeutig: »Süße Maria!« Dante hört eine Stimme im Purgatorium sagen:

> Ach, wie arm du warst,
> man kann es sehen an der Unterkunft,
> wo du die heilige Bürde niederlegtest (vgl. Lk 2,7).[400]

Die Keuschheit der Jungfrau Maria, die nach den Worten Bernhards in den beiden Anfangsworten seines Gesangs einzigartig unter den Frauen ist, da sie Jungfrau und Mutter zugleich ist,[401] wird im *Purgatorio* nicht nur in Kontrast zum »Gift der Venus«, der außerehelichen Unkeuschheit der anderen, gesetzt, sondern sogar zur ehelichen Keuschheit tugendhafter Ehepaare: »*Virum non cognosco*, ich weiß von keinem Mann« (Lk 1,34), wie Maria auf Lateinisch zu dem Engel der Verkündigung gesagt hat.[402] Und als Dante im Purgatorium vor den Seelen steht, die sich in diesem Leben der Sünde der Völlerei und Trunksucht schuldig gemacht haben, wird er noch einmal an den Kontrast zur Tugend Marias erinnert, sowie an ihre Rolle als Mittlerin sowohl in Kana wie jetzt im Purgatorium. In diesem Sinn erklärt eine Stimme:

> Maria sorgte bei der Hochzeit
> für Ehr und Anstand, nicht für ihren Mund,
> der jetzt für euch Fürbitte leisten muß (vgl. Joh 2,3),[403]

so daß sie also jetzt im Himmel ihre Rolle als Fürbitterin weiterführt, die sie auf Erden ausgeübt hat.

Dante, der Dichter, beschreibt ebenfalls im *Purgatorio* erstmals Marias Verhältnis zu den Engeln. Die beiden grüngekleideten Wächterengel, die der Pilger Dante sieht, deren Flammenschwerter gekürzt sind, aber deren Gesichter vor lauter Strahlen blenden, »kommen beide aus Marias Reich«, erläutert ihm Sordello, »das Tal zu überwachen, .../ weil schon die Schlange umgeht und gleich da ist«.[404] Die andere Aussage im *Purgatorio* über Marias Verhältnis zu den Engeln findet sich zwei Gesänge später. Der Pilger betrachtet eine atemberaubend schöne Mauer aus weißem Marmor, die mit Skulpturen bedeckt ist, welche nicht nur die größten menschlichen Bildhauer, sondern die Natur selbst weit in den Schatten stellen.[405] Aus der Marmorwand ist die Gestalt des Engels Gabriel gehauen:

Der Engel, der zur Erde den Bescheid
des langersehnten Friedens bringt und endlich
den alten Sündenbann des Himmels bricht,
er stand in Stein geschnitten so wahrhaftig
vor uns und mit so lieblicher Gebärde,
daß er nicht aussah wie ein stumm Gebilde;
geschworen hätte man: Jetzt sagt er Ave!
dieweil im Bild hier dargestellt auch sie,
durch die die hohe Liebe sich erschloß.
In ihrer Haltung lag das stille Wort
»ich bin die Magd des Herrn«, so ganz und gar
beschlossen, wie im Wachs die Form des Siegels.[406]

Es wird also bereits im Purgatorium den Seelen, die auf ihren Einlaß ins Paradies warten, die von Gott beschlossene Sendung der Jungfrau Maria verkündet, »die hohe Liebe zu erschließen« und das menschliche Mittel zur Inkarnation und damit zur Erlösung zu werden; und bereits im Purgatorium zeigen die Engel ganz eindeutig, daß sie bereitstehen, ihr zu dienen, und in ihr ihrem göttlichen Sohn und der Menschheit, die zu retten er kam.

Doch ist es im Paradies, wo das besondere Verhältnis zwischen Maria und den Engeln in seiner ganzen Herrlichkeit offenbar wird. Wieder ist es der Engel Gabriel,

Der Engel, der dereinst schon niederschwebte,
»Gegrüßt seist Du, Maria!« sang er wieder
und breitete vor Ihr die Flügel aus.[407]

Aber dieses Mal ist es nicht wie seinerzeit im Purgatorium, in einer rein physischen Darstellung in kaltem Marmor, die wunderschön, aber nicht lebendig ist, sondern in der lebendigen geistlichen Wirklichkeit des Himmels selbst, daß Gabriel für immer den Gruß wiederholt, mit dem die Heilsgeschichte begonnen hat[408] – jetzt nicht mehr »sittsam« leise wie bei seinem ursprünglichen Gruß, sondern in Form eines Lobpreises aus voller Kehle.[409] Bei diesem Ereignis der Verkündigung und nicht bei der Geburt Christi selbst läßt Dante, dem Brauch von Florenz folgend, den Anfang der neuen Ära dank der Inkarnation einsetzen, so daß der Neujahrstag auf den 25. März fällt.[410] In Gabriels Gruß und Lobpreis stimmen die gesamten himmlischen Heerscharen mit ein. Dante, der Pilger, schaut und vernimmt, wie »jedes dieser Lichter auf/ mit seiner Flamme« strebt, »daß die hohe Liebe/ mir kund ward, die sie zu Maria hegten.« Sie singen das *Regina Coeli* »so schön,/ daß nimmer mich die Lust daran verließ«, vermerkt Dante, der Poet, beim Niederschreiben.[411] Es ist ein Loblied auf Maria, zu dem sich den Engeln die triumphierende Kirche der Erlösten, die bereits in Paradies Eingang gefunden haben, anschließt.[412] Als das »größte der verbliebnen Lichter«[413] ist Maria, die himmlische Frau, der Gegenstand dieses englischen Jubelgesangs:

> Ich bin die Engelsliebe, ich umkreise
> die hohe Seligkeit, die deinem Schoß
> entsproß; du warst die Hütrin unsres Sehnens.
> Und immer will ich kreisen, Himmelsfürstin,
> dieweil du deinem Sohne folgst und mehrest
> des höchsten Himmels Glanz durch deinen Eintritt.[414]

Diese »unausprechliche Schau«[415], die Maria die Fähigkeit zuschreibt, die Herrlichkeiten der höchsten Himmelssphäre durch ihre Gegenwart noch zu mehren, bereitet Dante auf die erhabene, unaussprechliche Schau Marias und der Engel vor, die ihm anläßlich Bernhards Rede über die Jungfrau Maria zuteil werden soll.

Diese Schau ist es, was in den abschließenden Terzetten des XXXI. Gesangs des *Paradiso* beschrieben wird. Mit zunehmender Vertiefung seiner heiligen Ehrfurcht hat der Pilger gezögert, die volle Macht und Herrlichkeit vor sich voll anzuschauen. Obwohl er als »Du reich Begnadeter« angesprochen wird, muß er folglich dennoch ermahnt werden:

... Du kannst
das heitre Dasein hier nicht recht erkennen,
wenn immer nur am Grund dein Auge haftet.
So schau doch weiter nach den fernsten Kreisen,
bis du auf ihrem Thron die Königin
erblickst, der dieses Reich ergeben ist.[416]

Die Seelen der Heiligen, die bereits in den Himmel gelangt sind, darunter besonders »die hebräischen Frauen«[417], sind Teil dieser himmlischen Wirklichkeit, und Maria ist ihr Archetyp. Aber die Engel, diese furchterregend mächtigen Geister, die Gott Tag und Nacht zu Diensten stehen, sind schon immer seine Bürger gewesen, und sie sind auch dort geblieben, als ihre rebellischen Mitengel in das *Inferno* geworfen wurden, wo sie jetzt, wie der Pilger erfährt, als Dämonen so häßlich sind, wie sie einst schön waren.[418] Und da Maria die Königin des Himmels ist, ist sie natürlich auch die Königin der Engel.

Dante, der »reich Begnadete«, hebt die Augen, dazu in einer Sprache aufgefordert, die an die apokalyptischen Visionen Ezechiels, Daniels und des göttlichen Johannes erinnert, und

... wie bei Morgenlicht
der Horizont im Osten heller scheint
als auf der andern, abendlichen Seite,
so sah ich, mit den Blicken aufwärts wandernd,
in letzter Ferne eine Gegend, wo
das Licht die ganze Reihe überstrahlte.[419]

Vor dem transzendenten Licht der verherrlichten Himmelskönigin versammeln sich die – nicht als ununterscheidbarer Haufe, sondern als lauter voneinander verschiedene Individuen, denn, wie Thomas von Aquin gelehrt hat: »Es ist unmöglich, daß zwei Engel von derselben Art wären«; nein, jeder ist unweigerlich eine Art für sich.[420] Der Dichter beschreibt, was er sieht:

Um diese Mitte schwebten festlich jubelnd
auf breiten Flügeln mehr als tausend Engel,
und jeder schillerte in andrem Schmuck.[421]

Die »Mitte« und der Gegenstand ihrer heiteren Feier ist die unaussprechliche Schönheit Marias, die über ein Reich herrscht, in dem Heilige wie Engel ihren Platz haben.

Dieser spezielle Platz Marias unter den Heiligen im Himmel wird das Thema des Altarbildes *Thronende Madonna mit den Heiligen*, das Giovanni Bellini in den 1480er Jahren für die Kirche San Giobbe in Venedig schaffen sollte.[422] Bellini war wie Dante ein Verehrer des heiligen Franz von Assisi, den er auf dem Altarbild abbildete.[423] Bei seiner Mariendarstellung setzte Bellini die Eigenschaften Marias in lebendige Farben um, die Dante beschrieben hat:

Zu ihren Spielen, ihren Liedern sah ich
ein Lächeln auf dem schönsten frohen Antlitz,
das all die andern Heiligen beglückte.

Hier versagt die poetische Sprache bei der Beschreibung der transzendenten Wirklichkeit und muß ihre eigene Unfähigkeit dazu eingestehen:

Und wäre ich so überreich an Worten,
wie an Erinnrungsbildern, wagt ich's doch nicht,
auch nur im kleinsten ihren Reiz zu schildern.[424]

Diesen Satz muß man mit Bedacht erwägen. Wie seine Traktate über Literatur und Sprache bezeugen, war Dante ehrlich genug, zu wissen, daß er ein Meister der Sprache war, und es wäre eine sehr heuchlerische Form von Bescheidenheit gewesen, wenn er anderes behauptet hätte. Hinzu kommt, daß er hier in sich selbst einen »Reichtum der Phantasiekraft« aufquellen spürte, und er fand, daß dieser wiederum sein sprachliches Vermögen weit überstieg. Doch, so sagt er, selbst wenn das nicht der Fall wäre und wenn seine Worte tatsächlich seiner Phantasie in einem einfachen Verhältnis von eins zu eins entsprechen könnten, wäre das immer noch unzureichend, um Maria zu beschreiben. Dabei bezog sich das Versagen der Sprache weniger darauf, ihre königliche und transzendente Stellung im Kosmos zu beschreiben, sondern vielmehr auf die Möglichkeit, »auch nur im kleinsten ihren Reiz zu schildern«.

Es wäre ein Leichtes, diese ganze extravagante Rede über die Jungfrau Maria abzutun als das, was die protestantische Polemik gegen den mittelalterlichen Katholizismus als »Mariolatrie« bezeichnet hat.[425] Es wäre leicht, aber es wäre falsch und eine Fehleinschätzung. Denn, wie Henry Osborn Taylor gesagt hat: »Man könnte sagen, die *Commedia* fängt mit der Jungfrau an und hört mit ihr auf. Sie war es, die Beatrice in die Tore der Hölle gesandt hat, um Vergil – der die menschliche Vernunft bedeutet – zu bewegen, Dante zu Hilfe zu kommen. Das Gebet, das ihren Segen erwirkt, sowie die nachfolgende Vision schließen das *Paradiso.*« Aber, so warnte er, »weder bei Dante noch bei anderen Männern des Mittelalters ist sie der Endpunkt des Gottesdienstes und der Frömmigkeit. Ihre Augen sind auf Gott gerichtet. Das sind auch die Augen von Beatrice, von Rachel, und von allen Heiligen im Paradies.«[426] Maria könnte nicht der Archetyp der Erlösten sein, wenn sie nicht selbst erlöst worden wäre. Sie ist auf eine besondere Weise erlöst worden, was bis damals fast alle Theologen der Kirche bestätigten, auch wenn diese Überzeugung erst 1854 offiziell und verbindlich wurde. Das heißt, Maria wurde vor der Erbsünde bewahrt, statt wie alle anderen Menschen davon erlöst zu werden – aber davor bewahrt von der gleichen göttlichen Gnade und durch den gleichen göttlichen Erlöser wie die ganze übrige Menschheit.[427] Dantes Einstellung zu dieser Erklärung der Heiligkeit Marias ist nicht völlig eindeutig, aber im XXIII. Gesang hat er Thomas von Aquin erklären lassen:

> Ich lobe sonach deine Meinung, daß
> nie vor- noch nachher menschliche Natur
> erreicht, was sie in diesen beiden war,

nämlich in Adam und in Christus.[428] Das scheint die von Alexandre Masseron gezogene Schlußfolgerung zu rechtfertigen: »Dante sagt aus, daß Christus und Adam die einzigen sind, die in Vollkommenheit erschaffen wurden«; das ist genau die Einstellung Bernhards von Clairvaux, der die Lehre von der Unbefleckten Empfängnis abgelehnt hat.[429] Genauso war es die Lehre des heiligen Thomas von Aquin.[430] Das wiederum macht es notwendig, die Frage des Verhältnisses von Maria zu Christus in Dantes Theologie genauer zu untersuchen.[431]

Was immer genau Dantes Lehre über das besondere Privileg der Unbefleckten Empfängnis zu Beginn des Lebens der Jungfrau Maria gewesen sein mag, so lehrt er jedoch jedenfalls eindeutig genau wie Bernhard, daß Maria am Ende ihres Lebens das Privileg gewährt wurde, dank der Gnade Christi in den Himmel aufgenommen zu werden.[432] Daher erklärt bei Dante der heilige Johannes sehr sorgfältig bezüglich seiner eigenen Person (anders als einige Legenden über ihn), ihm sei dieses Privileg der Aufnahme in den Himmel nicht zuteil geworden:

> Erde auf Erden ist mein Leib und bleibt so
> mit allen andern, bis die Zahl der Unsern
> nach ewiger Vorbestimmung sich erfüllt hat.

Aber dann fügt Johannes bezüglich Marias und Christi die bezeichnende Einschränkung hinzu: »Mit beiden Hüllen in dem seligen Chor/ sind hier nur zwei, die aufgefahren kamen«[433], wobei mit den »beiden Hüllen« der Leib und die Seele statt nur die Seele gemeint sind. Mit diesen beiden sind Christus gemeint, dessen Himmelfahrt im Neuen Testament berichtet und im Credo bekannt wird, sowie Maria, deren Aufnahme in den Himmel man das ganze Mittelalter hindurch in der Liturgie feierte, auch wenn diese Glaubenswahrheit erst 1950 offiziell als Dogma der Kirche verkündet wurde. Als Dante, von Beatrice dazu aufgefordert, seine Augen hebt, um Maria im Himmel als »die Rose ..., in der das Gotteswort/ hienieden keimte«, anzuschauen,[434] feiert er die Himmelfahrt Christi als Ereignis, das dazu angetan ist, »meinen Augen,/ die's nicht ertragen konnten, Raum zu geben«, und unmittelbar danach kommt ihm die Erkenntnis, daß Maria infolge ihrer leibhaftigen Aufnahme in den Himmel an dieser Erhöhung teilhat und nicht nur auf Erden »Der blühende Name« ist, »den ich jeden Morgen/ und Abend rufe«, sondern auch das »größte der verbliebnen Lichter« im Empyreum geworden ist.[435] Daher richtet Bernhard an die in den Himmel aufgenommene Maria seine Fürbitte für Dante, sie möge »die Regung seiner Menschenbrust bewache(n)« ihm den »Dunst der Erde« nehmen, so daß Dante »ins ewige Licht« zu schauen vermöge und »die höchste Lust sich ihm erschließe.«[436]

Dieses »ewige Licht« zu sehen, ist der Inhalt der Schau Gottes. In den letzten hundert Zeilen des Schußgesangs des *Paradiso* schließlich feiert Dante die Schau der drei göttlichen Personen in der einen göttlichen Substanz:

> Und so erschienen in der tiefen, klaren
> Substanz des Himmelslichtes mir drei Kreise:
> an Farbe *dreifach*, doch von *einem* Umfang.
> Der ein und andre wie zwei Regenbogen
> bespiegelten einander, und der dritte
> war eine Glut, von beiden gleich geschürt.[437]

Daher darf man nicht vergessen, daß ein Gesang, der damit eröffnet wird, daß Bernhard von Clairvaux die Jungfrau Maria feiert, weiterführt – durch Maria hindurch, nicht an ihr vorbei, und jedenfalls über sie hinaus – zur Feier des ewigen Lichts und der »Liebesallgewalt, die still und einig/ im Kreis die Sonne führt und alle Sterne«,[438] deren strahlendster Maria als *Stella Maris* ist, als Meerstern und als Himmelskönigin.[439] Daher enthalten diese letzten hundert Zeilen keinen einzigen expliziten Hinweis auf sie; oder vielleicht sind sie insgesamt ein Hinweis auf sie als das Mitgeschöpf (wie Bernhard sie ausdrücklich beschreibt[440]), das bis zu dieser Schau gelangt ist. Das würde ihrer Rolle das gesamte Gedicht hindurch entsprechen, nämlich der Rolle als himmlische Muse, deren Einschreiten, wie es von Beatrice bereits im zweiten Gesang des *Inferno* beschrieben wurde,[441] das alles ermöglicht hat. So ist »Maria« für Dante »Der blühende Name, den ich jeden Morgen/ und Abend rufe«;[442] er hat ihr schon während seiner Reise durch das Purgatorium das *Salve Regina* gesungen,[443] ist aber im *Paradiso*, und vor allem in dessen Schlußgesängen, ihr wortgewandtester Minnesänger geworden.

11 DAS VORBILD DES GLAUBENS AN DAS WORT GOTTES

Da sagte Maria: Mir geschehe, wie du es gesagt hast.
(Lk 1,38)

Wenn ein großer Glaube schwindet, hat Chesterton einmal bemerkt, dann verschwinden seine sublimen Aspekte als erste: Die Puritaner lehnten die Marienverehrung ab, aber verbrannten weiterhin Hexen.[444] Wie so viele von Chestertons Aphorismen war auch dieser dazu angetan, sowohl wahr wie falsch zu sein, wie eine nähere Untersuchung der Einstellung (oder eher der unterschiedlichen Einstellungen) der Reformation des 16. Jahrhunderts Maria gegenüber zeigen würde. Denn genau wie die protestantischen Reformatoren behaupteten, durch ihre Kritik dessen, was ihnen als Sakramentenmagie erschien, das Abendmahl des Herrn wieder aufgewertet und ihm seinen von Gott vorgesehenen Platz verschafft zu haben, so vertraten sie auch, es stelle einen Akt der Befreiung und Wiedereinsetzung Marias als bestes Vorbild des Glaubens an das Wort Gottes dar, wenn man ihr alle die falschen Ehren wegnehme, mit denen man sie im Lauf des Mittelalters beladen habe.[445] Nun war die Auffassung, Maria sei ein Vorbild des Glaubens, auch ein Wesensbestandteil der Mariologie des abendländischen Katholizismus gewesen; denn »der Glaube, wie ihn Maria lebt, ist eine vollständige, vertrauensvolle Auslieferung von Geist und Leib an Gott.«[446] Der sichtbarste Zug an der Haltung der protestantischen Reformation gegenüber Maria war ihre Kritik und Ablehnung dessen, was sie als Übertreibungen der mittelalterlichen Frömmigkeit und Lehre betrachtete. Martin Luther sagte angesichts der allgemein üblichen lateinischen Übersetzung von Gen 3,15[447]: »*Sie* (*ipsa*) wird ihr den Kopf zertreten« in seinen *Vorlesungen über die Genesis*, die ihn während seiner zehn letzten Lebensjahre beschäftigten, er finde es »verwunderlich« und »verdammenswert«, daß »Satan es geschafft hat, diese Stelle, die voller Trost vom Sohne Gottes her ist, durch unfähige Ausleger auf die Jungfrau Maria umzudeuten. Denn in allen lateinischen Bibeln erscheint das Pronomen im femininen Geschlecht: ›Et *ipsa* conteret‹ (›Und *sie* wird zertreten‹).«[448] In ihrer radikalsten

Abb. 14
Muttergottes mit zwei Engeln
Lucas van Leyden (1523)
Yale University Art Gallery, Stephan Carlton Fund

Form nahm diese Ablehnung der mittelalterlichen Mariologie namentlich in der Schweiz die Formen einer neuen Bilderstürmerei an, weil, wie Lee Palmer Wandel es genannt hat, »ein Begriff der ›Reformierten‹ Kirche herrschte, in der es keine Bilder geben durfte.«[449] In Charles Garsides erschütternden Beschreibung des »Kriegs gegen die Götzen« heißt es:

> Das Komitee ging geschlossen in jede Kirche in Zürich. Waren sie drinnen, dann verschlossen sie die Türen hinter sich, und unbehelligt von der neugierigen Voksmenge draußen fingen sie an, die Kirche zu entblößen ... Sie nahmen jede Standfigur aus ihrer Nische oder von ihrem Podest und schafften sie zusammen mit dem Podest aus der Kirche. Dann wurde sie entweder von den Steinmetzen zertrümmert, wenn sie aus Stein oder Gips war, oder, falls aus Holz, verbrannte man sie. Sie entfernten jedes Gemälde von den Altären und verbrannten es im Freien. Alle Wandmalereien schlugen sie von den Wänden ab oder kratzten sie weg. Die Altäre entblößten sie von allen Bildern und Geräten; sie ließen alle Votivlampen herunter und schmolzen sie draußen ein, und alle Kreuze wurden entfernt.[450]

Viele der hervorragendsten Opfer dieses Eifers waren Mariendarstellungen. Aber selbst solche Reformer wie Martin Luther, der 1525 energisch gegen diese Bilderstürmerei protestierte[451], wandten sich genauso scharf gegen das, was er selbst als die »grewliche Abgötterey« der mittelalterlichen Mariologie bezeichnete: »Mit was Verstand der Papst, seine Pfaffen, Mönche und Nonnen es singen, sehen wir leider vor Augen, daß sie nicht einen Buchstaben davon verstehen, sonst würden sie sich vor der greulichen Abgötterei hüten und die Jungfrau Maria nicht höher heben, denn erstlich Gott, und danach sie selbst in solchem Gesang sich gehoben hat.«[452]

Die Kritik der Reformatoren fand im Kontext einer grundsätzlichen Neubewertung der Praxis der Heiligenverehrung statt. Die Artikel XIX und XX von Ulrich Zwinglis *Sechsundsechzig Artikeln* von 1523 erklärten, weil »Christus der einzige Mittler zwischen Gott und uns ist«, folge daraus, »daß wir über dieses Leben hinaus keinen anderen Mittler brauchen als ihn.«[453] Denn nach den Worten des *Heidelberger Katechismus* »ist er unser Mittler.«[454] Artikel XXI des *Augsburger Bekenntnisses* von 1530, den Luthers Kollege Philipp Melanchthon geschrieben hatte, zitierte ebenfalls die Worte des Neuen Testaments: »Es gibt nur einen Mittler zwischen Gott und den Menschen, den Menschen Christus Jesus« (1 Tim 2,5). Er trug die Überschrift »Die Verehrung der Heiligen« und verstärkte diese Polemik, indem er Christus als »*den einzigen* Hohenpriester, Anwalt und Fürsprecher bei Gott« definierte. »Er allein hat versprochen, unsere Gebete zu hören.«[455] Obwohl Melanchthon in seiner *Apologie der Augsburger Konfession* einräumte, »daß die Heiligen im Himmel für die Kirche ganz allgemein beten, wie sie für die allgemeine Kirche gebetet hatten, als sie noch auf Erden weilten«[456], rechtfertige das nicht die Praxis, sie in partikulären Nöten anzurufen. Nicht einmal die höchste aller Heiligen, die Jungfrau Maria, durfte deshalb die Mittlerschaft Christi beeinträchtigen. Denn in unterschiedlichen Graden der Strenge gebrauchten die protestantischen Reformer ihren Wahlspruch *solus Christus* dazu, anzugreifen, was John Henry Newman das System »geschaffener Vermittlung« nennen sollte,[457] nämlich das Prinzip, daß es unter der Oberherrschaft der einzigen unerschaffenen Mittlerschaft Christi eine ganze Kette vermittelnder Kräfte – die Sakramente, die Kirche, die Heiligen, Maria – gebe, die zwar geschaffen seien, aber doch den Gläubigen die Kraft der unerschaffenen Mittlerschaft Christi erschlössen.

Ein gut Stück weit ergab sich diese Kritik am mittelalterlichen Marienkult aus der folgenreichen Anwendung des Kampfrufs der Reformatoren »*Sola Scriptura!*«, das heißt, sie wollten einzig die Autorität der Heiligen Schrift gelten lassen und von ihr her die gesamte Tradition beurteilen. Dabei sollte die Bibel nicht nur die *oberste* Autorität sein, womit fast jedermann einverstanden gewesen wäre, sondern die *ausschließliche.* So stand in den *Neununddreißig Artikeln* der Church of England von 1571 die »inuocation of Saintes« als letzte auf der Liste von »Romishe Doctrines«, die als »a fonde thing, vainly inuented, and grounded vpon no warrantie of Scripture, but rather repugnant to the worde of God«[458] bezeichnet wurden. Oder Calvin zum Beispiel stellte in seiner Abhandlung zum selben Thema ausführlicher die Frage: »Aber weiter: welcher Engel oder Teufelsgeist hat denn je einem Menschen auch nur eine Silbe von jener angeblichen Fürbitte der Heiligen kundgetan? In der Schrift steht doch nichts davon! Wie ist man denn darauf gekommen, sich so etwas zu ersinnen? Wenn der Menschengeist sich dergleichen Hilfen herbeisucht, mit denen uns Gottes Wort nicht wappnet – dann legt er damit offen sein mangelndes Vertrauen an den Tag!«[459] Die Anwendung des ausschließlichen Prinzips *sola Scriptura* richtete sich nicht nur gegen die Lehre von der Fürsprache Marias und der Heiligen, sondern auch gegen die gesamte mittelalterliche Überlieferung von Geschichten über Maria und die Heiligen, die der biblischen Grundlage entbehrten. Luther verglich damit die herbe Einfachheit und Glaubwürdigkeit der biblischen Erzählung über Sara und meinte: »Die Legenden oder Geschichten, die wir unter dem Papsttum hatten, waren nicht nach der Norm der Heiligen Schrift geschrieben.«[460] Und an einer anderen Stelle äußerte er den Wunsch: »Wollt Gott, daß ich Zeit und Weil hätt', die Legenden und Exempel zu reinigen, oder ein ander(er) eines höhern Geists sich des unterstünde: Sie sind voll, voll Lügen und Trügerei.«[461] Als besonders verlogen wurden natürlich Legenden über biblische Heilige betrachtet, und vor allem über Maria, denn sie überwucherten das Zeugnis der Heiligen Schrift bezüglich der Eigenschaften, um derentwillen sie vor allem zu Heiligen geworden waren.

Während der Reformation erfuhr die Lehre über Maria das Wiederaufleben verschiedener früherer theologischer Meinungen, die vordem als Häresien ausgemerzt worden waren. Darunter waren einige häretische Theorien über Maria, die in früheren Kapiteln des vorliegenden Buches bereits behandelt worden sind. Wie der führende Historiker der Radikalen Reformation, George Huntston Williams, hervorgehoben hat, lief die Mariologie von Caspar Schwenckfeld darauf hinaus,

> daß er die menschliche Natur Christi verherrlichte und Maria gemäß der Schrift als tatsächlich einzigartig unter den Frauen bezeichnete, und zwar mit den Worten Elisabeths, nachdem sie vom Heiligen Geist erfüllt worden war: »Gesegnet bist du, Maria, vor allen Frauen, und gesegnet ist die Frucht deines Leibes«, denn sie empfing, wie Schwenckfeld es formulierte, »vom Heiligen Geist natürliches Fleisch«, wodurch sie, einzigartig unter den Frauen, die Prophezeiung von Jeremia 31,22 erfüllte: »ein neues Ding: eine Frau umschließt einen Mann«, was bedeutet, wie Schwenckfeld sagt, daß Maria, »geschwängert vom Heiligen Geist, Gottes und ihren Sohn tragen und zur Welt bringen sollte, einen Sohn von solcher Herrlichkeit, daß sein Fleisch nicht die Verwesung schauen konnte.«[462]

Aber einige radikale Reformer gingen noch weiter. So verwarf Orbe Philips zum Beispiel die Vorstellung, »der Leib Chrisi sei von Maria gemacht (wie die Welt meint und sagt, weil ihr diesbezüglich jedes Verständnis fehlt)«, und er behauptete, daß in Wirklichkeit »Gott, der Himmlische Vater, für Jesus Christus, seinen einzig gezeugten Sohn, einen Leib geschaffen hat (Hebr 10,5), aber nicht aus vergänglichem menschlichem Samen (Lk 1,35), sondern aus seinem unvergänglichem Samen.« Denn, so fuhr er fort, »für das Fleisch Christi ist es unmöglich, aus dem Samen Marias geformt zu werden; denn weder der Same Marias noch der irgendeines anderen irdischen Geschöpfs kann auf irgendeine Weise das wahre lebendige Brot sein, das vom Himmel gekommen ist (Joh 6,31–35) oder als solches bezeichnet werden.«[463]

In Erwiderung solcher Spekulationen unter den radikalen Reformern bekräftigten die Vertreter der anglikanischen, lutherischen und reformierten Glaubensbekenntnisse die traditionelle Lehre der östlichen und westlichen Orthodoxie, die ursprünglich in Abwehr gegen die Gnosis formuliert worden war. Darin hieß es, die gesamte menschliche Natur Christi, Leib und Seele, sei Geschöpf, entstamme dem geschaffenen menschlichen Leib der Jungfrau Maria und habe auf keinerlei Weise präexistiert. Daher sprach die lutherische *Konkordienformel* von 1577, die einen Großteil ihrer Darlegungen der Abgrenzung der lutherischen Reformation gegen die calvinistische widmete, und zwar über Fragen der Lehre wie etwa über das Verhältnis der zwei Naturen in der Person Christi, die Realpräsenz in der Eucharistie und die doppelte Prädestination, in diesem Fall auch für ihre calvinistischen Gegner, wenn sie die Lehre verwarf, »daß Christus sein Fleisch und Blut nicht von der Jungfrau Maria angenommen, sondern es vom Himmel mitgebracht habe.«[464] Auf diese Weise wurde Maria auch für die Hauptvertreter der Reformation, was sie immer gewesen war: die Garantin der Tatsächlichkeit der Inkarnation und der menschlichen Natur Christi.[465]

Aber es wäre ein Fehler, in den viele Deutungen der Reformation – freundlich wie ablehnend gesinnte – allzu leicht verfallen sind, wenn man diese negativen und polemischen Aspekte ihrer Mariologie überbetonen wollte, und zwar auf Kosten der positiven Rolle, die ihr die protestantischen Reformer in ihrer Theologie zuschrieben.[466] Sie wiederholten – und in vielen Fällen bedienten sie sich zur Bekräftigung dabei ihrer hervorragenden Kenntnis der Originalsprachen der Bibel – den Kerninhalt des orthodoxen Bekenntnisses der ersten fünf Jahrhunderte der Geschichte des Christentums.[467] Denn trotz der ständig wiederholten Vorwürfe, wenn man die Lehrprinzipien der Reformation konsequent anwende, werde das zu einem Bruch mit der historischen christlichen und katholischen Orthodoxie führen, vor allem mit dem Dogma über die Dreifaltigkeit, wie es 325 vom Konzil von Nicäa bekannt und dem Dogma von der Person Christi, das 451 vom Konzil von Chalcedon formuliert wurde, bestanden Luther und Calvin und ihre Kollegen unerbittlich darauf, mit den Einleitungsworten des *Augsburger Bekenntnisses* gesprochen, daß »wir einmütig festhalten und lehren, in Übereinstimmung mit dem Dekret des Konzils von Nicäa.«[468] Dieselben Worten hätten sich auch auf das Dekret des Konzils von Chalcedon beziehen können. Das galt auch für die reformierte calvinistische Lehre, worauf Thomas F. Torrance hingewiesen hat, denn »es wurde Sorge dafür getragen, alle klassischen Irrtümer zu beiden Seiten des Zauns von Chalcedon abzulehnen und zu vermeiden.«[469] Die Texte, auf die sich Torrance mit dieser Bemerkung bezog, nämlich der autorisierte Katechismus der Reformierten Kirche in Schottland, bewiesen zudem, daß diese Treue zur orthodoxen Lehre der Kirche keine bloße Formalität oder politische Taktik der Reformer war, sondern daß dies im konkreten Leben der Kirchen geglaubt, gelehrt und bekannt wurde. So lehrte der *Larger Catechism* von 1648: »Christus, der Sohn Gottes, wurde Mensch, indem er einen wahren Leib und eine vernünftige Seele annahm; er wurde im Schoß der Jungfrau Maria durch die Kraft des Heiligen Geistes empfangen, entstammte ihrer Substanz und wurde von ihr geboren, doch ohne Sünde.«[470]

So konnte 1962 Walter Tappolet eine bemerkenswerte Sammlung von Texten Luthers, Calvins, Zwinglis und Bullingers unter dem Titel »Das Marienlob der Reformatoren« zusammenstellen.[471] Er wertete Predigten und Zeugnisse der Frömmigkeit sowie theologische Traktate aus und belegte damit zunächst einmal, daß die Reformatoren mit ihrer Mariologie in der Kontinuität der orthodoxen Lehre standen. Zwingli zum Beispiel nannte Maria »das höchste aller Geschöpfe nach ihrem Sohn« und »Mutter Gottes«, und Balthasar Hubmaier bestätigte ihre immerwährende Jungfrauschaft.[472] Luther tat das gleiche – und nicht nur in seinen privaten Schriften und Predigten; er sagte von Maria, sie sei »beim Gebären und nach dem Gebären Jungfrau geblieben, wie sie es vor dem Gebären gewesen ist.«[473] Selbst in der einzigen Formulierung des Glaubensbekenntnisses von ihm, das von der lutherischen Kirche übernommen und in die offizielle Sammlung des *Konkordienbuches* von 1580 aufgenommen wurde – im Unterschied zu seinem *Kleinen Katechismus* und *Großen Katechismus*, die ebenfalls aufgenommen wurden, aber keine Bekenntnistexte im strengen Sinn waren –, den *Schmalkaldischen Artikeln* von 1537, enthielt der lateinische Text die Worte (die allerdings in der deutschen Fassung nicht erschienen): »aus Maria, der reinen, heiligen, immer Jungfrau« (*ex Maria pura, sancte, Semper Virgine*).[474] Über die Orthodoxie ihrer Sprache und Lehre über Maria hinaus sprachen zudem einer um der andere der Reformatoren mit Wärme und Hingabe von Maria, wie etwa Luther, der 1521, im Jahr seiner Exkommunikation durch Papst Leo X., seinen *Kommentar zum Magnificat* mit den Worten abschloß: »Allhie lassen wirs diesmal bleiben und bitten Gott um rechten Verstand dieses Magnificat, der da nicht allein leuchte und rede, sondern brenne und lebe in Leib und Seel: das verleihe uns Christus durch Fürbitt und Willen seiner lieben Mutter Maria. Amen.«[475] Solche Anmutungen, die sich leicht in größerer Zahl zitieren ließen, strafen den Eindruck Lügen, den die protestantischen Reformatoren zuweilen selbst gaben und die ihre Gegner oft übertrieben, daß sie die gesamte christliche Marienverehrung, die sich im Lauf der Zeit entwickelt hatte, beiseitefegten, um angeblich das ursprüngliche Christentum der Kirche der Apostel wiederherzustellen.

Mehr als die beiden reformatorischen Grundsätze des *sola gratia*, »einzig durch Gnade«, oder des *sola Scriptura*, »nur allein die Schrift« wurde indes Marias positive Stellung in der Reformation durch das Prinzip *sola fide*, »aus reinem Glauben«, hervorgehoben. Denn in der Theologie der Reformatoren war sie das Vorbild des Glaubens, wie er durch die Reformation neu definiert wurde.

Eine Lieblingsstelle der Reformatoren war die Aussage von Paulus: »Der Glaube kommt vom Hören, und das Hören vom Wort Gottes« (Röm 10,17), die im 20. Jahrhundert den Titel für eine wichtige Untersuchung von Ernst Bizer über die Theologie der Reformation lieferte.[476] Dieser Zusammenhang zwischen dem Glauben und dem Hören auf das Wort Gottes war natürlich schon immer Bestandteil der Definition des Glaubens gewesen. Als ein Element aus der Trias von Glaube, Hoffnung und Liebe, die der Apostel Paulus aufgestellt hatte (1 Kor 13,13), hatte der Glaube und folglich die Rolle des Wortes Gottes als Mittel, den Glauben zu wecken und zu nähren, schon immer seine gebührende Aufmerksamkeit erhalten. Thomas von Aquin hatte in seinem *Sentenzenkommentar* argumentieren können: »Denn darum kommt der Glaube vom Hören, und das Hören vom Wort Christi« (*Cum ergo fides sit ex auditu, auditus autem per verbum Christi*).[477] Aber die Reformatoren, angefangen mit Luther, lehrten, daß echte christliche Liebe vom Glauben abhänge und darum trotz der Bezeichnung der Liebe als »der größten (Tugend) unter ihnen« (1 Kor 13,13) der Glaube in dieser Trias die zentrale Stellung einnehme. Daher sprachen sie dem Wort Gottes eine Art sakramentaler Funktion zu: Wie die Sakramente, in einer Formulierung, die die Reformatoren von Augustinus übernahmen, ein »sichtbares Wort« waren[478], so hätte man das Predigen und Lehren des Wortes Gottes als ein »hörbares Sakrament« bezeichnen können. So definierte Calvin in einer sorgfältig ausgearbeiteten Erörterung den Glauben als die »aus dem Worte Gottes geschöpfte Erkenntnis des Willens Gottes uns gegenüber.«[479]

Maria wurde dafür zum naheliegenden Beispielfall für Luther, da ihm die Eröffnungsworte ihres Magnificat zeigten, daß »des Geistes Heiligkeit ... nur in dem bloßen lautern Glauben steht.« In einer charakteristischen Zusammenfassung der reformatorischen Lehre über die Gerechtigkeit durch den Glauben und nicht durch Werke betonte er unter Bezugnahme auf Marias Glauben, »daß die Werke nur Unterschied, Sünd und Unfried machen, aber allein der Glaub mache fromm, gerecht und selig.« Der Glaube aber, »das ist gute Zuversicht in die unsichtbare Gnade Gottes.«[480] Denn als Maria zum Engel Gabriel sagte: »Mir geschehe, wie du gesagt hast« (Lk 1,38), war dies vor allem ein Ausdruck ihres Glaubens. »Und durch solchen Glauben allein ist sie auch selig und von Sünden ledig worden.«[481]

In einer kühnen Definition des Glaubens – die eine Art Vorwegnahme von Blaise Pascals berühmtem *argument du pari* darstellte: »Man muß eine Wette eingehen und Gewinn und Verlust der Wette kalkulieren, ob es Gott gibt oder nicht« – sagte Luther 1522: »Der Glaube fordert nicht Kundschaft (d.h. Erkenntnis), Wissenheit (Wissen) oder Sicherheit, sondern frei ergebenes fröhliches Wagen auf seine unempfundene, unversuchte, unerkannte Güte.«[482] In seinem *Kommentar zum Galaterbrief* sprach Luther ganz im Gegensatz dazu viel positiver über das Suchen nach Gewißheit: »Das ist der Grund, weshalb unsere Theologie gewiß ist: sie schnappt uns uns selbst weg und setzt uns außerhalb unserer selbst, so daß wir nicht abhängen von unserer eigenen Stärke, unserem Bewußtsein, unserer Erfahrung oder Person oder unseren Werken, sondern von dem, was außerhalb unser ist, das heißt, vom Versprechen und der Wahrheit Gottes, die nicht trügen kann.«[483] Für beide Definitionen führte Luther genau wie der Apostel Paulus Abraham als die biblische Gestalt an, an der ganz besonders deutlich diese Wesenszüge des Glaubens abzulesen seien; und bei seinem ausführlichen Porträt Abrahams im Rahmen seiner *Genesis-Vorlesungen* von 1535–1545 sprach er vor allem von Abrahams Glauben, der ihm »als Gerechtigkeit angerechnet wurde (Gen 15,6; Röm 4,3; Gal 3,6)«. Aber der Glaube Abrahams, der ihn veranlaßte, Ur in Chaldäa zu verlassen und im Gehorsam gegenüber dem Wort und Versprechen Gottes ins Unbekannte hinein aufzubrechen, ihm sodann die Bereitschaft gab, seinen einzigen Sohn zu opfern – dieser Glaube wurde vom Glauben der Jungfrau Maria übertroffen, die ebenfalls ihren Sohn Gott zum Opfer brachte. Selbst im Rahmen einer Attacke gegen die »unnützen Schwätzer«, »die die Jungfrau Maria gar zu hoch heben und preisen, daß sie alles wohl gewußt und nicht habe können irren«, konnte Luther daher von ihr sprechen als »gebenedeit und hoch begnadet mit allerlei Gnaden« und sagen: »Gott hat sie also geführt, daß er ihr viel hat verborgen«, und er zog die praktische Nutzanwendung: »Darum hab ich oft gesagt und sage noch, daß in der Christenheit nichts gepredigt soll werden denn das lautere Gotteswort.«[484]

Ein besonders faszinierender Aspekt des Verhältnisses zwischen der protestantischen Reformation und dem Kult Marias als Jungfrau und Königin war der Kult Elisabeths I. als Jungfrau und Königin, als Gloriana. Wie Roy Strong dargelegt hat, »wurde der Kult der Gloriana kunstvoll entworfen, um die öffentliche Ordnung zu stützen, ja mehr noch, er sollte bewußt die vorreformatorischen Äußerlichkeiten der Religion ersetzen, die Verehrung Marias und der Heiligen, samt allen dazugehörigen Bildern, Prozessionen, Zeremonien und weltlichen Vergnügungen.«[485] Obwohl einige Gelehrte das in Frage stellen und als spätere Theorie betrachten,[486] gibt es zumindest einige Hinweise darauf, daß Elisabeth bewußt auf solche Parallelen anspielte. Zum Beispiel war das vor der Reformation meistverehrte Marienbild in England die »Virgin Queen of Walsingham«. Obwohl es bereits vor der Regierungszeit Elisabeths zerstört worden war, wurde es im 16. Jahrhundert noch viel verehrt;[487] und Elisabeths Titel »Virgin Queen« dürfte von ihr entlehnt sein. Auch Edmund Spenser scheint bewußt und häufig auf die Parallele angespielt zu haben, wie etwa in *The Shepheardes Calender*:

Of fayre *Elisa* be your silver song,
that blessed wight:
The flowre of Virgins, may shee florish long,
In princely plight.
For she is *Syrinx* daughter without spotte,
Which *Pan* the shepheards God of her begot:
So sprong her grace
Of heavenly race,
No mortall blemishe may her blotte.[488]

Diese drei letzten Zeilen klingen unzweifelhaft wie ein Echo der mittelalterlichen Marienlehre. Und ziemlich am Anfang von *The Faerie Queene* spricht er Königin Elizabeth in ähnlicher Sprache an:

And with them eke, ô Goddesse heauenly bright,
Mirrour of grace and Maiestie diuine,
Great Lady of the greatest Isle, whose light
Like *Phoebus* lampe throughout the world doth shine,
Shed thy faire beames into my feeble eyne,
And raise my thoughts too humble and too vile,
To thinke of that true glorious type of thine,
The argument of mine afflicted stile:
The which to heare, vouchsafe, ô dearest dred a-while.[489]

Genau wie John Milton in seinem *Paradise Lost* nicht vermeiden konnte, Eva zu erwähnen, sowie auch Maria als die Zweite Eva,[490] so mußte er auch in seinem *Paradise Regained* Maria vorsehen, etwa wenn er Christus erklären ließ:

These growing thoughts my mother soon perceiving
By words at times cast forth, inly rejoiced,
And said to me apart: High are thy thoughts
O Son, but nourish them and let them soar
To what height sacred virtue and true worth
Can raise them, though above example high.[491]

So war ein Sonderfall der »protestantischen Mariologie« der Platz, den Maria in der sakralen Dichtung und Hymnodik, in Gottesdienst und Frömmigkeit einnahm, und manche dieser Muster der Reformation hielten sich bis in die heutige Zeit durch, wie ich in einem früheren Kapitel anhand John A.L. Rileys Hymne von 1906, »Ye Watchers and Ye Holy Ones« aufgezeigt habe.[492] Auch in der Hymne »Crown Him with Many Crowns«, ursprünglich von Matthew Bridges, aber mit Zusätzen und Ergänzungen durch andere,[493] wurde Christus als »Fruit of the mystic Rose,/ As of that Rose the stem« (»Frucht der mystischen Rose,/ Wie von dieser Rose der Stiel«) gegrüßt, womit im Protestantismus Maria als die Mystische Rose bezeichnet wurde, die sie in der Frömmigkeit des Mittelalters und der Gegenreformation gewesen war.

Im Gemüt der Menschen, die auf der Basis der Lehre nicht die traditionelle Verehrung für sie teilten, beanspruchte Maria also weiterhin einen Platz, und sie räumten ihr diesen auf den Gebieten der Kunst und der Poesie ein. So kam es, daß, wie Owen Chadwick bemerkt hat, »*Die Verkündigung* von Fra Angelico, gemalt für eine Zelle des Dominikanerpriorats von San Marco in Florenz, eines der zwei oder drei Bilder war, die den Protestanten genau wie den Katholiken halfen, mit Zuneigung Marias zu gedenken.«[494] Die Beziehung der Kunst Albrecht Dürers zur Reformation ist weiterhin Gegenstand sorgfältiger Untersuchungen.[495] Am einschlägigsten für unser Thema hier ist sein Zyklus von Holzschnitten mit dem Titel *Das Marienleben.*[496] Ein Kollege und in mancher Hinsicht ein Schüler Dürers und sogar ein künstlerisches Sujet von ihm war Lucas van Leyden.[497] Wie immer genau seine eigene komplexe Beziehung zur Reformation beschaffen gewesen sein mag, so brachte jedenfalls sein mit 1523 datierter Holzschnitt *Die Jungfrau mit zwei Engeln* die hier erörtete reformatorische Spannung auf den Punkt: Auf der einen Seite behält er die dantische und allgemein mittelalterliche Darstellung der Jungfrau Maria als Königin der Engel (und daher zumindest implizit auch als Himmelskönigin) bei, andererseits deutet er sie neu im Licht der reformatorischen Prinzipien von *sola Scriptura*, *sola gratia*, und vor allem *sola fide* und stellt sie deshalb als die völlig menschliche Magd aus Nazareth dar, als Bauernmädchen, das durch die Initiative Gottes aus seinem ganz normalen Leben herausgerissen wird, um seine große historische Rolle im Drama der Heilsgeschichte zu übernehmen.

12 DIE MATER GLORIOSA UND DAS EWIG-WEIBLICHE

Maria hat das Bessere gewählt,
das soll ihr nicht genommen werden.
(Lk 10,42)

Wenn echt archetypische Motive und Gestalten der Tradition aufhören, Gegenstand der Frömmigkeit zu sein, der sie jahrhundertelang waren, dann kann ihr Nachleuchten gelegentlich strahlender sein als ihr Leuchten. Das stimmt in einem hervorragenden Sinn für die Gestalt Jesu, denn infolge eines Phänomens, das man als »christozentrischen Agnostizismus« bezeichnen könnte, ist »in dem Maß, wie der Respekt vor der organisierten Kirche abgenommen hat, die Hochachtung vor Jesus gewachsen.«[498] So war es auch mit seiner Mutter. Während des 19. Jahrhunderts wurde Maria in der romantischen Dichtung vieler Länder ein Heiligenschein mit einem Glanz verliehen, der in mancher Hinsicht nicht dem nachsteht, mit dem sie die naive Volksfrömmigkeit, die Spekulationen der Theologen und die Liturgie der Kirche geschmückt hatten. Denn wenn man nach René Wellek die Romantik definiert als »jenen offensichtlich zum Scheitern verurteilten und von unserer eigenen Zeit aufgegebenen Versuch, mittels der Dichung als ›erster und letzter Form alles Wissens‹ Subjekt und Objekt in eins zu setzen, Mensch und Natur miteinander zu versöhnen und Bewußtsein und Unbewußtsein zu vereinen,«[499] dann veranschaulichte William Wordsworth, der Dichter, aus dessen Vorwort für die Ausgabe der *Lyrical Ballads* von 1800 die Schlußworte dieser Definition genommen waren, recht gut die Lage. Wordsworths früher »radikaler Protestantismus«, wie Geoffrey Hartman ihn genannt hat,[500] äußerte sich auch noch in seinen späteren und konservativeren *Ecclesiastical Sonnets.* Als Protestant vertrat er die anscheinend recht sichere Überzeugung: »Aus falscher Unterstellung stieg empor und wurde stolz bejubelt/ Im Aberglauben die um sich greifende Macht des Papsts.«[501] Dennoch war er imstande, die Jungfrau Maria folgendermaßen anzusprechen:

Abb. 15: *Die Krönung Mariens;* Paolo und Giovanni Veneziano (1358)

Mother! whose virgin bosom was uncrost
With the least shade of thought to sin allied;
Woman! above all women glorified,
Our tainted nature's solitary boast;
Purer than foam in central ocean tost;
Brighter than eastern skies at daybreak strewn
With fancied roses, than the unblemished moon
Before her wane begins on heaven's blue coast;
Thy Image falls to earth. Yet some, I ween,
Not unforgiven the suppliant knee might bend,
As to a visible Power, in which did blend
All that was mixed and reconciled in Thee
Of mother's love with maiden purity,
Of high with low, celestial with terrene![502]

Wenn nun aber Maria wirklich sowohl »himmlisch« wie irdisch war, dann schien das doch ihrem Titel »Himmelskönigin« ganz nahe zu kommen. Wordsworth lieferte hier einen Nachklang des Bilds von der »Krönung Marias«, das in der Marien-Ikonographie des 11. Jahrhunderts zum festen Thema wurde. Darauf wird sie dargestellt, wie sie zur Rechten Christi sitzt, und es war eine Fortführung dieser Vorstellung, wenn spätere Maler zeigten, wie ihr Christus oder Gott Vater oder die ganze Dreifaltigkeit die Krone aufsetzten.[503]

Mary Ann Evans wußte als anonyme Übersetzerin des radikalen *Lebens Jesu* von David Friedrich Strauß ins Englische[504] sehr wohl, daß darin die Jungfrau Maria und die Jungfrauengeburt ins Reich der Mythen verwiesen worden waren, denn sie hatte den diesbezüglichen Abschnitt mit dem Titel »Geschichte der Empfängnis Jesu als Mythos betrachtet« übersetzt. Doch als sie später in ihrem Leben unter dem Namen George Eliot schrieb, ließ sie in ihrem vielleicht größten Roman Tertius Lydgate, den in Ungnade gefallenen Arzt, über die Heldin des Romans, Dorothea Brooke Casaubon, ausrufen: »Dieses junge Geschöpf hat ein Herz von der Weite der Jungfrau Maria. Es denkt offensichtlich überhaupt nicht an seine eigene Zukunft und würde auf der Stelle sein halbes Einkommen verpfänden, als wollte es für sich selbst nichts als einen Stuhl, um darauf zu sitzen und von dort mit seinen klaren Augen auf die Sterblichen herabschauen zu können, die zu ihm beten. Sie scheint etwas zu haben, was ich noch nie bei einer Frau gesehen habe – ein unerschöpflich freundschaftliches Empfinden gegenüber den Menschen«; und ein Stück weiter wurde Dorothea beschrieben, sie sehe aus, als habe sie »die fahlen Wangen und rosa Augenlider einer *mater dolorosa*« (und der Herausgeber von *Middlemarch* sah sich genötigt, den amerikanischen Lesern Ende des 20. Jahrhunderts in einer Fußnote zu erläutern, es handle sich hierbei um »einen Titel der Jungfrau Maria«).[505]

Ähnliche Stellen ließen sich leicht von den romantischen Dichtern mehrerer Nationalliteraturen anführen, denn, wie Novalis sagte:

> Ich sehe dich in tausend Bildern,
> Maria, lieblich ausgedrückt;
> Doch keins von allen kann dich schildern,
> Wie meine Seele dich erblickt.
>
> Ich weiß nur, daß der Welt Getümmel
> Seitdem mir wie ein Traum verweht,
> Und ein unnennbar süßer Himmel
> Mir ewig im Gemüte steht.[506]

Diese »tausend Bilder« fanden überall in der Dichtung, Musik und Malerei des Jahrhunderts der Romantik ihren greifbaren Ausdruck. Doch möchte ich mich im vorliegenden Kapitel nicht auf Novalis konzentrieren, sondern auf seinen berühmteren Landsmann Johann Wolfgang von Goethe, und namentlich auf Goethes *Faust* als besonders hervorragendes Beispiel für die Fortdauer der Jungfrau Maria als Archetyp.[507] Auch Goethes Verhältnis zum historisch gewordenen Christentum war ziemlich kompliziert. In den *Gespräche(n) mit Goethe in den letzten Jahren seines Lebens*, die Johann Peter Eckermann aufgezeichnet hat, wird berichtet, am 11. März 1832, nur elf Tage vor seinem Tod, habe er gesagt: »Mag die geistige Kultur nun immer fortschreiten, mögen die Naturwissenschaften in immer breiterer Ausdehnung und Tiefe wachsen, und der menschliche Geist sich erweitern, wie er will, – über die Hoheit und sittliche Kultur des Christentums, wie es in den Evangelien schimmert und leuchtet, wird er nicht hinauskommen!« Allerdings zeigte der Kontext dieser Erklärung eindeutig, daß er damit alles andere als den orthodoxen und katholischen Glauben der Kirche bestätigen wollte.[508] Dennoch war Goethe wie Wordsworth stark von der mystischen Gestalt der Jungfrau Maria fasziniert, und vor allem von ihrer erhöhten Stellung als Glorreiche Mutter und als »das Ewig-Weibliche«. Denn wie Dantes *Göttliche Komödie* und offensichtlich als Echo davon begann auch Goethes *Faust* in der Karwoche und endete mit der Vision Marias und des Ewig-Weiblichen. Aber bevor sich Maria in der Schlußszene des *Faust* als die Glorreiche Mutter offenbart, muß sie erst als die Schmerzensmutter erfahren werden.[509] In ihrer Verzweiflung betet Gretchen zu ihr mit einem glühenden Bittgebet, das vom *Stabat Mater* inspiriert ist.[510] Das Drama nimmt schließlich den Verlauf, daß »das Mädchen, dem Fausts, von Mephisto eingeimpfte, zuerst rein sinnliche Leidenschaft zufällt – Gretchen –, ... in Wahrheit Mephistos siegreiche Gegenspielerin im Kampf um Fausts Seele (wird).«[511] Denn ihr wird gesagt, daß ihre Erhebung in die »höhern Sphären« der Herrlichkeit zum Mittel werde, auch Faust in diese Sphären zu holen.[512]

Diese Worte werden von der Glorreichen Mutter an die vormals Gretchen genannte Büßerin gerichtet, der Mutter, die als besondere Zuflucht derer gilt, die wie Gretchen »ein zartes Völkchen« und »schwer zu retten« sind, aber jetzt »Büßerinnen, ... Gnade bedürfend«.[513] Der Chor der Büßerinnen preist die Glorreiche mit »Du schwebst zu Höhen/ Der ewigen Reiche« und trägt ihr die Bitte vor: »Vernimm das Flehen,/ Du Ohnegleiche,/ Du Gnadenreiche!«[514] Sie ist »voll der Gnade«, wie sie vom Engel der Verkündigung angesprochen worden war: »Ave, gratia plena, Dominus tecum« (Lk 1,28 Vulg.). Die Büßerinnen sind »(der) Gnade bedürfend«, und durch die Gnade und Reinheit der Glorreichen werden sie von ihrer Unreinheit geheilt. Aber die Glorreiche Mutter stellt nicht nur die Heilerin ihrer individuellen Lüste und auch nicht nur der Konflikte Fausts dar. Über derartige theologische Begriffe in dieser Szene wurde schon gesagt: »Es entspricht natürlich nicht Goethes Sinn, wenn man sie gemäß dem strikten Sinn der Terminologie der Kirche auslegt, aber man würde dem Text Gewalt antun, wollte man Anklänge daran völlig ausschließen.«[515] Nicht nur ist es hier so, daß »die Gestalten von Margarete–Galatea–Helena jetzt in der einen Person der Gottesmutter Maria verschmolzen sind«,[516] sondern infolge dieser »Anklänge« von Themen, die das ganze übrige Werk durchziehen, ist die ganze Anzahl von Titeln, die ihr hier in der Schlußszene zugesprochen werden, die Frucht einer neuen Synthese disparater Elemente, nicht indem sie geleugnet, sondern auf die Ebene des Sublimen erhoben werden, und zwar mittels dessen, was ein Fachmann bezeichnet hat als »diese Verschmelzung heidnischer und christlicher Überzeugungen in der Liebe, in der Goethe ... letztlich selbst seinen religiösen Frieden gefunden hat.«[517]

Alle diese Titel werden vom Doctor Marianus beigesteuert, dessen Bedeutung für den Ausgang des Dramas sehr gut in der folgenden feinsinnigen Beobachtung von Cyrus Hamlin zusammengefaßt ist: »Als sublime Gegengestalt gegen Doctor Faustus zu Ende des Dramas stellt dieser mystische Verehrer der Jungfrau die höchste Stufe der spirituellen Volkommenheit dar, die im menschlichen Bereich zu erlangen ist. Thematisch ließe er sich mit Nereus und seiner Verehrung für Galatea in der Schlußszene der ›Klassischen Walpurgisnacht‹ vergleichen. Vom Doctor Marianus wird das Thema des Ewig-Weiblichen wieder in den *Faust* eingeführt, und zwar in seiner erhabensten Form, die die Tradition kennt.«[518] Der Doctor Marianus reiht die Titel in den beiden Schlußzeilen der Anbetungsode auf, mit der er den transzendenten Abschlußhymnus einleitet. Die Ode richtet sich zunächst an die Büßerinnen: »Blicket auf zum Retterblick,/ Alle reuig Zarten,/ Euch zu seligem Geschick/ Dankend umzuarten«. Dann wendet sich der Doctor Marianus der Glorreichen Mutter selbst zu: »Werde jeder beßre Sinn/ Dir zum Dienst erbötig;/ Jungfrau, Mutter, Königin,/ Göttin, bleibe gnädig!«[519] Eine solche Anhäufung von Titeln ist schon an früheren Stellen des Dramas üblich.[520] Im übrigen sind diese vier Titel bereits zuvor in der anderen, dieser hier kurz zuvor vorausgehenden Ode des Doctor Marianus verwendet worden: »Die Herrliche mitteninn/ Im Sternenkranze,/ Die Himmelskönigin,/ Ich seh's am Glanze./ Höchste Herrscherin der Welt!«[521] Und wiederum: »Jungfrau, rein im schönsten Sinn,/ Mutter, Ehren würdig,/ Uns erwählte Königin,/ Göttern ebenbürtig.«[522] Er fleht sie an: »Billige, was des Mannes Brust/ Ernst und zart beweget/ Und mit heiliger Liebeslust/ Dir entgegen träget.«[523]. Und er betet: »Werde jeder beßre Sinn/ Dir zum Dienst erbötig.«[524] Durch solche Bitten werden die verschiedenen Sehnsüchte und Intuitionen, die »zwei Seelen ... ach! in meiner Brust« – Fausts anfängliche »derbe Liebeslust« und jene Sehnsucht, die »gewaltsam sich vom Dust« heben will[525] –, wie sie während des ganzen Verlaufs des Dramas bei Faust im Widerstreit lagen, auf die erhabene Ebene der Jungfrau Maria gehoben, und damit zu Christus, ihrem Sohn, und folglich auch zu Gott dem Vater im Himmel (wo sich dieses ganze »Postludium im Himmel als Parallele zum ›Prolog im

Himmel‹«[526] abspielt, wobei zwischen diesen beiden Szenen im Himmel keine Aktion stattfindet.)

»In der Soteriologie wie in der Ethik von Goethes Stück«, hat ein Kommentator gemeint, »ist die Liebe, nicht der Egoismus sowohl das vorrangige Instrument der Gnade, als auch der höchste Wert.«[527] Die erlösende Macht dieser Liebe mittels jeder der drei Bewohner dieser erhabenen Ebene – Maria, ihrem Sohn Jesus Christus und Gott dem Vater – ist bereits ausdrücklich von der früher Gretchen genannten Büßerin, als sie noch auf Erden lebte, in ihren reuevollen Seufzern um Gnade vor dem »Andachtsbild der *Mater dolorosa*« angedeutet worden, als sie eine Paraphrase des mittelalterlichen *Stabat Mater Dolorosa* betete: »Ach neige,/ Du Schmerzensreiche,/ Dein Antlitz gnädig meiner Not!/ Das Schwert im Herzen (Lk 2,35),/ Mit tausend Schmerzen/ Blickst auf zu deines Sohnes Tod./ Zum Vater blickst du,/ Und Seufzer schickst du/ Hinauf um sein' und deine Not.«[528] Jetzt am Schluß, nachdem sie Teilhaberin der Gnade und Herrlichkeit des Himmels geworden ist, betet sie wiederum zu Maria. Ihr Gebet »wird in eine strahlende Dur-Tonart verwandelt«[529], und es ist nicht mehr an die Schmerzensmutter, sondern an die Glorreiche Mutter gerichtet: »Neige, Neige,/ Du Ohnegleiche,/ Du Strahlenreiche,/ Dein Antlitz gnädig meinem Glück!/ Der früh Geliebte,/ Nicht mehr Getrübte,/ Er kommt zurück.«[530] Der scharfe Kontrast und doch auch die besondere Verbindung zwischen Gretchen als der gefallenen Frau, die ihr eigener Bruder als »eine Hur« bezeichnet, und Maria als der »Jungfrau, rein im schönsten Sinn«[531], wird zum Gegenstand des Gebets, das die drei Büßerinnen in dieser Schlußszene für Gretchen an die Jungfrau richten, mit einer frommen Version des logischen Schlusses *a maiori ad minus*, vom Größeren auf das Kleinere: »Die du großen Sünderinnen/ Deine Nähe nicht verweigerst/ Und ein büßendes Gewinnen/ In die Ewigkeiten steigerst, (denn so sind sie alle drei behandelt worden, trotz der Größe ihrer Sünden)/ Gönn auch dieser guten Seele,/ Die sich einmal nur vergessen,/ Die nicht ahnte, daß sie fehle,/ Dein Verzeihen angemessen«[532]. Wenn selbst ihnen die Gnade der Vergebung nicht verweigert worden ist, so lautet das Argument dieser Gebete, dann müsse gewiß auch sie sie erlangen.

Bezeichnend für diese besondere Verbindung ist, daß das Gebet jeder dieser drei Büßerinnen für Gretchen, und schon viel früher Fausts Klage über Gretchen, im gesamten Drama die ausführlichsten Bezüge auf das Erlösungswerk Christi enthält, der dennoch »bezeichnenderweise« nicht einmal hier als Erlöser »erscheint und nicht angerufen wird«.[533] Als Mephistopheles abschätzig über Gretchen spottet: »Sie ist die erste nicht«, so ist das anscheinend ein wörtliches Zitat aus einem aktuellen Fall, der sich 1771 in Frankfurt ereignete, wie Goethe berichtete.[534] Aber Faust reagiert heftig auf diesen Spott, und er spricht dabei von einem »Geschöpf«, das »genugtat für die Schuld aller übrigen«, was offensichtlich als Anspielung auf den genugtuenden Tod Christi gemeint ist: »›Die erste nicht!‹ – Jammer! Jammer! von keiner Menschenseele zu fassen, daß mehr als *ein* Geschöpf in die Tiefe dieses Elendes versank, daß nicht das erste genugtat für die Schuld aller übrigen in seiner windenden Todesnot vor den Augen des ewig Verzeihenden!«[535] Mephistopheles hat immer den für den Teufel typischen Horror vor dem Kreuz.[536] In ihrer anfänglichen feindseligen Begegnung hält Faust dem im Pudel steckenden Mephistopheles das Kreuz und den Tod Christi entgegen, den er beschreibt als »Den nie Entsproßnen,/ Unausgesprochnen,/ Durch alle Himmel Gegoßnen,/ Freventlich (am Kreuz) Durchstochnen«[537]. Und jetzt, vor der Glorreichen Mutter, hebt jede der drei Büßerinnen mit der Litanei an, in der die Person Christi und die Wirkkraft einiger Aspekte seines Lebens und Sterbens genannt werden.[538]

Die erste ist die Magna Peccatrix, die »große Sünderin« im Evangelium (Lk 7,36–50). Zwar nicht im Evangelientext selbst, aber in der exegetischen Tradition wurde sie mit Maria Magdalena gleichgesetzt[539], und sie ist die Maria, von der es im *Dies Irae*, das in der Requiemsmesse für Gretchens Mutter gesungen wird, heißt: »Hast vergeben einst Marien,/ Hast dem Schächer dann verziehen,/ Hast auch Hoffnung mir verliehen«. Doch überraschenderweise war diese Bitte mit ihrem vertrauensvollen Appell an das göttliche Verzeihen aus dem *Dies Irae* in dieser Szene im *Faust I* ausgelassen worden, während es hier im *Faust II* anklingt. Magdalena paraphrasiert das Evangelium, indem sie ihre Bitte auf den Ausspruch Christi stützt: »Ihr sind ihre vielen Sünden vergeben, weil sie so viel Liebe gezeigt hat« (Lk 7,47) und richtet diese an Maria: »Bei der Liebe, die den Füßen/ Deines gottverklärten Sohnes/ Tränen ließ zum Balsam fließen,/ Trotz des Pharisäerhohnes;/ Beim Gefäße, das so reichlich/ Tropfte Wohlgeruch hernieder,/ Bei den Locken, die so weichlich/ Trockneten die heilgen Glieder –«.[540] Die zweite Büßerin ist die Mulier Samaritana, die samaritanische Frau, die Christus am Brunnen begegnet war (Joh 4,4–26). Sie verwandelt jetzt den »Bronn, zu dem schon weiland/ Abram ließ die Herde führen« und den »Eimer, der dem Heiland/ Kühl die Lippe durft berühren«, in eine Allegorie der »reinen, reichen Quelle« der Gnade, »Die nun dorther sich ergießet,/ Überflüssig, ewig helle/ Rings durch alle Welten fließet«.[541] Die dritte Büßerin schließlich ist Maria Aegyptiaca, die ägyptische Büßerin Maria, von deren Leben nichts im Neuen Testament steht, sondern in den *Acta Sanctorum*. Darin wird erzählt, sie habe sich anläßlich einer Pilgerfahrt zum Heiligen Grab in Jerusalem bekehrt, »Bei dem hochgeweihten Orte,/ Wo den Herrn man niederließ« und dann 47 Jahre lang als Einsiedlerin in der Wüste östlich des Jordan Buße getan.[542] Obwohl es allem Anschein nach »laut des frühesten Entwurfs der Schlußszenen Christus sein sollte, der nach seinem Sieg über Luzifer Fausts Seele aus der Hölle befreien sollte«[543], erscheint Christus selbst nicht direkt, und an ihn direkt werden auch nicht diese Gebete gerichtet. Stattdessen werden alle diese Bezugnahmen auf die Lebensgeschichte Christi in einem Gebet an Maria genannt, das die Bitte Gretchens unterstützen soll – eine Reminiszenz an die Abschlußgesänge von Dantes *Paradiso*, mit der Beschreibung der Jungfrau Maria durch Bernhard von Clairvaux als »derjenigen, deren Antlitz am meisten demjenigen Christi gleicht.«[544]

Aber sie wird »Jungfrau« genannt – und dann »Mutter«. Das läßt sich als Echo des »pantheistischen« Symbols in *Faust II* verstehen, denn hier in der Abschlußszene klingt das Thema von der Allnatur an. So wird das Ziel der Erlösung definiert als »Um in dem Allverein/ Selig zu sein«[545]. Dieser »Allverein« ist genau eines der Dinge, was »des Mannes Brust/ Ernst und zart beweget/ Und mit heiliger Liebeslust/ Dir (der Jungfrau-Mutter) entgegen träget«.[546] Indem sie sich an diese »heilige Liebeslust« halten, sind nach Aussage des Pater Profundus die gewaltigen Naturkräfte »Liebesboten, sie verkünden,/ Was ewig schaffend uns umwallt«[547]. Der Schluß scheint nicht übertrieben, daß »diese verklärte Natur zu einer Metapher für die Liebe wird. Das ist das einzige Thema am Schluß von Faust II.«[548] Und genau wie diese Kräfte einer verklärten Natur überall aufbrechen und dennoch Kontinuität und Stabilität gewährleisten, »So ist es die allmächtige Liebe,/ Die alles bildet, alles hegt«[549]. Das ist offensichtlich ein weiterer Anklang an Dantes *Paradiso*, dieses Mal an die Schlußzeile seiner Marienvision über die »Liebesallgewalt, die still und einig/ im Kreis die Sonne führt und alle Sterne«[550], sowie auch an die Worte Gottes zu den Engeln im Prolog im Himmel, wo er ihnen gewünscht hatte: »Das Werdende, das ewig wirkt und lebt,/ Umfass euch mit der Liebe holden Schranken«, und an Fausts Erinnerung an sein jugendliches Gespür für »der Himmelsliebe Kuß«.[551] Doch unmittelbar vor dem Gebet des Pater Profundus kommt dasjenige des Pater Ecstaticus, das damit anhebt, Gott anzusprechen mit: »Ewiger Wonnebrand,/ Glühendes Liebesband«[552], sowie mit einer weiteren Anspielung auf das Thema des Alls schließt, aber so, daß dieses in ewiger Liebe transzendiert wird: »Daß ja das Nichtige/ Alles verflüchtige,/ Glänze der Dauerstern,/ Ewiger Liebe Kern.«[553] Das Transzendieren selbst des Alls im Ewigen ist die Erfüllung der Aspirationen von Fausts Wissenschaft und seines Pantheismus, der glaubt: »Alles Vergängliche/ Ist nur ein Gleichnis«, nämlich dessen, was bleibt.[554] Das aber verkörpert Maria, nicht nur als Jungfrau, sondern auch als Mutter und als das Ewig-Weibliche.[555]

Doch in den unmittelbar diesen vorausgehenden Worten wird das Ewig-Weibliche, das Jungfrau und Mutter ist, auch Königin und Göttin genannt[556] und ist so zugleich auch die Erfüllung der Aspirationen von Fausts poetischem Polytheismus, und speziell der Typologie, die die Gestalten von Leda, Galatea und vor allem Helena von Troja verkörpern. Leda erscheint in einer Vision als Königin.[557] Helena wird wiederholt einfach mit dem Titel einer Königin gegrüßt,[558] selbst als sie als heiliges Opfer auserkoren ist.[559] An einer anderen Stelle wird sie als die »hohe Königin« bezeichnet.[560] Faust sagt Genaueres zu diesem Titel und spricht von ihr als der Königin, deren Pfeil in ihm sein Ziel getroffen habe[561] und als der »Herrin ..., die sogleich/ Auftretend sich Besitz und Thron erwarb«.[562] Sie gebraucht die Titel »Königin« auch zur Selbstbezeichnung. Der am Ende des Dramas auf Maria angewandte Titel »Göttin« ist ebenfalls zuvor schon für verschiedene andere Gottheiten verwendet worden: für die Sonne, den Mond, Nike, Galatea und die Mütter.[563] Doch für Faust ist Helena die vorzüglichste Trägerin auch dieses Titels. In seinem ungläubigen Ausruf bei der Eröffnungsvision ihrer Gestalt nennt er sie »Den Inbegriff von allen Himmeln« und stellt die Frage: »So etwas findet sich auf Erden?«[564], womit er sie bereits in diesen Bereich versetzt.

Aber als sie aus den Nebeln der klassischen Antike heraus wieder ins Leben zurückkommt und ihm persönlich erscheint, sagt er zu ihr: »Du bist's, der ich die Regung aller Kraft,/ Den Inbegriff der Leidenschaft,/ Dir Neigung, Lieb, Anbetung, Wahnsinn zolle.«[565] Der Dichter, der für Faust und alle Anwesenden spricht, setzt diese religiöse Verehrung fort, als sie Faust zum ersten Mal küßt und er sie dabei als die Göttin beschreibt. Als sie Faust zum letzten Mal umarmt und verschwindet und nur ihr Gewand zurückläßt, weist ihn der Phorcyade an, das Gewand zu verwahren, »denn die Göttin ist's nicht mehr, die du verlorst,/ Doch göttlich ist's«.[566] Die Vision »gottähnlicher« Gestalten, die Faust sodann erfährt – worauf er unmittelbar in einer Vision sein »jugenderstes, längstentbehrtes höchstes Gut« schaut, was offensichtlich eine Anspielung auf Gretchen sein soll – ließe sich als Vorahnung der Schlußszene verstehen: »Ja! das Auge trügt mich nicht! –/ Auf sonnbeglänzten Pfühlen herrlich hingestreckt,/ Zwar riesenhaft, ein göttergleiches Fraungebild,/ Ich seh's! Junonen ähnlich, Ledan, Helenen,/ Wie majestätisch lieblich mir's im Auge schwankt.«[567] Denn für Faust ist Helena sein »einziges Begehren«, aber sie ist noch mehr: »Das ewige Wesen, Göttern ebenbürtig,/ So groß als zart, so hehr als liebenswürdig.«[568] Und schließlich wird hier in der Schlußszene vom Doctor Marianus für die Jungfrau Maria wiederum das Epitheton benutzt: »Göttern ebenbürtig«.[569] So ist also unter den Titeln der Königin und Göttin die Jungfrau die erhabenste Erfüllung von Fausts Vision des »göttergleiche(n) Fraungebild(s), ... Junonen ähnlich, Ledan, Helenen«, wie es zu Beginn des vierten Akts des Zweiten Teils heißt, genau wie sie unter dem Titel der Mutter die Erfüllung seiner Vision der Natur als Mutter im Ersten Teil und dann öfter im Lauf des ganzen Dramas sowie bei seinem Besuch bei den Müttern war. Der Titel, mit dem sie der Doctor Marianus anspricht, als er sie mystisch »entzückt« als »Höchste Herrscherin der Welt!« nennt, scheint ebenfalls diese beiden Titel zusammenzuführen.[570] Auf eine sublim paradoxe Weise erfüllt sich damit also eschatologisch die Voraussage des Mephistopheles von damals, als Faust in der Hexenküche den Trank zu sich genommen hatte: »Du siehst, mit diesem Trank im Leibe,/ Bald Helenen in jedem Weibe«; nur daß das, was er jetzt sieht, nicht Helena, sondern Maria ist. Er ist gewandert »von Gretchen und Helena über Sophia, die das Beste unseres Innern mit sich zieht, höher empor zu Maria, die selbst nur, als höchste Menschmitte, durch Emporblick hinanzieht ins Wunder des Geheimnisses.«[571]

So ist die schließliche Erlösung Fausts gesichert, als er wie der »Chor seliger Knaben« eingeladen wird: »Steigt hinan zu höherm Kreise,/ Wachset immer unvermerkt«.[572] Diese Worte »Steigt hinan« weisen in die gleiche Aufwärtsrichtung wie die Schlußworte des Dramas, die die Letzte Wirklichkeit in ihrer Beziehung zu dem, was in wandelnden Erscheinungen fließt, feiern, wie die transzendente Vision Marias die Suche ins Sublime hebt. Denn »Alles Vergängliche/ Ist nur ein Gleichnis;/ Das Unzulängliche,/ Hier wird's Ereignis;/ Das Unbeschreibliche,/ Hier ist's getan;/ Das Ewig-Weibliche/ Zieht uns hinan«.[573]

Abb. 16: *Erscheinung Mariens vor Juan Diego*
Stich aus dem Werk: Becerra Tanco, *Felicidad de Mexico en el Principio, y Milagroso Origen, que Tubo el Santuario de la Virgen Maria N. Señora de Guadalupe* (1685)

13 DIE MIT DER SONNE BEKLEIDETE FRAU

In den letzten Tagen wird es geschehen, so spricht Gott:
Ich werde von meinem Geist ausgießen über alles Fleisch.
Eure Söhne und eure Töchter werden Propheten sein,
eure jungen Männer werden Visionen haben,
und eure Alten werden Träume haben.
(Apg 2,17; Joel 2,28)

Wie die afro-amerikanischen Spirituals zeigen, haben sich die Sklaven in Nordamerika mit ihrer Erfahrung auf tiefe und eindrucksvolle Weise mit der Geschichte Israels identifiziert. Allerdings enthalten diese Spirituals relativ wenig Bezugnahmen auf Maria, und das vermutlich deshalb, weil die Kirchen der meisten Sklaven nicht römisch-katholisch, sondern eher evangelikal und protestantisch waren. Um so mehr überrascht es, daß man in einem dieser Spirituals Maria als »diese mit der Sonne bekleidete Frau, den Mond unter ihren Füßen« besungen findet.[574] Das ist eine Bezugnahme auf die Stelle 12,1 im Buch der Offenbarung: »Dann erschien ein großes Zeichen am Himmel: eine Frau, mit der Sonne bekleidet; der Mond war unter ihren Füßen und ein Kranz von zwölf Sternen auf ihrem Haupt.« Die Anwendung dieses Titels auf die Jungfrau Maria war typisch für die römisch-katholische, nicht aber die protestantische Tradition der Auslegung des Neuen Testaments.[575] Insbesondere jedoch war diese Stelle in der Tradition zur Rechtfertigung und Bestätigung der Erscheinung desselben »Zeichens am Himmel« und der mit der Sonne bekleideten Frau nicht nur vor dem Seher der Apokalypse, sondern auch vor späteren Visionären benutzt worden. Seit der hier in der Apokalypse beschriebenen Vision sind im Lauf der Jahrhunderte buchstäblich Tausende von Marienerscheinungen berichtet worden. Eine der frühesten stammt aus dem 4. Jahrhundert. Sie wird vom philosophischen Theologen und Mystiker Gregor von Nyssa in einer Predigt in seiner Biographie Gregors des Wundertäters überliefert.[576]

Trotz der hervorragenden Bedeutung des Heiligen und Theologen, der von ihr berichtet hat, ist diese frühe Marienerscheiung nie von den zuständigen kirchlichen Autoritäten als echt anerkannt worden. Unter den Kritikern von Marienerscheinungen ist der Eindruck weit verbreitet, die Kirche fördere neben anderen abergläubischen Dingen auch solche Erscheinungen, um damit Leichtgläubige zu ködern.[577] In Wirklichkeit zeigt die Geschichte ihrer Anerkennung im Gegenteil klar und deutlich, daß »die Kirche, was Erscheinungen angeht, sehr klug vorgeht und ihnen einen niedrigen Rang zuweist, weil es sich dabei um Zeichen handelt, die unsere Sinne ansprechen und daher der Illusion der Subjektivität ausgeliefert sind.«[578] Das stellte René Laurentin fest, die führende Autorität auf dem Gebiet der Geschichte der Marienerscheinungen, dessen kritische Edition der Dokumente um die Erscheinungen in Lourdes 1858 und die nachfolgenden Ereignisse einen unverzichtbaren Fundus an historischem Quellenmaterial für die gesamte Geschichte der Marienerscheinungen darstellt.[579] Ein 1962 veröffentlichter Katalog der Marienerscheinungen, die aus den unzähligen von einzelnen und Gruppen berichteten Erlebnissen kirchlicherseits die Anerkennung der Glaubwürdigkeit gefunden haben, bietet die folgende Liste solcher Erscheinungen in der chronologischen Reihenfolge ihres Stattfindens (was nicht immer der chronologischen Reihenfolge ihrer Anerkennung entspricht):[580]

9.–12. Dezember 1531: in Guadalupe, Mexiko, vor Juan Diego;[581]
17. November 1830: in Paris vor Schwester Catherine Labouré;[582]
19. September 1846: in La Salette in den französischen Alpen bei Grenoble vor Maximin Giraud und Mélanie Calvat;[583]
11. Februar – 16. Juli 1858: in Lourdes, Frankreich, vor Bernadette Soubiroux;[584]
12.–13. Januar 1866: in Filippsdorf (Philippsdorf), jetzt in der Tschechischen Republik, vor Magdalena Kade;
17. Januar 1871: in Pontmain in Britannien;
8. Juli 1876: in Pompeji, Italien;
13. Mai – 13. Oktober 1917: in Fátima, Portugal, vor den drei Kindern Lucia, Francisco und Jacinta;[585]
29. November 1932 – 3. Januar 1933: in Beauraing, Belgien;[586] und
15. Januar – 2. Februar 1933: in Banneux, Belgien, vor Mariette Beco.[587]

Die drei berühmtesten dieser zehn und diejenigen, die wir hier kurz besprechen werden, sind die Marienerscheinungen von Guadalupe, Lourdes und Fátima. Unter denen, die keine kirchliche Anerkennung erlangten, war vermutlich die berühmteste die Reihe von Erscheinungen, welche am 3. Juli 1876 in Marpingen im Saarland vor fünf jungen Mädchen begannen, nämlich Katharina Hubertus und ihrer Schwester Lieschen Hubertus, Susanna Leist, Margaretha Kunz und Anna Meisberger.[588]

Für unsere Zwecke hier ist wichtig, daß den meisten dieser neuzeitlichen Erscheinungen mehrere Züge gemeinsam waren. Der Historiker David Blackbourn machte im Lauf seiner Untersuchungen der Erscheinungen von Marpingen die folgenden typischen »Elemente der klassischen modernen Erscheinung« aus, wie sie in Lourdes »verschmolzen« worden waren: »Schlichte Einfachheit der demütigen Visionärin, Ausrichtung einer Botschaft, anfängliche Skepsis des Gemeindepfarrers, feindselige Reaktion der zivilen Autoritäten, Behauptung von Wunderheilungen, und schließlich zielstrebig die Schaffung eines offiziellen Kults durch die Kirche«[589] – wobei letzteres natürlich im Fall der Visionen von Marpingen 1876 fehlte.

Offensichtlich zählte die überwältigende Mehrheit derjenigen, denen die Jungfrau Maria in dem Jahrhundert erschien, das es verdient, das große Jahrhundert der Marienerscheinungen genannt zu werden, nämlich in den hundert Jahren von 1830 bis 1930[590], nicht zu den Mitgliedern der Eliten, sondern es waren einfache Laien und Bauern.[591] Diese Tatsache wurde als Erfüllung des Ausspruchs und der Prophezeiung Marias im Magnificat gesehen: »Er zerstreut, die im Herzen voll Hochmut sind; er stürzt die Mächtigen vom Thron und erhöht die Niedrigen. Die Hungernden beschenkt er mit seinen Gaben und läßt die Reichen leer ausgehen« (Lk 1,51–53). Das war ein starker Unterschied zu vielen der früheren Erscheinungen im Mittelalter: damals hatte sich Maria vorwiegend professionell-religiösen Menschen offenbart, sowie Ordensleuten (was noch für die erste auf der Zehnerliste, Schwester Catherine Labouré, zutraf); unter diesen stammten manche, wie etwa die heilige Birgitta von Schweden, aus der Oberschicht. Aber als sich am 13. Mai 1946 mehr als 700.000 Pilger, fast ein Zehntel der Gesamtbevölkerung Portugals, in Fátima zu Ehren Marias als der Königin des Friedens versammelten, um ihr für das Ende des Zweiten Weltkriegs zu danken, waren es, wie schon zuvor während der 30 Jahre der Verehrung dieser bestimmten Erscheinung »Putzfrauen, Kellner, Junge und Alte, Reiche und Arme, alle Arten von Leuten (aber die meisten von ihnen einfach, die meisten barfuß, die meisten Arbeiter und ihre Familien)«, die Maria huldigten.[592] Mochte nun die Erklärung für diese Bevorzugung der Armen und Demütigen darin bestehen, wie Kritiker wie Emile Zola unterstellten,[593] daß dabei die manipulative Macht der Kirche über die unüberwindliche Ignoranz der unerleuchteten Massen im Spiel war, was sich legen würde, wenn sich Wissen und Schulbildung durchsetzten, oder darin, wie die Verteidiger behaupteten, daß Maria nun einmal eine Vorliebe für Menschen habe, die wie sie selbst seien[594] – jedenfalls lieferten sowohl die anfänglichen Reaktionen auf die Visionen als auch die nachfolgenden Kontroversen über sie gelegentlich regelrechte Schulbuchtexte über den »Klassenkampf«, bei dessen Interpretation sich sein einflußreichster Befürworter, obwohl selbst alles andere als ein Proletarier, auf die Seite des Proletariats schlug, selbst wenn er derartige Äußerungen der Spiritualität der Unterklassen als »Opium für das Volk« verachtete.

Die mit der Erscheinung der Jungfrau von Guadalupe im Jahre 1531 zusammenhängenden Ereignisse knüpften sich an Spannungen, die nicht nur den Klassen–, sondern auch den Rassenkampf bezeugten, sowie auch den Kampf um den religiösen Synkretismus.[595] Denn Juan Diego war Indio, und diejenigen, welche zu Anfang die Glaubwürdigkeit seines Berichts in Abrede stellten, waren Kaukasier.[596] Bei den Meinungsverschiedenheiten über *Nuestra Señora de Guadalupe* geht es also darum – so heißt es in einer von der Befreiungstheologie des 20. Jahrhunderts inspirierten Darstellung –, »daß der weiße Mann Werk oder Sendung des Indios anerkennen muß. Hier steht das Wort des Indios auf dem Spiel, und es ist seine Sendung, darum zu kämpfen, daß er von den Weißen anerkannt wird. In diesem Kampf ist sich der Indio sicher, daß er felsenfest Maria im Rücken hat.«[597] Die Untersuchung des Aufstiegs des Kults der Jungfrau von Guadalupe durch Anthropologen hat viele enge Verbindungen zu den Lebensbedingungen der eingeborenen Indiobevölkerung unter der spanischen Kolonialherrschaft ergeben.[598] Ebenso wurde sie nicht nur als Mittel gesehen, den selbstbewußten Widerstand der Indios gegen die Umwandlung ihres Heimatlandes in »Neu-Spanien« zu rechtfertigen, sondern auch, um ein »weibliches Selbstverständnis« im Widerstand zu der männlich-patriarchalen Dominanz, die die spanischen Konquistadoren – und auch die spanischen Missionare – darstellten, zu behaupten.[599] Offensichtlich spielte bei diesen Auseinandersetzungen auch eine Rolle, daß am Ort der Erscheinung ursprünglich eine weibliche Gottheit der Eingeborenen verehrt wurde, die die spanischen christlichen Missionare auszumerzen versucht hatten und die ihnen nun in der ausgeliehenen Verkleidung als Muttergottes zu ihren Indios zurückgekommen zu sein schien.[600] Doch war diese Situation auch sonst nicht ohne gewisse ironische Züge. Schon der Name »Guadalupe«, der jetzt derart eng mit den Anliegen der Indios in Mexiko verbunden ist, daß man ihn schon »die inoffizielle, private Flagge der Mexikaner« genannt hat,[601] war kein Indio-Wort, sondern spanischen Ursprungs und ursprünglich der Name eines Marienheiligtums in der Provinz Cáceres in Spanien gewesen, lange bevor Juan Diego überhaupt *Nuestra Señora de Guadalupe* sah. Die anhaltende große Bedeutung der Marienverehrung im Spanien dieser Zeit wird durch ihre vielen dortigen Erscheinungen im Mittelalter und der frühen Neuzeit belegt und durch die vielen barocken Marienstatuen vor Augen geführt.[602] Aber indem sie sich mit der eingeborenen Bevölkerung und den dortigen Unterdrückten identifizierte, wurde Maria, die Jungfrau von Guadalupe, »zur Mutter von Mexiko«, wie der Dichter Octavio Paz gesagt hat,[603] »zum mexikanischen Nationalsymbol«.[604] Der Doppeltitel einer ihr gewidmeten Ausstellung: »Mother of God, Mother of the Americas«[605] brachte diese Doppelrolle recht gut zum Ausdruck, die sie im Lauf der Zeit übernommen hat. In den ihr gewidmeten Werken der Dichtkunst haben alle diese Themen ihren Niederschlag gefunden.[606]

Manchmal, wenn Maria erschien, verharrte sie im Schweigen, was gelegentlich ganz rätselhaft wirkte. Aber üblicherweise teilte sie eine Botschaft mit, zunächst an die Visionärinnen oder Visionäre für ihre private Frömmigkeit, doch dann auch an die Kirche und an die Welt. Gelegentlich, wie im berühmten »dritten Geheimnis« der Muttergottes von Fátima,[607] wurde diese Botschaft als Geheimbotschaft mitgeteilt, die erst zu einem späteren Zeitpunkt, wenn sie am dringendsten gebraucht würde, veröffentlicht werden sollte. Gewöhnlich hatte das wilde Spekulationen zur Folge, was diese Geheimbotschaft wohl enthalte und wann sie veröffentlicht würde. Am meisten Aufmerksamkeit haben die politischen Botschaften der Jungfrau erregt, sowohl in der Boulevardpresse wie in der wissenschaftlichen Literatur. Unsere Liebe Frau von Guadalupe wurde schon allein durch den Umstand, daß sie sich einen Indio-Eingeborenen und keinen spanischen Eroberer für ihre Erscheinung ausgewählt hatte, zum mexikanischen Nationalsymbol und wirkte entscheidend bei »der Ausprägung eines mexikanischen Nationalbewußtseins« mit.[608] Aber unsere beiden anderen Fallstudien, Lourdes und Fátima, wie auch Marpingen, stellten ausdrückliche Eingriffe Marias in die zeitgenössische politische Situation mittels einer Botschaft dar. In Lourdes zum Beispiel »wurde Maria, die Zuflucht der Kranken und Sünder, zugleich zur Maria des katholischen Frankreich. Mit ihrer Unbefleckten Empfängnis besiegte sie nicht nur Satan, sondern auch seine republikanischen Legionen und materialistischen Ideen. Als Königin des Himmels war sie zugleich die Königin Frankreichs, oder zumindest das Symbol des ›wahren Frankreich‹. Doch in ihrer Jugendlichkeit und schlichten Gewandung konnte sie auch mit den Jungen, Armen und Demütigen identifiziert werden. Maria war wirklich ein einheitstiftendes Symbol, das dem französischen Volk helfen konnte, seine Differenzen auf den Gebieten von Klasse, Region und Lokalem zu überwinden.«[609]

In einem ganz ähnlichen Sinn stellte Papst Pius XII. eine direkte Verbindung zwischen dem Erscheinen Marias im Jahre 1917, dem Höhe- und Wendepunkt des Ersten Weltkriegs, und der zeitgenössischen Krise eines weiteren Weltkriegs her, als er sich 1942, am 25. Jahrestag der Erscheinung der Muttergottes in Fátima, an das portugiesische Volk wandte, was sich dann tatsächlich als das Wendejahr des Zweiten Weltkriegs herausstellte. »Je größer die Gnaden sind, für die ihr heute Unserer Lieben Frau von Fátima dankt, je größer euer Vertrauen ist, das ihr bezüglich eurer Zukunft in sie setzt, je näher ihr euch ihr fühlt, die euch unter ihrem Lichtmantel birgt, desto tragischer erscheint im Gegensatz dazu das Schicksal so vieler Nationen, die durch die größte Katastrophe der Weltgeschichte zerrissen werden ... Jetzt kann uns mehr denn je nur noch das Vertrauen auf Gott helfen; Maria trägt es für uns zum Thron Gottes, sie ist unsere Mittlerin.«[610] Aber für viele, die die Feuerprobe beider Weltkriege bestanden hatten, einschließlich der Kirche, die im Lauf ihrer Geschichte schon zahllose Kriege mitgemacht hatte, war das Ergebnis des Zweiten Weltkriegs wiederum eine nicht weniger bedrohliche Prüfung. Die Tatsache, daß jetzt Osteuropa, einschließlich nicht nur östlich orthodoxer Länder wie Rußland, Serbien und Bulgarien, sondern auch römisch-katholische Länder wie Polen, Kroatien und Litauen der Herrschaft einer Militärmacht und politischen Ideologie unterworfen waren, die dem Christentum und jeder Religion gegenüber sogar noch feindlicher eingestellt war als die Französische Revolution, drückte den Führern der römisch-katholischen Kirche sehr aufs Gemüt. Als Papst Paul VI. 1967 zum 50. Jahrestag der Erscheinung nach Fátima kam, um dort Maria zu verehren, erklärte er deshalb: »Die ganze Welt ist in Gefahr. Aus diesem Grund haben Wir Uns zu Füßen der Königin des Friedens begeben, um sie um die Gabe Gottes anzuflehen, daß er auf seine göttliche, gute, gnädige und geheimnisvolle Weise eingreife.«[611]

Doch die Konzentration auf die politischen Botschaften der Jungfrau hat gelegentlich weltlich gesinnte Journalisten und Historiker zu einer Reduktion verleitet, bei der die Rolle übersehen wird, die Maria auch bei der lehrmäßigen Entwicklung der Botschaft der Kirche gespielt hat. Ihr Eingreifen wurde vor allem dann deutlich, wenn es darum ging, solche Lehren weiterzuentwickeln, die speziell von ihrer Person handelten. In den beiden folgenden Kapiteln werde ich mich mit zwei der drei wichtigsten »neuen« Lehren befassen, die von der katholischen Kirche in der Neuzeit definiert worden sind: mit dem Dogma von der Unbefleckten Empfängnis Marias 1854 und dem Dogma ihrer leiblichen Aufnahme in den Himmel 1950. (Das dritte war das Dogma über die Unfehlbarkeit des Papstes, das 1870 vom Ersten Vatikanischen Konzil promulgiert wurde, zumindest teilweise, um die Dogmenverkündigung Pius' IX. von 1854 abzusichern.) In Lourdes erschien Maria vor allem, um wenige Jahre danach das erstgenannte dieser Dogmen zu bekräftigen, denn die geheimnisvolle Dame sagte zu Bernadette Soubiroux (in ihrem eigenen heimatlichen Dialekt): »Ich bin die Unbefleckte Empfängnis.«

Angesichts des Konservativismus sowohl der politischen wie der religiösen Botschaften, die die Jungfrau bei ihrem Erscheinen stets brachte, mag es überraschend erscheinen, daß die offizielle Reaktion auf allen Ebenen nicht immer gleich begeistert war. Tatsächlich ließ die Kirche beim Umgang mit Phänomenen dieser Art immer sehr viel Vorsicht walten, und sie entwickelte im Lauf der Jahre einen Raster doktrinärer und pastoraler Kriterien dafür, das Echte vom Eingebildeten zu unterscheiden.[612] Was Blackbourn als »die anfängliche Skepsis des Gemeindepfarrers und die feindselige Reaktion der zivilen Autoritäten« konstatiert[613], ist zum Gemeinplatz aller Erscheinungsberichte geworden.[614] Im einen um den anderen Bericht über Marienerscheinungen, einschließlich derer von Juan Diego und Bernadette, besticht die Tatsache, daß durchgängig dem Ortspfarrer und den lokalen Behörden eine negative Reaktion zugeschrieben wird.

Solche Reaktionen seitens des Klerus und der Ortsbehörden weisen auf die tiefe Zweideutigkeit des Phänomens der Marienerscheinung an sich hin, das ein zweischneidiges Schwert darstellt. Denn die Marienerscheinung diente als Waffe in dem zeitweisen Rückzugsgefecht der Kirche gegen ihre modernen Feinde. Das Frankreich von Voltaire und Diderot mochte gegen Ende des 18. Jahrhunderts von allen Seiten als das Saatbeet des Rationalismus und die Festung des Atheismus angesehen werden; und ausgerechnet diesem rationalistischen, atheistischen Frankreich gewährte Maria im darauffolgenden Jahrhundert immer wieder ihr Erscheinen, am 17. November 1830 in Paris vor Schwester Catherine Labouré, am 19. September 1849 vor Maximin Giraud und Mélanie Calvat in La Salette, und vor allem vom 11. Februar bis 16. Juli 1858 in Lourdes vor Bernadette Soubiroux. Es besteht guter Grund zur Annahme, daß weder die intellektuelle Verteidigung der christlichen Offenbarung durch das apologetische Bemühen der römisch-katholischen Theologie im 19. Jahrhundert einschließlich der Neubelebung der thomistischen philosophischen Apologetik, noch die politische Verteidigung der institutionellen Kirche und ihrer Privilegien gegen den damaligen Antiklerikalismus derart nachhaltig zur Stärkung der Kirche beigetragen haben, vor allem unter den einfachen Leuten, wie das Faktum der Marienerscheinungen. Denn zu Recht hat man gesagt: »Rom ist das Haupt der Kirche, aber Lourdes ist ihr Herz.«[615] Doch das machte auch ein gut Stück weit die Zwiespältigkeit der Marienerscheinungen aus. Die Autorität des Gemeindepfarrers im Beichtstuhl und selbst die Feierlichkeit seines Hochamts in der Pfarrkirche schienen angesichts der dramatischen Anziehungskraft der persönlichen Erscheinung keiner geringeren als der Muttergottes persönlich und ihres ständigen Wiederkommens in der Grotte von Lourdes zur Bedeutungslosigkeit zu verblassen. Wie zur Zeit der Reformation der von Wanderpredigern betriebene Handel mit päpstlichen Ablässen schienen auch jetzt die Marienerscheinungen mit ihren ganzen Nebenwirkungen die Verwaltung des Bußsakraments im Rahmen der Pfarrei zu untergraben, so daß ein sich redlich mühender Gemeindepfarrer im Frankreich des 19. Jahrhunderts durchaus das Gefühl haben konnte, die »Phantastereien« dieser Kinder, sie hätten die Jungfrau Maria gesehen, stellten nur eine Störung seiner geregelten Seelsorge dar.

Für viele der Marienwallfahrtsorte, die infolge dieser Erscheinungen entstanden sind, war die deutlichste Dimension diejenige des Wunderbaren, die einen Massenzustrom von Pilgern zur Folge hatte, welche vor allem durch das Auftreten von Wundern angezogen wurden. Zunächst einmal bezog sich dieser Charakter des Wunderbaren auf die Visionen selbst, die eine außergewöhnliche Fähigkeit voraussetzten, mochte man als tiefste Ursache nun übernatürliche Kräfte oder eine Neurose annehmen. Eine Erscheinung Marias oder Christi war für sich genommen ein transzendentes Geschehen, dessen Glaubwürdigkeit gewöhnlich danach bemessen wurde, wie glaubwürdig irgendwelche damit verbundenen Wunder waren. War umgekehrt der »wundertätige« Charakter erst einmal akzeptiert oder »verifiziert« (woraus immer der Prozeß der Verifikation bestanden haben mochte), so weitete sich die Wunderkraft aus auf die Person der Visionäre oder auf den Ort der Erscheinung oder auf irgendwelche physischen Merkmale dieses Orts, selbst wenn das physische Element, wie etwa das wundertätige Heilwasser von Lourdes, weit vom ursprünglichen Erscheinungsort weggetragen wurde. Doch immer waren, zumindest in der Theorie, die Wunder und ihre Glaubwürdigkeit der Person der Jungfrau Maria zu verdanken und nicht irgendeinem magischen Phänomen, selbst wenn die Wunderkraft jetzt in bestimmten Orten oder Gegenständen stecken mochte, die sie berührt oder durch ihre Gegenwart geheiligt hatte. Die häufig vermerkte im Lauf der Zeit erfolgte Umkehrung der Bedeutung von Wundern – von der alten Ansicht bei Heiden wie Christen, daß Wunder Handlungen seien, die die Autorität des Wundertäters bewiesen, zur modernen, von der Aufklärung beeinflußten Sicht, daß die Glaubwürdigkeit angeblicher Wunder von der anerkannten Autorität des sie wirkenden heiligen Menschen abhänge – läßt sich hier nicht ganz anwenden, denn die Wunder von Lourdes und Fátima haben in beiden Richtungen gewirkt.

Die Statistiken über Wunderheilungen, vor allem im Fall von Lourdes, sind auf unterschiedliche Weise aufgenommen worden.[616] Man hat schon geschätzt, ob richtig oder nicht, daß Lourdes in etwas weniger als anderthalb Jahrhunderten doppelt so viele Pilger angezogen hat wie Mekka in mehr als 13 Jahrhunderten.[617] Zweifellos waren unter den dorthin Reisenden auch manche Touristen und an kuriosen Dingen Interessierte, aber viele andere kamen nur, um zu beten. Dagegen haben Zehntausende, wenn nicht Millionen, die Pilgerfahrt nach Lourdes in der Hoffnung auf eine Wunderheilung irgendwelcher Krankheiten des Leibes oder Geistes unternommen. Die wundertätigen Kräfte der Jungfrau von Lourdes und der Jungfrau von Fátima sind auch von höchster Ebene der Autorität aus bestätigt worden. Die gesamte zivilisierte Welt, römisch-katholisch oder nicht, war schockiert, als am 13. Mai 1981 Papst Johannes Paul II. auf dem Petersplatz angeschossen und schwer verletzt wurde und wie durch ein Wunder überlebte. Der Papst selbst ließ keine Zweifel darüber, wie er diese Heilung sah und warum er genas: »Und wieder bin ich zum Schuldner der Heiligen Jungfrau geworden ... Könnte ich vergessen, daß sich der Vorfall auf dem Petersplatz an dem Tag und zu der Stunde ereignete, als man der ersten Erscheinung der Mutter Christi vor mehr als sechzig Jahren vor den armen Bauernkindern in Fátima in Portugal gedachte? An diesem Tag ... verspürte ich jenen außergewöhnlichen mütterlichen Schutz, der sich als stärker als die tödliche Kugel erwies.«[618] Drei Päpste, Pius XII. am 25. Jahrestag der Erscheinungen, Paul VI. durch seinen Besuch am Gnadenort zum 50. Jahrestag, Johannes Paul II. nach dem Attentatsversuch, richteten ihre besondere Aufmerksamkeit auf Unsere Liebe Frau von Fátima, wie sie und andere Päpste des 20. Jahrhunderts sich mit ihrer Autorität auch hinter die Verehrung Unserer Lieben Frau von Lourdes stellten.

Denn das Gegenstück zu der »anfänglichen Skepsis«, die Blackbourn als typisches Merkmal für die Geschichte von Marienerscheinungen bezeichnet, ist das, was er »die zielstrebige Schaffung eines offiziellen Kults durch die Kirche« nennt, wofür Lourdes für ihn ein hervorragendes Beispiel (und Marpingen eine hervorragende Ausnahme) ist.[619] Der Grund dafür ist vielleicht, wie Barbara Pope gesagt hat, »daß Rom ... ein Interesse daran hatte, in dem Land einen traditionellen Glauben abzustützen, das es als das Saatbeet der modernen Revolutionen betrachtete ... Die vereinten Motive von Glaube und politischem Gespür bewegten das Papsttum dazu, den französischen Katholiken zu bestätigen, daß sie von Maria besonders auserwählt seien.«[620] Ähnlich war es 1930 die Tat des »Ordinarius«, des zuständigen Bischofs von Leiria, »(1) die Glaubwürdigkeit der Erscheinungen der Hirtenkinder an der Cova da Iria in der Pfarrei von Fátima in dieser Diözese jeweils am 13. Tag der Monate Mai bis Oktober 1917 zu bestätigen und (2) die offizielle Erlaubnis zur Verehrung Unserer Lieben Frau von Fátima zu erteilen.«[621] Alles andere als einer zögerlichen Laienschaft von einem autoritären Regime auferlegt, wie feindselige Interpreten unterstellten, ist der Glaube an Marienerscheinungen sehr oft den kirchlichen Autoriäten von unten her aufgenötigt worden, mittels dessen, was man als eine Art demokratischen Prozesses bezeichnen könnte. John Henry Newman hat diesen Prozeß einmal so beschrieben – wobei er nicht von der Lehre über Maria im 19. Jahrhundert sprach, sondern von der Lehre über die Dreifaltigkeit im vierten –: hier habe sich »die Orthodoxie der Gläubigen« als stärker erwiesen als die Spekulation der Theologen.[622] Realistischer (oder sarkastischer) ist es wohl, die Gewähr der kirchlichen Approbation und die systematische Ermutigung eines offiziellen Kults als das Bemühen anzusehen, in den Myriaden von Marienverehrern die Übersteigerungen einzudämmen, für die die Marienfrömmigkeit besonders anfällig ist. In diesem Sinn hat ein Fachmann geurteilt: »In Lourdes findet sich infolge seiner sorgfältigen Überwachung durch die Kirche von den Anfängen an vielleicht der am straffsten kontrollierte und orchestrierte aller Wallfahrtskulte, sowohl bezüglich Deutung wie Praxis«[623], obwohl man hinzufügen muß, daß zumindest in mancher Hinsicht Gudalupe und Fátima dem nicht besonders nachstehen. Mit Sicherheit wird man jedenfalls sagen dürfen, daß für viele Millionen von Menschen keine Form der Marienverehrung oder Lehre über Maria von größerer Bedeutung war als ihre wunderbaren Erscheinungen.

ABB. 17
Die Jungfrau von der Unbefleckten Empfängnis
Diego Velázquez (ca. 1618)
National Gallery, London

14 DIE GROSSE AUSNAHME: UNBEFLECKT EMPFANGEN

Denn ich bin in Schuld geboren;
in Sünde hat mich meine Mutter empfangen.
(Ps 51,7)

Wie wir in den frühen Kapiteln dieses Buches gesehen haben, kamen die Beiträge zur Entwicklung sowohl der Verehrung Marias wie der Lehre über sie weithin aus dem christlichen Osten – aus dem Syrischen, Koptischen, Armenischen und Griechischen – und kaum aus dem lateinischen Westen, der die Ergebnisse eher aus dem Osten übernahm. Sicher, das galt auch für andere Lehrsätze, wie denjenigen von der Person Christi, obwohl das nicht auf alle zutrifft. Zur Lehre von der Dreifaltigkeit zum Beispiel leisteten lateinische Schriftsteller wie etwa Tertullian in Nordafrika substantielle Beiträge, einschließlich des Wortes *trinitas*; und auf dem Konzil von Nicäa hatte nicht nur ein westlicher Bischof, Hosius von Cordoba, den Vorsitz, sondern er war zugleich einer der maßgeblichen theologischen Ratgeber des Kaisers Konstantin, und, wie es scheint, auch die Quelle der vom Konzil angenommenen Formulierung, daß der Sohn Gottes »eines Wesens (*homoousios*) mit dem Vater« sei. Doch auch diese Formel, die ihre Ursprünge in früheren Häresien hatte, war auf Griechisch.

Ein Thema der historischen Entwicklung der Marienlehre war weithin auf den Westen beschränkt: das Dogma von der Unbefleckten Empfängnis.[624] Der Grund dafür liegt in der Form, die die Lehre von der Erbsünde im Westen angenommen hatte, die wiederum eng mit der Deutung der Gestalt Marias verbunden ist.[625] Die Aussage über die jungfräuliche Geburt Jesu Christi – oder genauer, über seine jungfräuliche Empfängnis – hat ihren Ursprung im Neuen Testament, wo sie sich in den Evangelien von Matthäus (1,18) und Lukas (1,34) findet, aber nirgends sonst.[626] In der ersten dieser beiden Stellen, so hat Krister Stendahl gesagt, »ist die Geschichte von der Jungfrauengeburt theologisch stumm; kein christologisches Argument und keine Einsicht wird aus diesem großen göttlichen Eingriff abgeleitet.«[627] Die Erzählung bei Lukas ging etwas genauer auf die

Bedeutung dieses Eingriffs ein, denn der Engel sagte zu Maria: »Der Heilige Geist wird über dich kommen, und die Kraft des Höchsten wird dich überschatten. *Deshalb* wird auch das Kind heilig und Sohn Gottes genannt werden« (Lk 1,35). Das Wort »deshalb« (*dioti*) zeigte an, daß »das Eingreifen selbst-evident ist«[628] und daß folglich die Heiligkeit und göttliche Sohnschaft des Kindes eine Verknüpfung, vielleicht sogar kausaler Art, mit den besonderen Umständen seiner Empfängnis hatte; aber es sagte nichts Genaueres darüber, worin diese Verbindung bestanden haben könnte.

Wie bereits früher bemerkt, war vermutlich Ambrosius von Mailand, der wiederum zum Mentor des Augustinus in dieser Thematik wurde, verantwortlich dafür, einen »ursächlichen Zusammenhang zwischen der jungfräulichen Empfängnis und der Sündlosigkeit Christi, dem Freisein von der Befleckung der Erbsünde« herzustellen, also »die Gedankenverbindung: Fortpflanzung der Erbsünde durch die geschlechtliche Verbindung sowie die Sündlosigkeit Christi infolge seiner jungfräulichen Empfängnis.«[629] Um von Sünde frei zu sein, mußte Christus folglich frei von der normalen Weise der Empfängnis sein; das war der logische Schluß, den Ambrosius aus den Worten des Propheten Jesaja in der Fassung der Vulgata zu ziehen schien: »Wer wird erzählen, daß er gezeugt wurde?« (Jes 53,8: *Quis enarrabit generationem eius?*) Für seine weitere Beweisführung stammte sein wichtigster Schriftbeweis ebenfalls aus dem Alten Testament, nämlich aus Psalm 51,7: »Denn ich bin in Schuld geboren; in Sünde hat mich meine Mutter empfangen.« Laut Überschrift dieses Psalms hatte diese Worte David gesprochen, »als der Prophet Natan zu ihm kam, nachdem sich David mit Batseba vergangen hatte.« Laut Ambrosius wurde David »als rechtschaffener als alle anderen betrachtet«. Wenn nun Christus der Rechtschaffene schlechthin sein sollte, mußte das »aus keinem anderen Grund als dem sein, daß er als jemand, der von einer Jungfrau geboren war, in keiner Weise an die Verordnungen gegen eine schuldhafte Art des Gezeugtwordenseins gebunden war.«[630] Daher faßte Ambrosius das Verhältnis zwischen der Erbsünde und der Jungfrauengeburt Christi folgendermaßen zusammen: »Obwohl er die natürliche Substanz dieses wirklichen Fleisches annahm, wurde er nicht in Schuld empfangen noch in Sünde geboren – er, der nicht aus dem Blut noch aus dem Willen des Fleisches noch aus dem Willen des Mannes geboren war, sondern aus dem Heiligen Geist von einer Jungfrau.«[631] (Es lohnt zu diesen Worten anzumerken, daß Ambrosius eine früher erwähnte lateinische Variante benutzte, infolge derer die Worte von Joh 1,13 im Singular verwendet und auf die Geburt Christi angewandt wurden.[632]) Diese Lehre von der Erbsünde wurde durch das Denken des Augustinus von Hippo in die westliche Lehre eingeführt, und sie machte wiederum eine spezielle Erörterung des genauen Platzes Marias im Schema von Sünde und Erlösung notwendig.[633]

Denn wohin geriet dadurch die Jungfrau Maria? Sie hatte ohne Sünde empfangen, aber wie war sie ihrerseits empfangen *worden*? An einer berühmten und umstrittenen Stelle seines Werks *Über die Natur und die Gnade*, einer der wichtigsten Abhandlungen, die er der Verteidigung der Lehre von der Erbsünde widmete, hatte Augustinus die großen Heiligen des Alten und Neuen Testaments aufgezählt, die allesamt dennoch Sünder gewesen seien. Dann fuhr er fort: »Wir müssen eine Ausnahme bei der Jungfrau Maria machen, bezüglich derer ich gar keine Frage stellen will, wenn es um das Thema der Sünden geht, weil ich dem Herrn die Ehre geben will. Denn von ihm wissen wir, welche Überfülle der Gnade zum Besiegen der Sünde in jeder Hinsicht (*ad vincendum omni ex parte peccatum*) derjenigen verliehen wurde, die das Verdienst hatte, den zu empfangen und gebären, der zweifellos keine Sünde hatte.«[634] Als er eine solche Aussage machte, war Augustinus in seiner Marienlehre der griechischen Tradition treuer als in seiner Lehre über die Natur des Menschen. Wie bereits in Kapitel 6 dargelegt, gingen der Osten und der Westen bei ihrer Erörterung des Verhältnisses von Natur und Gnade von sehr unterschiedlichen Ansätzen aus – die vielleicht verschiedener voneinander waren als zum Beispiel die Ansätze von Thomas von Aquin und Martin Luther. Trotz dieser Unterschiede zwischen Augustinus' Theorie von der Erbsünde und den Definitionen der »Vorvätersünde« (*propatrikon hamartèma*) bei den griechischen Kirchenvätern waren sie sich einig bezüglich der Theotokos, wie dieses Zitat aus *Über die Natur und die Gnade* zeigte. Allerdings erklärte Augustinus diese große Ausnahme nicht genauer, sondern überließ es der Lehrentwicklung des Westens, sie im Lauf der folgenden 14 Jahrhunderte genauer zu erhellen.

Einer der frühesten und wichtigsten Denker im lateinischen Westen, der diese Entwicklung in Gang brachte, war im 9. Jahrhundert ein Benediktinermönch in Corbie, Paschasius Radbertus.[635] Er ist vor allem als derjenige in Erinnerung, der die Lehre von der Realpräsenz des Leibes und Blutes Christi auf eine neue Diskussionsebene gebracht und auf bedeutende Weise bereits die Form vorweggenommen hat, die diese Lehre schließlich mit der Annahme des Begriffs der Transsubstantiation durch das Vierte Laterankonzil 1215 erhalten sollte. Aber Radbertus war zugleich auch mit einem Traktat darüber, wie Maria gebar, ein Pionier auf dem Gebiet der Lehre über Maria. Ferner wird Radbert nach fast einhelligem Konsens auch als Verfasser einer Abhandlung mit dem Titel *Cogitis me* (»Ihr zwingt mich«) betrachtet, die jedoch unter dem Namen des Hieronymus im Umlauf war, welcher mehr als vierhundert Jahre früher gelebt hatte. Diese Schrift *Cogitis me* war der Frage gewidmet, ob es angemessen sei, ein Fest zur Erinnerung an die physische Geburt der Jungfrau Maria zu feiern, statt ein Fest zur Erinnerung an den Tag ihres Sterbens oder ihrer »Entschlafung«[636] zu begehen, das sich als siegreicher Höhepunkt ihres Lebens feiern ließe. Die Erörterung dieser Frage führte unvermeidlich nicht nur zum Thema ihrer Geburt, sondern auch zu dem ihrer Empfängnis, und vor allem, ob sie wie alle anderen Menschen auch in der Erbsünde empfangen und geboren worden sei oder ob sie auch darin als große Ausnahme von dieser universalen Regel betrachtet werden müsse, nachdem ihr Sohn Jesus Christus die erste Ausnahme davon gewesen war. Der Traktat des Radbertus stellte diese Frage, ließ sie aber ungeklärt.

Während des Hochmittelalters sprach niemand deutlicher und eloquenter über Maria als einer der großen Prediger der Geschichte des Christentums, Bernhard von Clairvaux.[637] Wie bereits früher erwähnt, legte Dante seinen Lobpreis der Jungfrau am Schluß der *Göttlichen Komödie* Bernhard in den Mund und verwendete dazu ausgiebig Zitate aus seinen Schriften.[638] Aber als es zu der Frage kam, die hier als die »große Ausnahme« bezeichnet wird, war Bernhard unerbittlich. In seinem berühmten *Brief 174* an die Kanoniker der Kathedrale von Lyon betonte er: »Wenn es angemessen ist, zu sagen, was die Kirche glaubt, und wenn das, was sie glaubt, wahr ist, dann sage ich, daß die Glorreiche (Jungfrau) vom Heiligen Geist empfing, aber nicht ihrerseits ebenfalls auf diese Weise empfangen wurde. Ich sage, sie gebar als Jungfrau, aber nicht, sie sei geboren von einer Jungfrau. Denn worin bestünde dann das Vorrecht der Mutter Gottes?«[639] Weithin war man des Glaubens, die »besondere Neuheit der Gnade«, dank derer Maria Christus geboren hatte, habe auf keine Weise die Art beeinflußt, auf die sie selbst geboren sei, sondern diese habe sich nicht vom ganz normalen Empfangen- und Geborenwerden unterschieden. Doch schien die Jungfrauengeburt

Christi aus einer Frau, die selbst in Sünde empfangen und geboren worden war, nicht die Frage lösen zu können, wie er bei seiner Geburt sündenlos sein konnte, wenn seine Mutter es nicht war. In den Augen mancher Kritiker und sogar Vertreter dieser Argumentation schien das auf die Vorstellung der Rückführung auf eine endlose Kette sündenloser Vorfahren hinauszulaufen, die womöglich bis auf Adam und Eva zurückging. Sie alle hätten dann vor aller Sünde bewahrt werden müssen, um die Sündenlosigkeit Marias und Christi zu gewährleisten. Eine gewisse »überflüssige Neugier« konnte sodann über Marias Eltern spekulieren, um zu ergründen, wie sie selbst geboren worden war, um erklären zu können, wie sie selbst geboren hatte. Denn wenn die Lehre des Augustinus stimmte – was inzwischen allgemein unterstellt wurde –, daß alle, die auf die übliche Weise empfangen und geboren werden, von der Erbsünde befleckt sind, dann mußte Maria auf irgendeine Art eine einzigartige Ausnahme dargestellt haben. So blieb zu ergründen, »wie es kam, daß die Jungfrau schon vor der Empfängnis Christi (von der Erbsünde) geläutert wurde«. Das konnte nicht »anders als durch ihn« geschehen sein, den sie gebar, denn er war rein, sie nicht. Einmütigkeit herrschte, daß Maria durch Christus erlöst worden sei, so daß sie zwar seinen Tod beklagte, weil er ihr Sohn war, aber ihn auch begrüßte, weil er ihr Erlöser war.[640] Ein der Erinnerung ihrer Empfängnis oder Geburt gewidmetes Fest, das gelegentlich hie und da eingeführt worden war, war deshalb unangemessen, denn das Besondere an ihr war nicht, wie sie empfangen worden war, sondern wie sie empfangen hatte. Aber Bernhard fügte auch die wichtige Klausel hinzu, er sei bereit, sich in der ganzen Frage dem Urteil Roms zu unterwerfen, sowohl was die Lehre von der Unbefleckten Empfängnis selbst anging, als auch die Einführung eines Festes zum Gedenken der Geburt Marias.

Die ikonographische Tradition hatte wie die theologische zwei Entwicklungsstränge, die beide nicht ganz klar miteinander zu vereinbaren waren. Der eine war von der Tendenz geprägt, das Menschsein Marias hervorzuheben, und folglich auch ihre Beziehung zu ihren Eltern Anna und Joachim. Verschiedene Gemälde und Altartafeln mit dem Thema der »Kindheit Marias« stellten die Legenden über ihr Leben dar, vor allem über ihre frühen Jahre, die entstanden waren, wie etwa, sie habe schon in jungen Jahren ein Gelübde der Keuschheit abgelegt.[641] Eine geradezu naturalistische Darstellung ihrer Kindheit ist zum Beispiel Peter Paul Rubens' *Anna unterweist Maria*, das eine normale bürgerliche

Familie zeigt, in der die Mutter unterrichtet und die Tochter lernt. Aber wie es in der Geschichte der Lehre über Maria oft der Fall war, nahm die christliche Kunst die Dogmenentwicklung vorweg, die dann schließlich wieder zur Ikonographie aufholte. Auf eine Vielzahl künstlerischer Ausdrucksweisen wurde die unbefleckte Empfängnis direkt und indirekt ins Bild gebracht, wie auch ein umfangreicher Bestand an Symbolen dafür geschaffen wurde.[642] Mehrere dieser Symbole, namentlich den Mond als Symbol für die unbefleckte Empfängnis, hat Diego Velázquez in sein frühes Gemälde *Die Jungfrau von der Unbefleckten Empfängnis* eingewoben. Etliche Kommentatoren dieses Gemäldes haben darauf hingewiesen, daß es sich jeder Idealisierung enthalte, mußten andererseits jedoch auch den dramatischen Gebrauch des Lichtes vermerken, mit dem der Künstler das Geheimnis dieser »großen Ausnahme« zum Ausdruck bringt.

Da die Kontroverse über die unbefleckte Empfängnis sich bereits im 13. und 14. Jahrhundert entwickelte[643], wurde es üblich, die beiden Zitate der Lehrer von gewichtiger Autorität im lateinischen Westen einfach nebeneinander zu stellen: die Beschreibung des Augustinus, Maria sei auf irgendeine Weise eine »Ausnahme« gewesen, und Bernhards *Brief 174* an die Kanoniker von Lyon, der sich gegen die unbefleckte Empfängnis aussprach. Hatte man sie beide nebeneinander, dann konnte der Betreffende je nach Standpunkt den einen Text vom anderen her erklären. Gregor von Rimini zitierte dazu noch andere Stellen aus Augustinus, die Christus als einzige Ausnahme von der Universalität der Erbsünde bezeichneten, und er erklärte, in der fraglichen Stelle müsse er nur vom aktuellen Sündigen gesprochen haben; darüber, daß Maria davon frei gewesen sei, waren sich alle, einschließlich Bernhard, einig. Aber diese Erklärung konnte diejenigen nicht zufriedenstellen, die die Formulierung des Augustinus »zum Besiegen der Sünde in jeder Hinsicht« (*ad vincendum omni ex parte peccatum*) so verstanden wissen wollten, daß sie sowohl das aktuelle Sündigen, als auch die Erbsünde umfasse, so daß unter allen Heiligen nur Maria nicht die Worte des Herrengebets sprechen mußte: »Und vergib uns unsere Schuld«.

Der umstrittene Brief Bernhards war um so störender, als Bernhard grundsätzlich ja als leidenschaftlicher Maienverehrer galt. So enthielten zum Beispiel alle *Predigten über die Festtage der Glorreichen Jungfrau Maria* von Gabriel Biel, einem energischen franziskanischen Verfechter der unbefleckten Empfängnis, mit Ausnahme einer einzigen immer mindestens ein Zitat von Bernhard, genau wie seine Erklärung der Mariendoxologie in der Messe in jedem Paragraphen Bernhard zitiert; und ebenso berief er sich in der Lehre über ihre Stellung als Mittlerin auf Bernhard. Angesichts einer derart wichtigen Autorität handelte es sich bei einer direkten Widerlegung des Briefes Bernhards, Punkt für Punkt, um ein ungemein heikles Unterfangen; aber einige wagten sich doch daran. Fanden die einen Gegenargumente in der großen Zahl von patristischen und mittelalterlichen Lehrern, die Bernhards Ansicht geteilt hatten – und sie waren zweifellos in der Mehrheit gegenüber denen, die etwas in Richtung der unbefleckten Empfängnis Weisendes gelehrt hatten –, so argumentierten die anderen, beide der von Bernhard genannten Bedingungen dafür, daß er diese Lehre akzeptiere, seien inzwischen erfüllt: es gebe derweil offiziell im Kirchenjahrskalender ein Fest der Empfängnis Marias sowie eine Aussage Roms bezüglich dieser Lehre. Es entstand auch die Legende, nicht lange nach seinem Tod habe Gott Bernhard einen schwarzen Fleck auf die Brust gesetzt, zur Strafe dafür, »geschrieben zu haben, was er über die Empfängnis Unserer Lieben Frau nicht hätte schreiben dürfen«, und daß er dafür die Läuterung des Fegfeuers habe durchstehen müssen. Diese Legende wurde sogar dazu benutzt, seine Marienlehre ganz allgemein in Verruf zu bringen; allerdings scheint das ziemlich folgenlos geblieben zu sein.

Das eindrucksvollste Argument, das Bernhard von Clairvaux und dann Thomas von Aquin sowie ihre späteren Nachfolger gegen die unbefleckte Empfängnis Marias ins Feld geführt hatten, bestand darin, wenn sie ohne Erbsünde empfangen worden wäre, hätte sie keine Erlösung nötig gehabt – was der »Würde Christi als universalem Erlöser aller Menschen« abträglich gewesen wäre. Wenn Christus für alle Toten gestorben war, dann implizierte die Tatsache, daß er auch für Maria gestorben war, notwendigerweise, daß auch sie in der Erbsünde tot gewesen war. Vor allem auf der Grundlage des bereits zitierten Psalmverses »Denn ich bin in Schuld geboren; in Sünde hat mich meine Mutter empfangen« (51,7) hatte Augustinus erklärt, die Menschheit insgesamt bedürfe der von Christus erwirkten Erlösung. Wenn Maria Teil der Menschheit sein sollte, wenn auch ein ganz spezieller Teil, traf dann diese universal geltende Aussage auch auf sie zu, und wenn nicht, warum nicht? Auf diesen spezifischen Einwand konnte man die Antwort geben, Maria sei ja auch von anderen universalen Aussagen der Schrift ausgenommen, wie etwa vom Psalmvers 116,11: »Die Menschen lügen alle.«

Die bahnbrechende Antwort auf diese ganze Fragestellung war, wie Heiko Oberman formuliert hat, »die geniale Erfindung von Scotus, der genau dieses Argument dazu verwenden sollte, die umstrittene Lehre zu *verteidigen.*«[644] Das war ein spekulativer Salto, wie es in der Geschichte des christlichen Denkens wenige, wenn überhaupt noch einen derart brillanten gab.[645] Duns Scotus betrachtete die Marienfrage ausgehend von einer theologischen Methode, die man als »Maximalismus« bezeichnet hat. Er sagte: Für Gott war es möglich, (1.) Maria vor der Erbsünde zu bewahren oder (2.) sie davon sofort im Augenblick nach ihrer Empfängnis zu erlösen (was Thomas von Aquin vertreten hatte), so daß sie zwar in Sünde empfangen, aber von Sünde rein geboren worden war, oder (3.) sie nach Ablauf einer gewissen Zeit zu läutern. »Welche dieser drei Möglichkeiten ... praktisch ausgeführt wurde«, so fuhr er fort, »weiß Gott allein«, denn weder Schrift noch Tradition enthalten darüber etwas Eindeutiges. »Aber«, so argumentierte er weiter, »wenn es nicht der Autorität der Schrift oder der Autorität der Kirche widerspricht, scheint es angemessener, Maria größere statt geringere Großartigkeit zuzuschreiben.« Oder, wie es ein späterer Denker formuliert hat, »Ich würde lieber in Richtung Überschwang irren und ihr übertriebene Vorzüge zuschreiben, als in Richtung von zu wenig und ihr eine Größe absprechen, die sie womöglich hat«: es sei besser, zu viel zu glauben und zu lehren, als zu wenig. Ein weiteres Element dieser Methode bestand aus der oft wiederholten Formel: »Was immer für Gott sowohl möglich wie in hervorragender Weise zu tun ziemlich ist, das hat er auch getan« (*potuit, decuit, fecit*). Die Vertreter dieser Formel räumten ein, daß dies für die Lehre von der unbefleckten Empfängnis unerläßlich zu sein schien, und ihre Kritiker entgegneten, die Frage sei nicht, »ob es für sie möglich war, ohne (Erb-)Sünde empfangen zu werden, sondern, ob sie tatsächlich ohne sie empfangen worden sei.« Scotus nun ging genau von der »Großartigkeit ihres Sohnes als Erlöser« aus und behauptete, der vollkommenste aller denkbaren Erlöser müsse auch »den vollkommenst möglichen Grad der Vermittlung bezüglich eines *einzigen* Geschöpfs« angewandt haben können, und die passendste Kandidatin für diese Ehre sei eindeutig seine Mutter gewesen. Die vollkommenste Form ihrer Erlösung habe obendrein darin bestanden, sie vor der Erbsünde zu bewahren, statt sie nachträglich von ihr zu befreien. Im Falle aller anderen Menschen »tilgt die rettende Erlösungsgnade die Erbsünde«, aber im Fall Marias »tilgt die *bewahrende* Gnade nicht die Erbsünde, sondern verhindert sie.«[646] In diesem Sinn konnte sogar Scotus hinter dem Satz stehen: »Maria brauchte Christus als Erlöser mehr als jeder andere Mensch«, denn sie bedurfte des Leidens Christi »nicht wegen der in ihr vorhandenen Sünde, sondern wegen der Sünde, die in ihr gewesen wäre, wenn nicht dieser ihr Sohn sie im Glauben davor bewahrt hätte.« Sie war deshalb unbefleckt empfangen, weil das, was ihr die Natur nicht hatte geben können, die besondere Gnade Gottes in ihr gewirkt hatte. Trotz des Gegenarguments, daß ja dann die vollkommenste Form der Erlösung darin bestanden hätte, alle Menschen vor der Erbsünde zu bewahren, traf es eben nur auf ihren Fall zu, daß diese Methode der Erlösung durch Bewahrung als »am passendsten« erachtet worden war und daher ihre »Wiederherstellung nicht aus einem Akt der Ergänzung dessen, was sie verloren hatte, bestand, sondern aus einem Akt der Vermehrung dessen, was (sie) bereits hatte.«

Zur schließlichen Lösung dieser Frage und damit der Kontroverse trug auch der Glaube bei, daß ein Hauptgrund für den Unterschied zwischen Maria und der gesamten übrigen Menschheit darin bestehe, daß sie nie eine aktuelle Sünde begangen habe. Das war eine Ausnahme von der allgemeinen Regel, die jeder einräumen mußte, unabhängig davon, ob sie nun mit der Erbsünde empfangen worden war oder nicht. Das Paradox dieser Ausnahme weckte bei Pierre D'Ailly eine Aussage wie die folgende, die er an Maria richtete: »Nicht infolge deiner Rechtschaffenheit, sondern dank der Gnade Gottes verdientest du es, die einzige ohne das Weh der läßlichen und der tödlichen Schuld zu sein, und, wie wir fromm glauben, auch ohne das Weh der Erbschuld.« Sein Schüler Jean Gerson führte diese Aussage vollends weiter und paraphrasierte das Apostolische Glaubensbekenntnis auf Mittelfranzösisch: »Ich glaube, daß Gott im Sakrament der Taufe jedem Geschöpf, das würdig ist, es zu empfangen, die Gnade der Verzeihung der Erbschuld gewährt, in der jeder von einer Mutter geborene Mensch empfangen worden ist, ausgenommen einzig unser Erlöser Jesus Christus und seine glorreiche Jungfrau-Mutter.« Das sollte nicht bedeuten, wie er in Entgegnung des üblichen Einwands erklärte, daß er sie auf dieselbe Ebene mit Christus stelle. Im Falle Christi habe die Sündenlosigkeit »von Rechts wegen« bestanden, im Falle Marias »als Privileg«. Ein anderes Paradox, auf das bereits Bernhard hingewiesen hatte, erschien im Evangelienbericht von der Verkündigung, bei der der Engel Maria als »voll der Gnade« (Lk 1,28: *gratia plena* im Lateinischen) begrüßt und so vermutlich unterstellt hatte, sie bedürfe keiner weiteren Gnade; dann jedoch hatte er ihr erklärt: »Der Heilige Geist wird über dich kommen« (Lk 1,35). Nun ist aber der Heilige Geist der göttliche Vermittler der heiligmachenden Gnade. Damit ergibt sich die Frage, ob die Jungfrau der Heiligung bedurft habe, oder genauer, wann sie sie erhalten habe. Gelegentlich führte die Lehre von der Unbefleckten Empfängnis in solch »überflüssige« Extreme wie in die Theorie, von Anfang der Schöpfung an habe Gott eine besondere Portion »Urmaterie« beiseitegelegt, die dazu vorherbestimmt gewesen sei, schließlich für Maria zum Zeitpunkt der Empfängnis des Fleisches Christi verwendet zu werden, oder in die Theorie, Maria, als von der Erbsünde frei, sei auch von allen daraus sich ergebenden Folgen frei, einschließlich des physischen Erschöpftwerdens. Selbst unter denen, die solche Theorien vertraten, gab es solche, die darauf hinwiesen, es gebe bestimmte Gaben und Privilegien, wie zum Beispiel die vollständige Kenntnis der Zukunft, die Christus seiner Mutter hätte geben können, aber nicht gegeben habe. Jedenfalls setzte sich dieser Denkansatz durch, und im 16. Jahrhundert wandten ihn schließlich sogar die Nachfahren des Thomas von Aquin an, um damit die Lehre von der Unbefleckten Empfängnis zu bekräftigen.

Auf der 36. Sitzung des Konzils von Basel wurde am 18. Dezember 1439 dekretiert, bei der Aussage von der Unbefleckten Empfängnis Marias handle es sich um »eine fromme Lehre, im Einklang mit dem Gottesdienst der Kirche, dem katholischen Glauben, der rechten Vernunft und der Heiligen Schrift.« Es wurde vorgeschrieben, daß diese Lehre »von allen Katholiken gebilligt, gehalten und bekannt werden« solle, und es wurde verboten, im Widerspruch dazu zu predigen oder zu lehren. Man hätte meinen können, damit sei die Frage gelöst gewesen, und das war wohl auch die Absicht gewesen. Nur war zum Zeitpunkt dieser Sitzung Basel selbst von einer Wolke überschattet, und dies wegen seiner Aussagen und Handlungen bezüglich des Verhältnisses der Autoritäten von Papst und allgemeinem Konzil, die später verurteilt wurden. Das hatte zur Folge, daß auch die Verlautbarungen dieser späteren Sitzungen des Basler Konzils für ungültig erklärt wurden, weil es sich nicht um ein »ökumenisches Konzil« gehandelt habe. Daher war das Dekret über die Unbefleckte Empfängnis kirchenrechtlich nicht bindend. Dennoch verwendeten Verteidiger der Unbefleckten Empfängnis im 15. Jahrhundert dieses Dekret dazu, zu behaupten, zu früheren Zeiten möge es erlaubt gewesen sein, die Unbefleckte Empfängnis in Frage zu stellen, aber jetzt habe die Kirche endgültig zu dieser Frage gesprochen, und es sei »töricht und und unziemlich«, immer noch dagegen zu sein. Gegen Ende des 15. Jahrhunderts hatte diese Lehre, ob nun mit oder ohne Autorität des Konzils von Basel, allgemeine Akzeptanz in der abendländischen Christenheit erlangt; sie wurde von den Gläubigen geglaubt und von den Lehrern der Kirche gelehrt.

Auf dem Konzil von Trient, das von 1545 bis 1563 zumindest zum Teil zur Abwehr der Angriffe der protestantischen Reformation gegen die katholische Lehre abgehalten wurde, darunter auch gegen die Lehre von der Unbefleckten Empfängnis und andere angeblich nach- und unbiblische Lehren über Maria, führte die ausführliche Debatte über die Erbsünde unvermeidlich wieder zur Diskussion über die Unbefleckte Empfängnis.[647] Als in einem Dekretsentwurf für die siebte Sitzung des Trienter Konzils von der Erbsünde gesagt wurde, sie werde übermittelt »an das gesamte Menschengeschlecht entsprechend ihrer universalen Gesetzmäßigkeit«, führten die Konsequenzen, die diese Aussage für die Marienlehre gehabt hätte, zu seiner Streichung und schließlich bei der 14. Sitzung zu einem neuen Paragraphen am Schluß des Dekrets, in dem ausdrücklich gesagt wurde, es sei nicht die Absicht des Konzils, Maria in seine Aussage über die Universalität der Erbsünde mit einzuschließen, und es wurden die Konstitutionen über Maria zitiert, die 1477 und 1483 Papst Sixtus IV. erlassen hatte. Immer noch nicht jedoch wurde die Lehre von der Unbefleckten Empfängnis als bindendes Dogma und damit Glaubensartikel für die gesamte Kirche erklärt. Das sollte erst am 8. Dezember 1854 durch die Bulle *Ineffabilis Deus* von Papst Pius IX. erfolgen, der erklärte: »Die Lehre, derzufolge dank einer einzigartigen Gnade und eines Privilegs des Allmächtigen Gottes im Hinblick auf die Verdienste Jesu Christi, des Erlösers des Menschengeschlechts, die Seligste Jungfrau Maria vom ersten Augenblick ihrer Empfängnis an von allem Makel der Erbsünde bewahrt wurde, ist von Gott offenbart und muß daher fest und beständig von allen Gläubigen geglaubt werden.«[648] Weniger als vier Jahre danach, am 25. März 1858, erschien im französischen Dorf Lourdes in den Pyrenäen dem Hirtenmädchen Bernadette Soubiroux »eine wunderschöne Dame« und verkündete ihm in seinem Heimatdialekt: »Ich bin die Unbefleckte Empfängnis.«[649]

Der genaue Inhalt des von Pius IX. über die Unbefleckte Empfängnis promulgierten Dogmas führte zu kontroversen Stellungnahmen und Polemiken seitens der östlichen Orthodoxie und des westlichen Protestantismus, denn, wie

Marina Warner gesagt hat, »obwohl die Griechen durch ihren Kult ihrer wunderbaren Geburt den Weg zur Lehre von der Unbefleckten Jungfrau freigelegt hatten, waren sie gegen jede andere Form ihrer Verehrung als unter derjenigen der Mutter des Erlösers, und dieser Überzeugung schlossen sich auch die Reformierten Kirchen an.«[650] Aber diese Lehraussage über Maria war ein gut Stück weit überschattet von den Fragen um Prozedur und Recht des Papstes, von sich aus ein die ganze Kirche bindendes Dogma erlassen zu können: Es ging um die Lehre von der Unfehlbarkeit des Papstes, die dann die Tagesordnung des Ersten Vatikanischen Konzils von 1869–1870 derart beherrschte, daß die weitere Ausarbeitung der Marienlehre auf später verschoben wurde. Es war daher ein faszinierender Widerspruch in der Geschichte des abendländischen Denkens, daß ein Großteil des Gewichts der Autorität der augustinischen Erbsündenlehre der Lehre über das »Privileg« Marias zu verdanken war, infolgedessen Jesus Christus von einer Jungfrau geboren und daher von der Erbsünde frei war, aber daß genau diese Lehre über ihr »Privileg« in späteren Jahrhunderten die abendländischen Erben des Augustinus in die Notwendigkeit führte, eine ausführliche Erläuterung dieses »Privilegs«, auf ganz einmalige Weise heilig zu sein, ausarbeiten zu müssen. Wieder erwies sich die Lehre über Maria als einer der wichtigsten Orte, um die Prozesse zu beobachten und zu testen, durch die sich die großen Ideen entwickelt haben.

15 DIE HIMMELSKÖNIGIN. IHRE ENTSCHLAFUNG UND IHRE AUFNAHME

Verschlungen ist der Tod vom Sieg.
(1 Kor 15,54; Jes 25,8)

Im Verlauf dieses ganzen Buches habe ich bei der Darstellung der Themen und Lehren bezüglich der Jungfrau Maria bewußt die vielen sowohl kulturellen wie theologischen Debatten über sie, die während des 20. Jahrhunderts ausgebrochen sind, ausgeblendet.[651] Ich erwähnte sie nur kurz in der Einleitung als Hintergrund für den dann folgenden Überblick, der sich nur mit den frühen Jahrhunderten befaßte; oder in einigen Fällen habe ich sie nur deshalb erwähnt, um den Bericht über eine frühere Entwicklung in seine nachfolgenden Etappen einzuordnen.[652] Doch ein Ereignis in der Geschichte Marias genau in der Mitte dieses Jahrhunderts samt seinen Nachwirkungen muß als das abschließende – oder jedenfalls jüngste – Stadium der Geschichte mit einbezogen werden: die Veröffentlichung der päpstlichen Bulle *Munificentissimus Deus* am 1. November 1950.[653] In dieser feierlichen Proklamation, die vermutlich den Stempel der vom Ersten Vatikanischen Konzil dekretierten päpstlichen Unfehlbarkeit trug, wurde der Glaube an die leibliche Aufnahme der Jungfrau Maria, der sowohl von den Gläubigen wie den Theologen schon lange vertreten wurde, durch Papst Pius XII. als Dogma der römisch-katholischen Kirche promulgiert: » ... daß die Unbefleckte Mutter Gottes, Maria *Semper Virgo*, nach Ablauf ihres irdischen Lebens *mit Leib und Seele* in die himmlische Herrlichkeit aufgenommen wurde.«[654] So wurde es 1950 für die römischen Katholiken obligatorisch, zu glauben und zu lehren, was die spanische Marienmystikerin Schwester María de Jesús de Agreda in ihrem *Leben der Jungfrau Maria* schon 1670 gesagt hatte, nämlich, daß Maria »zur rechten Hand ihres Sohnes und des wahren Gottes erhoben wurde und auf demselben königlichen Thron wie die Allerheiligste Dreifaltigkeit sitzt, wohin zuvor weder Menschen noch Engel noch Seraphe gelangt sind, noch in alle Ewigkeit gelangen werden. Das ist das höchste und ausgezeichnetste Privileg unserer Königin und Herrin: auf dem gleichen Thron wie die göttlichen Personen zu sitzen und darauf ihren Platz zu

Abb. 18: *Tod Mariens*
Winchester-Psalter, Ms. Cotton Nero V.IV, fol. 29 (ca. 1145–1155)
The British Library, London

Abb. 19: *Maria als Himmelskönigin*
Winchester-Psalter, Ms. Cotton Nero V.IV, fol. 30 (ca. 1145–1155)
The British Library, London

haben, als Kaiserin, indes die ganze übrige Menschheit nur Diener oder Minister des höchsten Königs sind.«[655]

Es überraschte ganz und gar nicht, daß die Veröffentlichung der Bulle *Munificentissimus Deus* unter protestantischen Theologen und Geistlichen einen Aufruhr verursachte, der sich sowohl auf ihren doktrinären Inhalt als auch auf den dogmatischen Autoritätsanspruch dieser Verlautbarung bezog.[656] Sie wurde als scharfes und im Geist der Konfrontation verfaßtes Dokument gesehen, das nur spaltend wirken könne, was um so tragischer erschien, als es gerade zu dem Zeitpunkt herausgegeben wurde, als die schmerzlich langsame Vertiefung des ökumenischen Bewußtseins erste Zeichen der Heilung der alten Konflikte zwischen den östlichen und den westlichen Kirchen und sogar zwischen dem Protestantismus und dem römischen Katholizismus zu zeitigen begann. Seit einiger Zeit hatten sich die Positionen der römisch-katholischen und der protestantischen Tradition über die Autorität der Schrift und die Rechtfertigungslehre angenähert, also über die beiden zentralen die Lehre betreffenden Fragen der Reformation – die so zentral gewesen waren, daß man während des 19. Jahrhunderts die erstere als das »Formalprinzip« und die letztere als das »Materialprinzip« des reformatorischen Protestantismus bezeichnet hatte. Römisch-katholische Theologen betonten zunehmend, ja bedeutend stärker, als das viele ihrer Vorgänger im 16. Jahrhundert im polemischen Klima der Reformation und Gegenreformation getan hatten, daß die Autorität der Schrift, und zwar in den Originalsprachen, die Legitimität einer christlichen Lehre begründete (womit sie also zumindest in einem gewissen Sinn das Prinzip *sola Scriptura* bejahten), und andererseits nahmen protestantische Theologen mehr als früher die Ansprüche der Tradition ernst, sowie die Rolle, die die Tradition beim Zustandekommen der Heiligen Schrift gespielt hatte. Ähnlich war es der römisch-katholischen Theologie zum festen Anliegen geworden, den Primat der Initiative der von Gott geschenkten Gnade (*sola gratia*) und die zentrale Bedeutung der Rechtfertigung durch den Glauben (*sola fide*, ebenfalls nur in einem bestimmten Sinn) zu betonen, während umgekehrt in der protestantischen Lehre deutlicher gesehen wurde, daß die guten Werke untrennbar mit dem rechtfertigenden Glauben verbunden seien. Zu dem Zeitpunkt also, wo man auf beiden Seiten zumindest begonnen hatte, einigen dieser wichtigsten Trennungsgründe die Spitze zu nehmen, kamen nun die marianischen Lehraussagen über die Unbefleckte Empfängnis von 1854 und die leibliche Aufnahme in den Himmel von 1950, als wolle man diesem Trend gegensteuern und neue Gründe zur Verewigung der Kirchenspaltung schaffen. Selbst eine wohlwollende protestantische Stimme fühlte sich 1950 gezwungen, die Warnung auszusprechen: »Während heute die Mehrheit der Kirchen mit Tränen der Reue vor Gott bekennt, daß sie an der Zertrennung des Leibes Christi mitschuldig sind und im gemeinsamen Gebet und ernsthaften wissenschaftlichen Bemühen die Meinungsverschiedenheiten zu verringern und das Feld der Übereinstimmung zu vergrößern versuchen ... würde die römische Kirche durch ein Dogma von der Aufnahme Marias das Feld der Meinungsverschiedenheit nur wieder vergrößern. Die Schaffung eines Dogmas von der Aufnahme Marias in Himmel würde heute inmitten der Bemühungen um eine Annäherung der Kirchen als grundsätzliches Veto seitens der römischen Kirche gedeutet werden.«[657] Das Gegenargument lautete, daß sich das Neue Testament und die frühen Jahrhunderte der Kirche darüber ausgeschwiegen hätten, »wann (und wie) Maria ihren irdischen Lebenslauf vollendet habe«, obwohl in den nachfolgenden Jahrhunderten viele Traditionen und verschiedene fromme Meinungen darüber entstanden waren.[658] Aber es schien völlig anmaßend und bar jeder biblischen Grundlage, wenn man jetzt diese Traditionen und Meinungen aufgriff und sie in den Status einer offiziellen Lehre erhob, die gesamte Kirche *de fide* darauf verpflichtete und ihnen dieselbe Autorität wie etwa der Lehre von der Dreifaltigkeit zusprach.

Im Gegensatz zu dieser Reaktion äußerte sich der im 20. Jahrhundert einflußreiche Psychologe Carl Gustav Jung in einem eindrucksvollen und kontroversen Buch, das erstmals 1952 in Deutschland unter dem Titel *Antwort auf Hiob*[659] veröffentlicht wurde, über die Bedeutung Marias. Das Jahr seiner Erstveröffentlichung ist vielsagend, denn das Buch enthielt Jungs Reaktion auf die Bulle Pius' XII. C.G. Jung war der Abkömmling einer langen Reihe Schweizer protestantischer Pastorenfamilien und wurde Mitarbeiter und später Gegner Sigmund Freuds. Aber in seiner *Antwort auf Hiob* verteidigte er grundsätzlich die päpstliche Lehre. Das Buch Ijob, das in der Stimme Gottes aus dem Wettersturm gipfelte: »Wer ist es, der den Ratschluß verdunkelt mit Gerede ohne Einsicht?« (38,2), hatte den Begriff der Transzendenz Gottes so weit wie möglich in die Richtung dessen vorgetrieben, was Martin Luther später als den *Deus absconditus* bezeichnen würde, den verborgenen Gott. Aber durch ihre Lehre von der Inkarnation und dann noch stärker durch ihre Marienvorstellung hatte das katholische

Christentum die Strenge dieser Transzendenz gemildert und die Gottheit gütiger und zugänglicher erscheinen lassen, »so wie eine Henne ihre Küken unter ihre Flügel nimmt« (Mt 23,37).

Bereits 1854, zur Zeit der Promulgation des Dogmas von der Unbefleckten Empfängnis, gab es in vielen Lagern der römisch-katholischen Kirche einen breiten Rückhalt für eine entsprechende Definition der Lehre von der leiblichen Aufnahme Marias in den Himmel, und im Vorfeld des Ersten Vatikanischen Konzils von 1869/70 drangen 195 der Konzilsväter darauf. Die politischen und kirchlichen Wirren, die dieses Konzil begleiteten, verhinderten die Möglichkeit einer solchen Definition; aber auch wenn die Lehre von der leiblichen Aufnahme Marias erst 1950 in den Rang eines Dogmas erhoben wurde, und dann nur im Katholizismus, hatte sie doch in der Tradition einen festeren Rückhalt und ältere Zeugnisse für sich, als zum Beispiel die Lehre von der Unbefleckten Empfängnis vor ihrer Definition für sich gehabt hatte.[660] Im Kirchenjahrskalender gab es ein eigenes Fest dafür, das seit dem Mittelalter auf den 15. August festgelegt war.[661] Dieses Fest diente dem Gedächtnis »des Tages, an dem sie aus der Welt genommen wurde und in den Himmel einging«, sagte Bernhard im selben Brief, in dem er die Einführung eines Festes der Unbefleckten Empfängnis in Frage stellte.[662] Durch ihre Gegenwart, so erklärte er anderswo in einer Reihe brillanter Predigten zum Fest Mariä Himmelfahrt, leuchte nicht nur die ganze Welt, »sondern auch das himmlische Vaterland in weit hellerem Glanz, denn es wird vom Strahlen ihrer jungfräulichen Lampe erhellt.«[663] Bei ihrer Aufnahme war sie über alle Engel und Erzengel erhöht worden, und alle Verdienste der Heiligen waren von denjenigen dieser einen Frau übertroffen worden. Die Aufnahme Marias bedeutete, daß die Menschennatur in einen höheren Rang als alle unsterblichen Geister erhoben worden war.

Die östliche Christenheit war an der dogmatischen Definition der leiblichen Aufnahme Marias in den Himmel nicht beteiligt.[664] Das bedeutete jedoch nicht, daß dieses Thema bei der Entwicklung der Glaubenslehre in Byzanz nicht ebenfalls bedacht worden wäre.[665] Es gab eine Überlieferung, die das Konzil von Ephesus 431 wiederholt hatte, derzufolge der Jünger Johannes im Gehorsam gegen die Weisung Christi vom Kreuz herab: »Frau, siehe dein Sohn! ... Siehe, deine Mutter!« Maria »zu sich genommen habe« (Joh 19,26–27), sie gemeinsam in Ephesus gelebt hätten und sie dort gestorben sei. Eine spätere und ziemlich unzuverlässige Überlieferung wollte sogar genau das Haus der Jungfrau in Ephesus kennen. Die

Stunde ihres Todes, oder, wie sie gewöhnlich genannt wurde, ihrer »Entschlafung« (lateinisch *dormitio*, griechisch *koimèsis*)[666], wurde auf sehr vielen Ikonen dargestellt. Diese Ikonen sind Zeugnisse der christlichen Kunst aus sehr früher Zeit.[667] Weil dieses Thema in der ikonographischen Tradition so geläufig war,[668] hatten die Verteidiger der Ikonen auch Anlaß, sich über die Entschlafung Marias zu äußern. Theodor von Studion zum Beispiel beschrieb das Ereignis als »unaussprechliches« Geheimnis. Am Ende ihres irdischen Lebens seien die zwölf Apostel sowie die beiden alttestamentlichen Gestalten Henoch und Elija (die beide laut Gen 5,24 und 2 Kön 2,11 leibhaftig in den Himmel entrückt worden waren) um die Theotokos versammelt gewesen[669]. Außerdem gab es eine Homilie zum Thema der Entschlafung Marias, die dem Patriarchen Modestos von Jerusalem aus dem 7. Jahrhundert zugeschrieben wurde.[670] Allerdings wurde diese Homilie aufgrund textimmanenter Anzeichen auf ungefähr ein Jahrhundert nach Modestos datiert; doch viele der darin gefeierten mariologischen Themen waren natürlich trotzdem schon viel älteren Datums.[671] Denn wie ein späterer byzantinischer Historiker[672] berichtet, war gegen Ende des 6. Jahrhunderts das Fest der Entschlafung Marias durch ein kaiserliches Dekret auf den 15. August gelegt worden (was, wie bereits gesagt, auch in der westlichen Kirche das Datum für das Fest Mariä Himmelfahrt[673] wurde). So gehörte es schließlich zu den zwölf großen Festen des Kirchenjahres, die die Ostkirche feierte. In genau dieselbe Zeit lassen sich die frühesten ikonographischen Behandlungen des Themas durch byzantinische Künstler zurückverfolgen. Eine Elfenbeinplakette mit der Szene der Entschlafung Marias entstammt zwar einer späteren Zeit der byzantinischen Kunstgeschichte (vielleicht erst dem 12. Jahrhundert), aber sie behandelt das Thema besonders eindrucksvoll: die Theotokos ist von den Gestalten der zwölf Apostel umgeben; daneben stehen noch zwei weitere Gestalten, die ihr Gesicht verhüllen (vielleicht Henoch und Elija, aus dem vorhin genannten Grund); über ihr schweben Engel und strecken ihr die Hände entgegen, um sie in den Himmel aufzunehmen.[674] Im Zentrum der Plakette steht – in einer eindrucksvollen Umkehrung der Rollen, die sie auf den herkömmlichen Ikonen von Mutter und Kind einnehmen – Christus in herrscherlicher Haltung und trägt Maria als Kind in seinen Armen. Die erwachsene Maria liegt still da, kurz bevor sie in den Himmel aufgenommen wird – offensichtlich mit Leib wie Seele, wie der Osten und schließlich auch der Westen bestätigten –, und dort sollte sich der Prozeß der Vergöttlichung ihres Menschseins vollenden.

In der Kunst des Westens schloß die Darstellung der Entschlafung Marias oft ihre Aufnahme in den Himmel zumindest ein, wie zum Beispiel in Caravaggios *Tod der Jungfrau Maria.*[675] Eine besonders dramatische Darstellung der Verbindung und des Kontrasts zwischen der Entschlafung und der Aufnahme findet sich in zwei Illustrationen des Psalters von Winchester, der »vor 1161« datiert wird; sie stellen den *Tod Marias* und *Die Himmelskönigin* dar.[676] Bei beiden Ereignissen sind dienende Engel zugegen, und wieder trägt Christus im Augenblick ihrer Entschlafung Maria als Kind in seinen Armen. Aber das Besondere an der Gegenüberstellung der beiden ist, daß die Gestalt, die bei der Entschlafung ruhend daliegt, laut Inschrift der zweiten Abbildung *Ici est faite Reine del Ciel,* »jetzt Königin des Himmels geworden ist«. Jetzt halten die Engel zu ihren beiden Seiten Siegesbanner, um anzuzeigen, daß sie, die den Feind besiegt und das Haupt der Schlange zertreten hat – denn laut der Vulgata-Fassung hatte Gott bereits im Garten Eden versprochen, daß »sie« (*ipsa*) es tun werde (Gen 3,15)[677] –, jetzt an dem Sieg teilhat, der nicht nur durch das Leiden und den Tod Christi, sondern auch durch seine Auferstehung vollendet wurde. In diesem Sinn erklärte Papst Pius XII. in *Munificentissimus Deus,* wobei er in seinem Latein das griechische Wort *anastasis* für die Auferstehung verwendete: »Wie die glorreiche Auferstehung Christi (*gloriosa Christi anastasis*) ein wesentlicher Bestandteil und die letzte Trophäe dieses Sieges war, so sollte auch der Kampf, den die selige Jungfrau mit ihrem Sohn gemeinsam durchfochten hatte, mit der ›Verherrlichung‹ ihres jungfräulichen Leibes vollendet werden. Sagt doch der Apostel (1 Kor 15,54 nach Jes 25,8): ›Wenn sich dieses Sterbliche mit Unsterblichkeit bekleidet, dann erfüllt sich das Wort der Schrift: Verschlungen ist der Tod vom Sieg.‹«[678]

Wie die Bezugnahme des Papstes auf den 1. Korintherbrief und durch ihn auf Jesaja: »Verschlungen ist der Tod vom Sieg« zeigte, war eine der Fragen um die Aufnahme Marias gewesen, ob sie regelrecht gestorben oder wie Henoch und Elija lebend in den Himmel aufgenommen worden sei.[679] Die früher bei der Darstellung Marias als Schmerzensmutter[680] erörterte Weissagung des Simeon: »Dir selbst aber wird ein Schwert durch die Seele dringen« (Lk 2,35) schien zu implizieren, daß Maria sterben werde, genau wie ihr göttlicher und sündenloser Sohn. Doch ihrem Wortlaut nach sprach diese Prophezeiung nur vom »Schmerz, nicht vom Martyrium des Todes«. Doch lieferte das trotzdem keinen hinreichenden Grund, »Zweifel bezüglich ihres Todes zu wecken«, denn von Natur aus war sie nun einmal sterblich. Obendrein schien diese Prophezeiung den von manchen gehegten frommen Gedanken zu widerlegen, Maria habe ohne Schmerzen geboren und werde darum auch ohne Schmerzen gestorben sein; denn »kraft welcher Autorität kann man annehmen, sie habe in ihrem Körper keine Schmerzen empfunden? ... Aber ob sie nun bei ihrem Tod Schmerzen empfand, was Gott grundsätzlich hätte zulassen können, oder ob sie keine verspürte, was Gott ihr hätte gewähren können«, schien der Schluß jedenfalls zu lauten, daß »die Selige Jungfrau durch das Sterben dem Ärgernis des Fleisches ausgeliefert wurde.« Diesen Schluß allerdings milderte der weithin verbreitete Glaube der »christlichen Frömmigkeit«, daß auf ihr Sterben unmittelbar eine Auferweckung erfolgt sei, an die sich ihrerseits unmittelbar ihre Aufnahme in den Himmel angeschlossen habe; denn sie war »die Erstlingsfrucht der (menschlichen) Unvergänglichkeit.« Doch wurde eingeräumt, »daß wir nicht zu behaupten wagen, daß die Auferweckung ihres Leibes bereits stattgefunden habe, da wir wissen, daß dies von den heiligen Vätern nicht erklärt worden ist.« Es sei zwar »unziemlich, zu glauben, das auserwählte Gefäß« des Leibes Marias sei der Verwesung unterworfen worden, aber dennoch »wagen wir nicht zu sagen, daß sie auferweckt wurde, und das aus keinem anderen Grund, als daß wir es nicht anhand eines eindeutigen Beweises behaupten können.«

Die Verteidiger und Vorreiter des Dogmas von Mariens Aufnahme in den Himmel haben betont, diese Wahrheit sei voll vereinbar mit dem Gesamt der christlichen Lehre sowie mit der ganzen vorausgehenden Entwicklung der Lehre über Maria.[681] In ihrer Funktion als Vertreterin des gesamten Menschengeschlechts hatte sie, wie schon früher bemerkt, auf einzigartige Weise das delikate Verhältnis zwischen göttlicher Gnade und menschlicher Freiheit vorgelebt, indem sie freiwillig Gottes Plan, die Menschheit durch seinen Sohn zu erlösen, zugestimmt hatte. Mit ihrer Antwort »Mir geschehe, wie du es gesagt hast« (Lk 1,38) hatte sie die Abfolge von Ereignissen in Bewegung gesetzt, die zur Erlösung der Menschheit und ihres Sieges über Sünde und Tod dank des Todes und der Auferstehung Christi führen würden. Ihren Sieg über jegliche Sünde, Erbsünde wie aktuelle Sünde, hatte sie dank des einzigartigen Geschenks erzielt, das ihr im Hinblick auf die Verdienste Jesu Christi zuteil geworden war, mittels ihrer Unbefleckten Empfängnis von der Last der Erbschuld verschont zu bleiben. Es war nur logisch, so ließ sich argumentieren, daß in dem Fall, den Jesaja prophezeit und

Paulus verkündet hatte, wo »der Tod vom Sieg verschlungen« sei (Jes 25,8; 1 Kor 15,54), auch ihr Tod am Sieg Christi teilhabe, und zwar als Vorwegnahme der vollen Teilhabe aller Erlösten infolge der allgemeinen Auferstehung am Ende der Menschheitsgeschichte. Immerhin hatte es bereits eine solche Vorwegnahme gegeben, als sich zur Stunde des Kreuzestodes Jesu »die Gräber öffneten, und die Leiber vieler Heiligen, die entschlafen waren, auferweckt wurden. Nach der Auferstehung Jesu verließen sie ihre Gräber, kamen in die Heilige Stadt und erschienen vielen« (Mt 27,52–53). Maria war schließlich einer solchen Ehre unendlich würdiger als jeder dieser Heiligen.

Überlegungen wie diese haben das Dogma von der leiblichen Aufnahme Marias in den Himmel wahrscheinlich zur provokantesten Illustration der Stellung der Mariologie insgesamt gemacht, als des kontroversesten Fallbeispiels dafür, welche Probleme die »Entwicklung der Lehre« als historisches Phänomen und als Thema für die Ökumene mit sich bringt.[682] Denjenigen, die eine grundsätzliche Abneigung schon gegen den Gedanken einer Weiterentwicklung der Lehre oder der Vorstellung, Maria solle überhaupt zum Gegenstand einer selbständigen »Lehre« werden, statt im Rahmen der Lehre über Christus oder über die Kirche dargestellt zu werden (oder gegen beide dieser Fragen), bewies die Evolution des Dogmas von der Aufnahme Marias über einen so viele Jahrhunderte umspannenden Zeitraum hinweg, angefangen bei einem frommen Brauch über eine liturgische Feier bis zur spekulativen theologischen Theorie und schließlich zum offiziell erklärten Dogma, daß eine Lehrentwicklung in Theorie wie Faktum gefährlich war. Selbst diejenigen protestantischen Theologen, die bereit waren, sich mit der Vorstellung einer Entwicklung als – mit den Worten des Dominikanergelehrten Yves Congar gesprochen – »einer dem Begriff der Tradition inhärenten Dimension«[683]anzufreunden, scheuten beim Dogma von der Aufnahme Marias zurück. Bei einigen von ihnen war ein Grund dafür zweifellos eine grundsätzliche Abneigung gegen das Phänomen der Laienfrömmigkeit, aus dem heraus sich, wie wir im Verlauf dieses ganzen Buches gesehen haben, ein so großer Teil der Geschichte der Mariologie einschließlich der Überzeugung, sie sei in den Himmel aufgenommen worden, ergeben hatte. Was diese Abneigung angeht, lohnt es sich, die Ausführungen eines führenden protestantischen Kommentators über den römischen Katholizismus, der dessen Lehre und Struktur höchst kritisch gegenüberstand, in ihrer vollen Länge zu zitieren[684]:

> Die Anbetung Gottes im Geist und in der Wahrheit ist ein Ideal, das selten ganz erreicht wird. Es waren immer nur Einzelne, wie etwa die großen Mystiker, die dazu fähig waren. Alle Volksfrömmigkeit ist im Grunde schon ein Kompromiß. Nur wenige erfassen den Gedanken, daß wir uns Gott nur im Bild und Gleichnis nähern können. Es wäre aber unbarmherzig, der großen Menge der schlichten Geister dieses Bild und Gleichnis zu nehmen. Ihnen würde damit jeder Zugang zum Wesen selbst verbaut. Warum sollte Gott nicht auch ein Gebet zu Maria erhören, wenn es aus einem einfältigen, frommen Herzen emporsteigt? Gott muß – im Bilde gesprochen – wohl auch über unsere geistigeren Andachtsformen und über unsere hohen theologischen Künste lächeln, so wie wir Erwachsene im kindlichen Spiel die ernste Absicht gütig anerkennen. ... Mancher protestantische Eiferer, den jedes Votivtäfelchen mit der Aufschrift ›Maria hat geholfen‹ in Wallung bringt, merkt gar nicht, wie kleinlich er im Grunde von Gott denkt. Derselbe Eiferer hält es vielleicht für seine Gewissenspflicht, das Heil Gottes an eine bestimmte dogmatische Formel zu binden. ... Nein, der kindliche, unbewußte Paganismus ist nicht das eigentliche Übel in der marianischen Frömmigkeit.

Man beachte, daß diese Sätze wenige Jahre nach der Verkündigung des Dogmas von der Aufnahme Marias, aber auch wenige Jahre vor der Einberufung des Zweiten Vatikanischen Konzils geschrieben wurden.

Am Vorabend des Zweiten Vatikanischen Konzils schien es vernünftig, im Sinn der ökumenischen Verständigung anzuregen, daß die Katholiken erkennen sollten, was die Reformation notwendig, und die Protestanten, was sie möglich gemacht hatte. Auf kein Thema der Glaubenslehre traf dieser radikale Gegensatz mehr zu als auf dasjenige der Lehre über Maria.[685] Es gab wohlwollende wie ablehnende Beobachter, die erwarteten – oder befürchteten –, das »neue« Dogma von 1950 werde ein Jahrzehnt später zu einem weiteren Schritt in der Mariologie und zur Definition zusätzlicher »neuer« Lehraussagen führen.[686] Für diejenigen, die darauf gehofft hatten, erwies sich das Zweite Vatikanische Konzil als enttäuschend.[687] Auch die am 8. Dezember 1854 von Papst Pius IX. erlassene Bulle *Ineffabilis Deus* hatte nicht den Auftakt für unmittelbare weitere Aussagen dargestellt, sondern das 15 Jahre danach einberufene Erste Vatikanische Konzil sah sich gezwungen, dringenderen Themen des Vorrang zu geben. Ähnlich war es nach dem Dogma von 1950 auf dem Zweiten Vatikanischen Konzil: auch diesmal bedeutete dessen Promulgation nicht, daß alsbald weitere mariologische Aussagen folgen sollten. Zwar wurde, wie Avery Dulles berichtet, »ein separates Dokument über Maria in Betracht gezogen und 1962 während der ersten Session in Form eines Entwurfs der Theologischen Kommission vorgelegt«, aber die Konzilsväter beschlossen dann, die Lehraussagen über Maria in ihr erstes Dekret, die dogmatische Konstitution über die Kirche *Lumen Gentium* zu integrieren.«[688] Dulles sagte dazu weiter: »Die Väter sahen eine Gefahr darin, die Mariologie zu isoliert zu behandeln; sie zogen es vor, ihre Rolle enger mit dem Hauptthema des Konzils, der Kirche, zu verknüpfen.«[689] Sie wollten nach ihrer eigenen Aussage ausdrücklich darauf achten, »sich ebenso jeder falschen Übertreibung wie zu großer Geistesenge ... zu enthalten«, zum Teil aus ökumenischen Gründen und zum Teil, um der neuen biblischen und historischen Wissenschaft innerhalb der römisch-katholischen Kirche gerecht zu werden, die so viele Aktionen des Konzils inspiriert hatte. Was aus diesem Prozeß hervorging, war überhaupt keine neue Lehre, sondern unter dem Datum des 21. November 1964 eine ausgewogene und unparteiische Zusammenfassung der Hauptthemen, die sich aus der gesamten historischen Entwicklung der Lehre über Maria ergeben hatten.

Die fünf Hauptüberschriften, die die Konzilsväter selbst ihrem Text gaben, lauten:

I. *Die Selige Jungfräuliche Gottesmutter Maria im Geheimnis Christi und der Kirche*, worin es heißt: »Durch dieses hervorragende Gnadengeschenk (die Mutter des Sohnes Gottes und daher die bevorzugt geliebte Tochter des Vaters und das Heiligtum des Heiligen Geistes zu sein) hat sie bei weitem den Vorrang vor allen anderen himmlischen und irdischen Kreaturen. Zugleich aber findet sie sich mit allen erlösungsbedürftigen Menschen in der Nachkommenschaft Adams verbunden.« Dennoch aber hat die Heilige Synode »nicht im Sinn, eine vollständige Lehre über Maria vorzulegen (*completam de Maria proponere doctrinam*) oder Fragen zu entscheiden, die durch die Arbeit der Theologen noch nicht völlig geklärt sind« (LG 53–54).

II. *Die Aufgabe der seligen Jungfrau in der Heilsökonomie*, wo von den Büchern des Alten Testaments gesagt wird: »So wie sie in der Kirche gelesen und im

Licht der weiteren und vollen Offenbarung verstanden werden, bieten sie Schritt für Schritt deutlicher die Gestalt der Frau dar, der Mutter des Erlösers« (zitiert werden Gen 3,15 und Jes 7,14). Durch die ganze Geschichte der Bibel »ging auch die selige Jungfrau den Pilgerweg des Glaubens. Ihre Vereinigung mit dem Sohn hielt sie in Treue bis zum Kreuz« (LG 55.58).

III. Die selige Jungfrau und die Kirche. Hier wird gesagt: »Die selige Jungfrau (wurde) von Ewigkeit her zusammen mit der Menschwerdung des göttlichen Wortes als Mutter Gottes vorherbestimmt ...« Sie »vereinigt, da sie zuinnerst in die Heilsgeschichte eingegangen ist, gewissermaßen die größten Glaubensgeheimnisse in sich und strahlt sie wider (*in historiam salutis intime ingressa, maxima fidei placita in se quodammodo unit et reverberat*)« (LG 61.65).

IV. Die Verehrung der seligen Jungfrau in der Kirche. Hier wird aufgefordert, »die Gebräuche und Übungen der Andacht zu ihr (*praxes et exercitias pietatis erga Eam*), die im Laufe der Jahrhunderte vom Lehramt empfohlen wurden, hochzuschätzen«, jedoch auch darauf hingewiesen, »daß die wahre Andacht weder in unfruchtbarem und vorübergehendem Gefühl noch in irgendwelcher Leichtgläubigkeit (*neque in sterili et transitorio affectu, neque in vana quadam credulitate*) besteht« (LG 67).

V. Maria als Zeichen der sicheren Hoffnung und des Trostes für das wandernde Gottesvolk, denn: »Wie die Mutter Jesu, im Himmel schon mit Leib und Seele verherrlicht, Bild und Anfang der in der kommenden Weltzeit zu vollendenden Kirche ist, so leuchtet sie auch hier auf Erden in der Zwischenzeit bis zur Ankunft des Tages des Herrn als Zeichen der sicheren Hoffnung und des Trostes dem wandernden Gottesvolk voran« (LG 68).

Viele dieser Grundprinzipien stimmen in ihrer Formulierung (wenn auch nicht exakt) mit den in den obigen Kapiteln des vorliegenden Buches formulierten Themen überein und sollen im folgenden Kapitel noch einmal zusammengefaßt werden.

Abb. 20

Maria, Himmelskönigin

Meister der Lucia-Legende (ca. 1485)

16 DIE HEILIGE FÜR ALLE ZEITEN UND ANLIEGEN

Siehe, von nun an preisen mich selig alle Geschlechter.
(Lk 1,48)

Fast 20 Jahrhunderte hindurch sind diese Worte des Magnificat immer und immer wieder wahr geworden, und nur die kleinkariertesten Geister haben es gewagt, sich ganz herauszuhalten. In der Rückschau auf die vielen Gegenstände und Themen dieses Buches gewinnt man den Eindruck, es gebe in der Geschichte eine ganze Reihe von Gebieten, auf denen die zentrale Gestalt der Jungfrau Maria einen unerläßlichen Schlüssel zur Interpretation darstellt. Ihre Bedeutung als solcher Schlüssel hängt nicht vom Glauben oder Unglauben des Beobachters ab; denn selbst wer keinen Glauben hat oder haben kann, muß versuchen, sich in den Glauben anderer Zeitalter hineinzufühlen, um sie zu verstehen.

Es ist unmöglich, die Geschichte der abendländischen Spiritualität und Frömmigkeit zu verstehen, ohne die Rolle zu beachten, die die Jungfrau Maria darin einnimmt. Während der letzten ein, zwei Generationen hat die »Sozialgeschichte« der verschiedenen Zeitalter und Gegenden die Aufmerksamkeit vieler der wichtigsten und produktivsten Historiker beschäftigt. Wir leben daher heute in einer Zeit, wo man sich sehr für die Geschichte des Alltagslebens und daher auch der »Volksreligion« interessiert. Die Gelehrten haben sich sehr darum bemüht, Methoden zu finden, mit deren Hilfe sie über die dominierende »Hochkultur« hinaus die Überzeugungen und das praktische Verhalten der einfachen und ungebildeten Menschen erforschen können. Bei näherem Zusehen hat sich das Finden einer solchen Methodologie als weit schwieriger erwiesen, als es zunächst den Anschein hatte. Wie liest man die überkommenen Zeugnisse, von denen die meisten in literarischer Form vorliegen, so, daß man an das darin unausgesprochene (oder vielleicht sogar vorsätzlich vorenthaltene) Material herankommt, das Aufschluß über die unteren Bevölkerungsschichten und die anderen Mitglieder der schweigenden Mehrheit gibt? Wie zum Beispiel sollte der Sozialhistoriker die Gesetzgebung anderer Epochen lesen? Läßt die öftere Wiederholung von Verboten bestimmter Praktiken den sicheren Schluß zu, daß diese Praktiken bei den einfachen Leuten üblich waren, oder könnte diese Wiederholung nur die den Gesetzesvorschriften eigene Tendenz spiegeln, noch lange in den Büchern fortzuleben, auch wenn kein Bedarf mehr für sie besteht oder der Grund für ihr Entstehen längst vergessen ist? Oder wenn im Fall der Kirche eine Hauptkomponente ihrer Gesetzgebung die Form von Liturgie, Credo und Dogma angenommen hat, sollte dann der Historiker in einer späteren Zeit automatisch unterstellen, wozu orthodoxe Theologen und Historiker gelegentlich geneigt haben, daß das, was die Konzilien der Kirche gesetzlich als Dogma und Liturgie festlegten, das war, was die gemeinen Leute tatsächlich glaubten? Oder umgekehrt, ist die häufige und nicht weniger automatisch angenommene Mutmaßung unter heutigen säkularistischen Historikern tatsächlich plausibler, daß das, was die einfachen Leute tatsächlich glaubten, zweifellos ziemlich anders war als der Inhalt von Dogma und Credo, und daß man den »wahren Sinn« der Volksreligion in den Kategorien von Rasse, Klasse oder Geschlecht oder sonstwo, auf keinen Fall aber in Credo und Liturgie suchen müsse? Zu den wesentlichen Aufgaben einer solchen Sozialgeschichte würde es wohl auch gehören, wenn möglich, zumindest teilweise Antworten darüber zu finden, wie sich Ideen und Praktiken in entgegengesetzter Richtung durchgesetzt haben, das heißt, *aus* dem Glauben der einfachen Leute *hinein in* Liturgie, Credo und Dogma, statt umgekehrt.

Zumindest im Rahmen der Geschichte des Christentums kann man sich schwer einen Gegenstand vorstellen, der sich bezüglich solcher Fragen besser eignen würde als die Marienverehrung. Warum hat sie ihre Stellung in einem Großteil der westlichen Welt sogar in einem säkularisierten Zeitalter behaupten können, und sogar angesichts der antireligiösen Propaganda und regelrechten Verfolgung während der kommunistischen Ära in Ost- und Zentraleuropa? Das war bestimmt nicht in erster Linie deshalb, weil sie Gegenstand feierlicher Lehraussagen und Glaubensbekenntnisse seit den Konzilien der ersten christlichen Jahrhunderte und sogar noch am 1. November 1950 das Thema der feierlichen Promulgation eines Dogmas durch einen Papst war. Eine viel wichtigere Erklärung dafür ist, um die berühmte Aussage von »Light-Horse Harry« Lee von 1799 über George Washington zu paraphrasieren, daß sie »den ersten Platz in den Herzen ihrer Landsleute einnahm«. Historiker und vergleichende Wissenschaftler, von religionsfeindlichen Propagandisten und Verfolgern ganz zu schweigen, haben immer wieder festgstellt, wie ungebrochen und zäh sich bestimmte Formen der Religiosität von einer Epoche in die andere durchhalten, so daß es sogar äußere Frömmigkeitsformen gibt, die sich lange über das Absterben der betreffenden Frömmigkeit hinaus erhalten. Dabei darf man nicht übersehen, daß sich während dieses kontinuierlichen Fortbestehens grundlegende Veränderungen im Sinn der Worte und Handlungen vollziehen können, wofür, wie wir gesehen haben, die Marienfrömmigkeit viele eindrucksvolle Beispiele bietet.

Eine besondere Form der Marienverehrung war die Marienmystik. Lassen wir im Augenblick die höchst heikle und emotionsgeladene Frage beiseite, ob die mystische Form der Frömmigkeit und Sprache im christlichen Glauben einen legitimen Platz hat. Aber wenn sie ihn hat, dann hat sie einige ihrer tiefsten Ausdrucksweisen in den an Maria gerichteten Gebeten und Gedichten gefunden. Dem Mystiker geht es darum, sich vom Sichtbaren aus zum Unsichtbaren zu erheben, von den irdischen Gegebenheiten zu den Wirklichkeiten des Himmels, und so gehen auch diese Mariengebete von ihrer einfachen historischen Gestalt und ihrem schlichten irdischen Leben aus, um sich dann bis zu ihrer besonderen Stellung im Reich Gottes und ihrer einzigartigen Rolle im Universum zu erheben. Diese mystische Schau Marias wird zudem nicht nur als passives Genießen verstanden, sondern es heißt, ihr wohne eine transformierende Kraft inne, die sich darin äußere, daß alle, denen das Privileg geschenkt wurde, die Himmelskönigin sehen zu dürfen, von da an ihr Leben ihrem Dienst geweiht hätten. So sprach Gerard Manley Hopkins in seinem eindrucksvollen Gedicht »The Blessed Virgin Compared to the Air We Breathe« über

New Nazareth in us,
Where she shall yet conceive
Him, morning, noon, and eve,
New Bethlems, and he born
There, evening, noon, and morn -
Bethlem or Nazareth,
Men here may draw like breath
More Christ and baffle death;
Who, born so, comes to be
New self and nobler me

In each one and each one
More makes, when all is done,
Both God's and Mary's Son.[690]

Hier wird das Einssein mit Christus, von dem der Apostel Paulus mit den Worten spricht: »Ich bin mit Christus gekreuzigt worden; nicht mehr ich lebe, sondern Christus lebt in mir« (Gal 2,19–20) zu einem Einssein auch mit seiner Mutter ausgeweitet, jedoch auf ganz christozentrische Weise. Vielleicht ist es hier angesichts des heute gängigen »Psychogeredes«, das selbst unter Akademikern so hoch im Kurs liegt, notwendig, hinzuzufügen, daß diese Marienmystik keineswegs auf zölibatäre Männer wie Gerard Manley Hopkins beschränkt, sondern sowohl bei Männern wie Frauen und Verheirateten wie Unverheirateten verbreitet war.

Diese Bemerkung mag den angemessenen Rahmen dafür bieten, noch etwas über die psychologische Bedeutung Marias zu sagen. In erster Linie betrifft das ihre Bedeutung für die Frauen. Wie die Geistlichkeit aller Konfessionen vermerkt hat, waren die Frauen die ersten, die Christus am Ostermorgen begegnet sind – und oft mögen Frauen versucht sein, zu sagen, bis heute sei es fast jeden Sonntagmorgen so geblieben. Viele der eindrucksvollen Frauen aus der Geschichte des Mittelalters zum Beispiel sind uns hauptsächlich oder sogar nur mittels dessen bekannt, was Männer von ihnen oder über sie aufgeschrieben haben. Es wurde schon gesagt, daß die Visionen der Birgitta von Schweden hauptsächlich auf Lateinisch überliefert wurden, und zudem in einer Fassung, die dazu gedacht war, ihre Glaubwürdigkeit in einem Heiligsprechungsprozeß zu beweisen. Oder um zwei Beispiele aus dem 4. Jahrhundert zu nennen, die es verdienen, in plutarchischen »Parallel-Leben« verglichen zu werden: die heilige Makrina, die Schwester zweier der wichtigsten Theologen des griechischen Ostens, des heiligen Basilius von Caesarea und des heiligen Gregor von Nyssa, die später von letzterem als *adelphè kai didaskalos*, »unsere Schwester und Lehrmeisterin« in Philosophie und Theologie gefeiert wurde; und die heilige Monika, die Mutter des heiligen Augustinus, die ihn unterrichtete und mit ihm die Prüfungen seiner stürmischen Jugend durchstand, bis der heilige Ambrosius von Mailand, der Augustinus schließlich taufen sollte, zu ihr sagte, ein Kind so vieler Tränen könne nicht verlorengehen. Könnten wir die schweigenden Millionen mittelalterlicher Frauen dazu bringen, ihren Mund aufzutun, dann wäre aus den Zeugnissen der relativ wenigen, die schriftlich etwas über sich hinterlassen haben, ziemlich sicher zu schließen, daß sich die meisten von ihnen mit der Gestalt Marias identifiziert haben – mit ihrer Demut, ja, aber auch mit ihrer Hartnäckigkeit und mit ihrem Sieg: *Deposuit potentes de sedibus suis, et exaltavit humiles; esurientes implevit bonis, et divites dimisit inanes* – »Er stürzt die Mächtigen vom Thron und erhöht die Niedrigen. Die Hungernden beschenkt er mit seinen Gaben und läßt die Reichen leer ausgehen« (Lk 1,52–53). Das tut er immer noch.

Infolge ihrer Rolle, die die Jungfrau Maria in der Geschichte der letzten 20 Jahrhunderte gespielt hat, war sie mehr als jede andere Frau in der Geschichte des Abendlandes der Anlaß zum Nachdenken und Diskutieren darüber, was es heißt, eine Frau zu sein. In einem Ausmaß, dessen Bedeutung viele zu ignorieren beschlossen haben, können uns Ausführungen über Maria oder Porträts von ihr in Wort und Bild etwas darüber sagen, wie »das Weibliche« wahrgenommen worden ist. Zusammen mit Eva, zu der sie oft als »Zweite Eva« in Kontrast gesetzt worden ist, bot sie den Anknüpfungspunkt für vieles vom Schönsten und vom Schlimmsten in dieser buntscheckigen Geschichte. Einer höchst einseitigen und vorurteilsvollen Darstellung dieser Geschichte war es erlaubt, sich in einer drastisch überzogenen Vereinfachung zu ergehen; würde sich das die Gegenseite erlauben, so würde man über sie auf der Stelle herfallen, und zu Recht. Weil Maria *die Frau par excellence* für einen Großteil der abendländischen Geschichte ist, sind die Feinheiten und komplexen Zusammenhänge bei der Interpretation ihrer Person und ihres Werks zugleich von zentraler Bedeutung für das Studium des Platzes der Frauen in der Geschichte. Diese Thematik findet in jüngster Zeit sowohl seitens der Wissenschaft wie der breiten Öffentlichkeit das ihr angemessene Interesse. Allerdings werden einige wertvolle Quellen für diese Geschichte vernachlässigt.

Ein weiterer wichtiger Aspekt dieser psychologischen Bedeutung Marias war ihre Funktion als Symbol jener Seiten eines Gottes, der jenseits der Geschlechterunterschiede ist, die traditionellerweise als weiblich bezeichnet werden. Es ist zwar heute allgemein Mode, vom Judentum und Christentum als »patriarchalen« Religionen nicht nur in ihrer Ethik und Lebensart, sondern auch in ihrem Gottesbild zu sprechen, aber im ernsthaftesten jüdischen und christlichen Denken hat man derlei einfältige Identifikation schon immer transzendiert. »Denn«, so hat Gregor von Nyssa geschrieben, »die göttliche Kraft ist zwar weit erhaben über unsere Natur und in keiner Weise zugänglich, aber sie schenkt wie eine zärtliche Mutter, die auf die unartikulierten Laute ihres Säuglings eingeht, unserer Menschennatur, was diese zu empfangen fähig ist; und so paßt sich Gott in seinen verschiedenen Weisen, sich der Menschheit zu zeigen, der Menschheit an und spricht zu ihr in menschlicher Sprache.«[691] Auf diesem Gebiet, wo es darum ging, Gott der Menschheit zu erschließen, war die Person Marias sehr wichtig. Das hat sie auch zur hervorragenden Gestalt in der Beziehung zwischen dem Christentum und den anderen Religionen gemacht. Als das Christentum sich mit Religionen auseinanderzusetzen hatte, in denen nicht nur Götter, sondern auch Göttinnen eine zentrale Rolle spielten, besaß es in Maria eine Gestalt, mit der es zugleich bestätigen und doch auch korrigieren konnte, was diese Göttinnen symbolisch bedeuteten. Das eindrucksvollste Symbol dafür, wie sie das tat, läßt sich wahrscheinlich in der Stadt Ephesus finden, wie schon früher erwähnt.[692] Wie in der Apostelgeschichte erzählt wird, fühlten sich dort durch die Predigt des Apostels Paulus die Silberschmiede in ihrer Existenz bedroht, die davon lebten, silberne Artemistempel herzustellen. Um die Bedrohung durch die neue gesichtslose Gottheit zu bekämpfen, schürten sie unter dem Volk einen Aufruhr an und schrien dazu laut: »Groß ist die Artemis von Ephesus!« (Apg 19,23–41). Knapp vierhundert Jahre später war es in der gleichen Stadt Ephesus, daß im Jahre 431 das Dritte Ökumenische Konzil feierlich erklärte, Maria trage den Titel Mutter Gottes, Theotokos.

Eine andere Dimension ihrer psychologischen Bedeutung war pädagogischer Natur. Die längste Zeit der Geschichte der christlichen Erziehung, nämlich mindestens bis zur Reformation, dienten die Leben der Heiligen als Charaktervorbilder, und unter diesen nahm das Leben Marias einen einmaligen Platz ein, der ihrem einmaligen Platz im Heilsplan Gottes entsprach. Alle speziell christlichen Tugenden, die im Neuen Testament definiert werden – auch oft als »göttliche Tugenden« bezeichnet, nämlich »Glaube, Hoffnung, Liebe, diese drei« (1 Kor 13,13), aber auch alle vier klassischen Tugenden – oder oft »Kardinaltugenden« genannt –, die Platon definiert hat[693] und die dann in das deuterokanonische Buch der Weisheit Salomos Aufnahme gefunden haben: »Maß und Klugheit, Gerechtigkeit und Tapferkeit« (Weish 8,7), hat sie auf einzigartige Weise verkörpert. Diese sieben Tugenden zusammen waren für die moralische Unterweisung grundlegend. In den Heiligen jedoch, und auf ganz besondere Weise in Maria, sollte man diese Tugenden nicht nur bewundern und wertschätzen, sondern auch nachahmen. Einige Geschehnisse in den Evangelien, in denen sie gelegentlich nicht sehr viel mehr als eine Nebenrolle spielte, ließen sich dennoch dazu ausgestalten, am Beispiel Marias ein gottgefälliges Verhalten vorzuführen. Vor allem aber diente sie als Muster der grundlegenden christlichen – und vor allem klösterlichen – Tugend der Demut. In der lateinischen Vulgata waren ihre diesbezüglichen Worte im Magnificat übersetzt – oder in Wirklichkeit falsch übersetzt – mit »Quia respexit *humilitatem* ancillae suae« (Lk 1,48), was jetzt zum Beispiel in der deutschen Einheitsübersetzung korrekter wiedergegeben ist mit »Denn auf die Niedrigkeit seiner Magd hat er geschaut«. Ob nun richtig oder falsch übersetzt – jedenfalls wurde dieses *humilitatem* in der Vulgata zum Anlaß für einige der tiefsten Erhellungen des Begriffs der Demut, und zwar nicht in dem Sinn, in dem Uriah Heep in Charles Dickens' *David Copperfield* sagen konnte: »Ich bin mir wohl bewußt, daß ich der demütigste Mensch bin, den es gibt ... Meine Mutter ist ebenfalls ein sehr demütiger Mensch. Wir leben in einer bescheidenen Behausung«, sondern in dem Sinn, in dem Augustinus sagen konnte: »Alle Stärke liegt in der Demut, denn aller Stolz ist hinfällig. Die Demütigen sind wie ein Fels: der Fels scheint am Boden zu liegen, aber er ist felsenfest.«[694]

Indes war Maria nicht nur für die Moral und das Leben wichtig. Infolge einer der dramatischsten Umkehrungen in der Ideengeschichte wurde dieses schlichte Bauernmädchen aus Nazareth zum Gegenstand einiger der subtilsten und gelegentlich sogar extravagantesten jemals angestellten theologischen Spekulationen, von denen ein beträchtlicher Teil die Seiten dieses Buches ausgefüllt hat. Es ist eine faszinierende Frage, warum und wie ein bestimmter Gegenstand »zur Lehre wird«. Das kann nicht nur daran liegen, daß er in der Bibel vorkommt. In der Bibel ist von Hunderten von »Bergen« die Rede, und auch von Hunderten von Exemplaren der Flora und Fauna des Nahen Ostens; aber noch nie hat jemand allen Ernstes vorgeschlagen, eine »Lehre« der Vögel oder Bäume oder Berge zu entwickeln. Ein entscheidendes Kriterium war vermutlich die Verknüpfung eines bestimmten Gegenstands mit den zentralen Themen der biblischen Botschaft. So eigneten sich die Engel zu einer Lehre, nicht nur weil Engel in der Bibel erwähnt oder weil sie als Geschöpfe Gottes bezeichnet wurden – vom Engel, der nach dem Sündenfall am Eingangstor zum Garten Eden postiert wurde (Gen

3,24) bis zu dem Engel, der in der Nacht vor seinem Tod zu Christus in den Garten von Gethsemani kam, um ihn zu stärken (Lk 23,43). Engel waren nicht nur Boten, sondern Handelnde, *dramatis personae* auf dem Schauplatz der Bibel, während im Gegensatz dazu die beiden Gärten nur Teil der Kulissen in diesem Drama waren.

Im Neuen Testament sind die ausdrücklichen Bezugnahmen auf Maria, die Mutter Jesu, zahlenmäßig gering, und die meisten sind zudem ziemlich kurz. Selbst als man mittels der Typologie und Allegorie verschiedene Aussagen über sie machte, die früheren biblischen Büchern entnommen waren, blieb die Amplifikation relativ gering. Doch diese spärlichen Belege reizten das christliche Denken fast von Anfang an, über ihren verborgenen und tieferen Sinn und ihre möglichen Implikationen nachzudenken. Die Methoden dieses Nachdenkens waren sehr zahlreich und vielfältig, aber im Kern stellten sie das Bemühen dar, Marias Platz innerhalb der Themen der biblischen Botschaft zu finden und zu formulieren. Kein anderes Menschenwesen, keiner der Propheten oder Apostel oder Heiligen, hat auch nur einen Bruchteil der profunden theologischen Reflexion ausgelöst, die die Person der Seligen Jungfrau Maria verursacht hat. Während wir »Maria – 2000 Jahre in Religion, Kultur und Geschichte« betrachtet haben, hat uns die Frage ständig begleitet, warum das so gewesen ist und wie die wenigen paar Informationen, die die Bibel beider Testamente über sie liefert, zu einer voll entfalteten Mariologie ausgebaut werden konnten. Umgekehrt lohnt es sich auch, zu fragen, was mit jenen theologischen Systemen geschah, wie etwa denjenigen des Protestantismus seit der Reformation, in denen zwar die Einmaligkeit der Jungfrauengeburt Christi nicht in Abrede gestellt wurde, der Person seiner Mutter als solcher jedoch keine besondere Bedeutung zuerkannt wurde. Auf eigenartige Weise sind nämlich auch diese Systeme Teil der ungebrochenen Herrschaft, die sie weiterhin auf die Phantasie des Abendlandes ausgeübt hat.

Diese Phantasie kam natürlich vor allem durch den Platz zum Ausdruck, den Maria in der Kunstgeschichte eingenommen hat, wie das symbolisch in der Serenade des Engelsorchesters dargestellt wird, die im 15. Jahrhundert der flämische Meister der Lucia-Legende auf amüsante und tiefsinnige Weise ins Bild gebracht hat. Von den vielen Darstellungen, die hier genannt oder beiläufig erwähnt worden sind, soll hier abschließend nur noch einmal auf drei besonders hingewiesen werden. Unter den Hunderten von herrlichen Vertonungen des *Ave*

Maria ist wohl diejenige von Franz Schubert die bekannteste und beliebteste. Gemälde der Madonna mit Kind wurden derart häufig angefertigt, daß es möglich wäre, anhand ihrer eine Geschichte der Vorstellung von Kindern zu schreiben. Und eine der großen Kirchen des Abendlandes ist Santa Maria Maggiore in Rom, die in unmittelbarer Reaktion auf die Proklamation des Konzils von Ephesus im Jahre 431, Maria solle Theotokos genannt werden, gebaut wurde. Noch universaler, als Goethe es wohl gemeint hat, gilt also: »Das Ewig-Weibliche/ Zieht uns hinan.«[695]

Abkürzungen

Zitierte biblische Bücher

Am	Prophet Amos
Apg	Apostelgeschichte
Dan	Prophet Daniel
Dtn	Deuteronomium (5 Mose)
Eph	Epheserbrief
Ex	Exodus (2 Mose)
Ez	Prophet Ezechiel
Hebr	Hebräerbrief
Hld	Hoheslied
Jak	Jakobusbrief
Jes	Prophet Jesaja
Joh	Johannesevangelium
1 Joh	Erster Johannesbrief
1 Kön	Erstes Buch der Könige
Kol	Kolosserbrief
1 Kor	Erster Korintherbrief
Lk	Lukasevangelium
Mk	Markusevangelium
Mt	Matthäusevangelium
Nah	Prophet Nahum
Num	Numeri (4 Mose)
Obd	Prophet Obadja
Offb	Offenbarung des Johannes
1 Petr	Erster Petrusbrief
Phil	Philipperbrief
Ps	Psalm(en)
Ri	Buch der Richter
Röm	Römerbrief
Spr	Buch der Sprichwörter
1 Tim	Erster Timotheusbrief
Weish	Buch der Weisheit
Vulg	Vulgata (lateinische Bibelübersetzung des Hieronymus, 4. Jhdt.)
LXX	Septuaginta (erste Übersetzung der hebräischen Bibel ins Griechische, 3.–2. Jhdt. v. Chr.)

Zitierte Quellen und Literatur

ADB	*Anchor Dictionary of the Bible.* Hrsg. David Noel Freedman u.a., 6 Bde. New York 1992.
Bauer-Gingrich	Bauer, Walter / F. Wilbur Gingrich u.a. (Hrsg.), *Greek-English Lexicon of the New Testament and Other Early Christian Literature,* 2. Aufl. Chicago 1979.
Deferrari-Barry	Deferrari, Roy J. u. Inviolata M. Barry (Hrsg.), *A Lexicon of St. Thomas Aquinas Based on the »Summa Theologica« and Selected Passages of His Other Works,* Washington 1948.
Denzinger	Denzinger, Henricus / Adolfus Schönmetzer (ed.), *Enchiridion symbolorum editionum et declarationum de rebus fidei et morum,* 36. Aufl. Freiburg u. Rom 1976.
DTC	*Dictionnaire de théologie catholique,* 15 Bde. u. Indices, Paris 1909–1972.
Lampe	Lampe, Geoffey W.H. (Hrsg.), *A Patristic Greek Lexicon,* Oxford 1961.
Liddell-Scott-Jones	Liddell, Henry George / Robert Scott / Henry Stuart Jones (Hrsg.), *A Greek-English Lexicon,* 9. Aufl. Oxford 1940.
LThK	Lexikon für Theologie und Kirche, 10 Bde. und 4 Erg.bde., 2. Aufl., Freiburg im Breisgau 1957–1967.
OED	*The Oxford English Dictionary,* 16 Bde., Oxford 1933–1986.
PG	*Patrologia Graeca,* 162 Bde., Paris 1857–1866.
PL	*Patrologia Latina,* 221 Bde., Paris 1844–1864.
Schaff	Schaff, Philip (Hrsg.) *Creeds of Christendom, with a History and Critical Notes,* 3 Bde., 6. Aufl. Reprint-Ausg. Grand Rapids Michigan 1990.
Sophocles	Sophokles, E.A. (Hrsg.), *Greek Lexicon of the Roman and Byzantine Periods,* Boston 1870.
Tanner	Tanner, Norman P. (Hrsg.), *Decrees of the Ecumenical Councils,* 2 Bde., Washington D.C. 1990.

Anmerkungen

Vorwort und Einführung

[1] Jaroslav Pelikan, *Jesus Christus. Erscheinungsbild und Wirkung in 2000 Jahren Kulturgeschichte*, Zürich 1986.
[2] Jaroslav Pelikan, *Jesus Through the Centuries: His Place in the History of Culture*, Yale University Press, New Haven and London 1985, 1.
[3] James Arnold Hepokoski, *Otello*, Cambridge University Press, Cambridge 1987, 71–75.
[4] William Shakespeare, *Othello*, 5. Aufz. 2. Szene Z. 25.
[5] Alexandra am 29. November 1917 an Aleksandr Syrobojarski, in: Mark D. Steinberg and Vladimir M. Khrustalew (Hrsg.), *The Fall of the Romanovs*, Yale University Press, New Haven and London 1995, 206. Ihre Briefe sind, genau wie die des Zaren, voller Bezüge auf die Muttergottes.
[6] CBS News vom 23. Januar 1995 (dem Tag nach ihrem Tod mit 104 Jahren).
[7] Richard Rodriguez, *Days of Obligation: An Argument with My Mexican Father*, Penguin Books, New York 1993,16–20.
[8] William F. Maestri, *Mary Model of Justice: Reflections on the Magnificat*, Alba House, New York 1987, xi.
[9] Siehe z.B. Isabel Bettwy, *I Am the Guardian of the Faith: Reported Apparitions of the Mother of God in Ecuador*, Franciscan University Press, Steubenville, Ohio 1991; vgl. unten Kapitel 13.
[10] Richard Foley, *The Drama of Medjugorje*, Veritas, Dublin 1992; Medjugorje wird in den Kontext der Erscheinungen des 19. Jahrhunderts einbezogen von Sandra L. Zimdars-Swartz, *Encountering Mary: From La Salette to Medjugorje*, Princeton University Press, Princeton, New Jersey 1991.
[11] Elizabeth Rubin, »Souvenir Miracles: Going to See the Virgin in Western Herzegovina«, in *Harper's* vom Februar 1995, 63–70.
[12] Vgl. die neue Studie von Jill Dubisch, *In a Different Place: Pilgrimage, Gender, and Politics at a Greek Island Shrine*, Princeton University Press, Princeton, New Jersey 1995.
[13] F. Adeney Walpole, *Women of the New Testament*, James Nisbet, London 1901, 835.
[14] Wolfhart Schlichting, *Maria: Die Mutter Jesu in Bibel, Tradition und Feminismus*, R. Brockhaus, Wuppertal 1989.
[15] Alvin John Schmidt, *Veiled and Silenced: How Culture Shaped Sexist Theology*, Mercer University Press, Macon, Georgia 1989, 95.
[16] Simone de Beauvoir, *Das andere Geschlecht. Sitte und Sexus der Frau*, Rowohlt, Reinbek 1951, 182.
[17] Els Maeckelberghe, *Desperately Seeking Mary: A Feminist Appropriation of a Traditional Religious Symbol*, Pharos, Kampen/Niederlande 1991.
[18] Maurice Hamington, *Hail Mary? The Struggle for Ultimate Womanhood in Catholicism*, Routledge, New York 1995.

[19] Elizabeth Schüssler Fiorenza, »Feminist Theology as a Critical Theology of Liberation«, in *Churches in Struggle: Liberation Theologies an Social Change in North America*, Hrsg. William K. Tabb, Monthly Review Press, New York 1986, 57.59.

[20] Paul Evdokimov, *Woman and the Salvation of the World: A Christian Anthropology on the Charisms of Women*, St. Vladimir's Seminary Press, Crestwood, New York 1994.

[21] J. Gresham Machen, *The Virgin Birth of Christ*, Harper and Brothers, New York 1930.

[22] Siehe Pelikan/ Flusser/ Lang, *Mary*; Hans Küng und Jürgen Moltmann (Hrsg.), *Maria in den Kirchen.*

[23] Hans Urs von Balthasar, *Theodramatik, 3. Band: Die Handlung*, Einsiedeln 1980, 334.

1 Mirjam von Nazareth im Neuen Testament

[24] Louis Ginzberg, *Legends of the Bible*, Simon and Schuster, New York 1956, xxi.

[25] *The Catholic Encyclopedia* Bd.15, 464E.

[26] Bauer-Gingrich 491.

[27] Siehe unten die Kapitel 11 und 15.

[28] Raymond E. Brown, Karl P. Donfried, Joseph A. Fitzmyer, and John Reumann (Hrsg.), *Mary in the New Testament: A Collaborative Assessment by Protestant and Roman Catholic Scholars*, Fortress Press and Paulist Press, Philadelphia and New York 1978, 28f.

[29] Denzinger 125.

[30] John Courtney Murray, *The Problem of God Yesterday and Today*, Yale University Press, New Haven and London 1964, 55.

[31] Tanner 230–231, 695.

[32] Denzinger 875.

[33] Jaroslav Pelikan, »*Canonica Regula*: The Trinitarian Hermeneutics of Augustine«, in *Proceedings of the PMR Conference 12/13* (1987–88), 17–30; *Collectania Augustiniana* Bd. 1: *Augustine: »Second Founder of the Faith«*, Hrsg. Joseph C. Schnaubelt and Frederick Van Fleteren, Peter Lang, New York, 329–343.

[34] *The New Jerusalem Bible*, Garden City, N.Y. 1985, 1745.

[35] Siehe unten Kapitel 2.

[36] Schaff 2, 53.

[37] Anm. d. Übers.: Die deutsche Einheitsübersetzung lautet: »Sei gegrüßt, du Begnadete«.

[38] Bauer-Gingrich 877f; Lampe 1514–1518.

[39] Siehe unten Kapitel 15.

[40] William Shakespeare, *Macbeth*, 4. Aufzug 1. Szene und 5. Aufzug 7. Szene.

[41] Ferdinand Hahn, *Christologische Hoheitstitel: Ihre Geschichte im frühen Christentum*, Göttingen 1963.

[42] Siehe Jean Pétrin, *Le sens de l'oeuvre de Saint Luc et le mystère marial*, Ottawa 1979

[43] Siehe Joseph Fischer, *Die davidische Abkunft der Mutter Jesu*, Wien 1910.

[44] ADB 4, 398–402 (Eckhard Plümacher).

[45] Gisela Kraut, *Lukas malt die Madonna. Zeugnisse zum künstlerischen Selbstverständnis in der Malerei*, Worms 1986; siehe *Imago Dei* Taf. 22.

[46] LThK 6, 618–619 (Karl Hermann Schelkle).

[47] Origenes, *Johanneskommentar* I,6.

2 Die Tochter Zion und die Erfüllung der Prophezeiung

[48] *The Catholic Encyclopedia* Bd.15, 464E.
[49] »Christian Scripture«. Die definitive Arbeit zu diesem Thema ist: Henri de Lubac, *Exégèse médiévale. Les quatre sens de l'écriture*, 2 Bde. in 4, Paris 1959–1964.
[50] Braun et al., *Mary in the New Testament*, 29.
[51] Rodriguez, *Days of Obligation*, 16–20.
[52] Irenäus, *Gegen die Häresien* Vxxi. 1–3.
[53] Tibor Gallus, *Die »Frau« in Gen 3,15*, Klagenfurt 1979.
[54] Leo Tolstoi, *Krieg und Frieden*, Buch I Kap. 22.
[55] Edwin Hatch und Henry A. Redpath (Hrsg.), *A Concordance to the Septuagint*, 3 Bde., Oxford 1897–1906, 3, 108.
[56] Hieronymus, *Gegen Jovinian* 1.31.
[57] »towering text«, Murray, *Problem of God*, 5.
[58] Brown u.a., *Mary in the New Testament*, 339.
[59] Siehe *The Christian Tradition* 3, 223–229.
[60] Theodor von Studion, *Oratio* V, 2–3 (PG 99, 721–724); siehe unten Kapitel 15.
[61] ADB 2, 508–526 (Richard S. Hess, George W. E. Nickelsburg, Francis I. Andersen).
[62] ADB 4, 465–469 (Siegfried S. Johnson, Orval S. Wintermute).

3 Die Zweite Eva und die Gewähr, daß Christus wahrer Mensch war

[63] Siehe die erschöpfende Sammlung von Quellenmaterial für dieses und das folgende Kapitel bei Sergio Alvarez Campo (Hrsg.), *Corpus Marianum Patristicum*, Burgos 1970–1981.
[64] Platon, *Gesetze* 709B.
[65] Constantin Despotopoulos, *Philosophy of History in Ancient Greece*, Athen 1991, 78–80.
[66] Siehe Norma Thompson, *Herodotus and the Origins of the Political Community*, New Haven u. London 1996.
[67] Lino Cignelli, *Maria nuova Eva nella patristica greca, sec. II–IV*, Assisi 1966.
[68] Irenäus, *Zum Erweis der apostolischen Verkündigung* 33.
[69] In Brown u.a., *Mary in the New Testament*, 257 (Kursivsetzung von mir).
[70] Siehe *The Christian Tradition* 1, 108–120.
[71] Siehe unten Kapitel 6.
[72] Mary Christopher Pecheux, »The Concept of the Second Eve in *Paradise Lost*«, PMLA 75 (1960), 359.
[73] John Milton, *Paradise Lost* V, 385–387: »... der Engel *Heil*/ Entbot, den heil'gen Gruß, den er verwenden sollt'/ Viel später dann für die gesegnete Maria, zweite Eva.«
[74] Milton, *Paradise Lost* XII, 379–381: »Jungfrau Mutter, Heil,/ Hochgeliebte du des Himmels, doch aus *meinen* Lenden/ Sollst hervorgehn du ...«
[75] Siehe *The Christian Tradition* 1, 141–146.
[76] Isaiah Berlin, »The Hedgehog and the Fox« in *Russian Thinkers*, Hrsg. Henry Hardy u. Aileen Kelly, New York 1979, 22–81.
[77] Tolstoi, *Krieg und Frieden*, Zweites Nachwort Kap. 13.
[78] Charles Norris Cochrane, *Christianity and Classical Culture*, Oxford 1944, 483–484, als Zusammenfassung der Darstellung in Buch XII von Augustinus' *Gottesstaat*.

[79] Irenäus, *Zum Erweis der apostolischen Verkündigung* 33.
[80] Ginzberg, *Legends of the Bible* xxi.
[81] Nützlich und ausgewogen dazu ist H.R. Smid, *Protoevangelium Jacobi: A Commentary*, Assen 1975.
[82] Brown u.a., *Mary in the New Testament,* 248f.
[83] Protoevangelium des Jakobus 19,3–20; 17,20; 9,2.
[84] Irenäus, *Gegen die Häresien* I,vii,2; III,xi,3.
[85] Gregor Martin Lechner, *Maria Gravida: Zum Schwangerschaftsmotiv in der bildenden Kunst*, München 1981.
[86] Adolf von Harnack, (Grundriß der) Dogmengeschichte, 4. Aufl., Tübingen 1905, 192.
[87] Siehe unten Kapitel 4.
[88] Ignatius, *Brief an die Trallianer* 9.
[89] Ein nützliches Korrektiv zu den üblichen Deutungen der Beziehung Mozarts zum religiösen Glauben ist Hans Küng, *Mozart – Spuren der Transzendenz,* München 1991.
[90] Jaroslav Pelikan, *Christianity and Classical Culture: The Metamorphosis of Natural Theology in the Christian Encounter with Hellenism*, New Haven u. London 1993, 328.
[91] Nach Irenäus, *Gegen die Häresien* I.xxiv.4.
[92] Virginia Corvin, *St. Ignatius and Christianity in Antioch*, New Haven 1960, 170.
[93] Siehe die Tabelle in Schaff, 1,53.
[94] Schaff, 1,53.
[95] Nach Irenäus, *Gegen die Häresien* I.vii.2.
[96] Tertullian, *Gegen Marcion* III.xi.
[97] Richard Crashaw, »The Shepherd's Hymn« in *The New Oxford Book of English Verse, 1250–1950*, Hrsg. Helen Gardner, Oxford 1972, 314: »Willkommen, alle Wunder auf einen Blick!/ Ewigkeit in einem Augenblick beschlossen!/ Sommer im Winter, Tag in der Nacht!/ Himmel in der Erde, und Gott im Menschen!/ Großer Kleiner du! Deine allumfassende Geburt/ Hebt die Erde zum Himmel, beugt den Himmel zur Erde.«
[98] *Imago Dei* 129, 71.
[99] Gregor von Nyssa, *Gegen Eunomius* IV.3 (PG 45,637).
[100] Siehe die Erörterung dieser Ansichten in William P. Haugaard, »Arius: Twice a Heretic? Arius and the Human Soul of Christ« in *Church History* 29 (1960) 251–263.
[101] Zitiert von Irenäus in *Gegen die Häresien* III.1.
[102] Johannes von Damaskus, *Über die Häresien* 31 (PG 94,697).
[103] Peter Robert Lamont Brown, *The Body and Society: Men, Women, and Sexual Renunciation in Early Christianity*, New York 1988, 111–114.
[104] Ignatius, *Brief an die Trallianer* ix.1.

4 Die Theotokos, die Mutter Gottes

[105] *Imago Dei* 134–138.
[106] Liddell-Scott-Jones 792 zitiert kein vorchristliches Beispiel dafür.
[107] Athanasius, *Orationen gegen die Arianer* III, 29 (PG 26,385).
[108] Guido Müller, *Lexicon Athanasianum*, Berlin 1952, 650.
[109] Julian, *Gegen die Galiläer* 262.
[110] Theodora Jenny-Kappers, *Muttergöttin und Gottesmutter in Ephesus. Von Artemis zu Maria*, Zürich 1986.

[111] Konzil von Ephesus (Tanner, 59).
[112] Carlo Pietrangeli, *Santa Maria Maggiore a Roma*, Florenz 1988.
[113] Johannes von Damaskus, *Der orthodoxe Glaube* III.12 (PG 94, 1029–1032).
[114] Johannes von Damaskus, *Orationen über die heiligen Ikonen* II.11 (PG 94, 1293–1296).
[115] Theodor von Studion, *Über die heiligen Bilder* 1 (PG 99, 489); siehe unten Kapitel 7.
[116] *Development of Christian Doctrine: Some Historical Prolegomena* 105–119.
[117] Hugo Rahner, »Hippolyt von Rom als Zeuge für den Ausdruck Theotokos« in *Zeitschrift für katholische Theologie* 59 (1935) 73–81. Siehe die Diskussion und Bibliographie bei Walter Burghardt, »Mary in Eastern Patristic Thought« in Carol (Hrsg.), *Mariology* 2, 117 n.147.
[118] John Henry Newman, *An Essay on the Development of Christian Doctrine*, 6. Aufl., Vorwort von Ian Kerr, Notre Dame 1989, 145.
[119] Alexander von Alexandria, *Brief an Alexander von Konstantinopel* 12 (PG 18, 568).
[120] Siehe z.B. Arnold J. Toynbee, *A Study of History*, 12 Bde., Oxford 1934–1961, 7–B, 717.
[121] Burghardt, »Mary in Eastern Patristic Thought« in Carol (Hrsg.), *Mariology* 2, 120.
[122] Athanasius, *Orationen gegen die Arianer* III 29 (PG 26, 385).
[123] Diese Kontroverse wird gut zusammengefaßt in Alois Grillmeier, *Jesus der Christus im Glauben der Kirche. Bd. 1: Von der Apostolischen Zeit bis zum Konzil von Chalcedon (451)*, Freiburg 1979, 460–479, wo ein Großteil der neueren Literatur besprochen wird.
[124] DTC 7–I, 595–602 (Anton Michel).
[125] Athanasius, *Orationen gegen die Arianer* I. 42 (PG 26, 100).
[126] Athanasius, *Orationen gegen die Arianer* III. 29 (PG 26, 385).
[127] John Henry Newman, »The Orthodoxy of the Body of the Faithful during the Supremacy of Arianism«, Note V to *The Arians of the Fourth Century*, 3. Aufl., London 1871, 454–472. Diese Anmerkung erschien ursprünglich 1859 als eigener Artikel.
[128] Bernard Capelle, »Autorité de la liturgie chez les Pères« in *Recherches de théologie ancienne et médiévale* 22 (1954) 5–22.
[129] Vgl. Georg Ludwig, *Athanasii epistula ad Epictetum*, Jena 1911, eine sorgfältige Analyse des Texts. Über die Rolle des Briefs an Epiktet in Ephesus und Chalcedon: 22–25. Ludwigs Bemerkungen zum Text werden ergänzt von Hans-Georg Opitz, *Untersuchungen zur Überlieferung der Schriften des Athanasius*, Berlin 1935, 173f.
[130] Vgl. Grillmeier, *Jesus Christus im Glauben der Kirche* über die Bedeutung des *Briefs an Epiktet.*
[131] Athanasius, *Brief an Epiktet* 9 (PG 26, 1064).
[132] Athanasius, *Brief an Epiktet* 4 (PG 26, 1056f).
[133] Athanasius, *Brief an Maximus den Philosophen* 3 (PG 26, 1088).
[134] Siehe oben Kapitel 3.
[135] In 2 Petr 1,15 wird *tèn touton mnèmèn poieisthai* übersetzt mit »daß ihr ... euch jederzeit daran erinnern könnt«.
[136] Basilius, *Brief* 93 (PG 32, 484).
[137] Siehe unten Kapitel 15.
[138] Martin Jugie, »La première fête mariale

en Orient et en Occident: L'Avent primitif« in *Echos d'Orient* 22 (1923) 129–152.
[139] Martin Jugie, *La mort et l'assomption de la Sainte Vierge: Étude historico-doctrinale*, Vatikanstadt 1944, 172–212.
[140] Graef, *Mary* 1, 133–138.
[141] Athanasius, *Orationen gegen die Arianer* II 29 (PG 26, 385).
[142] Athanasius, *Brief an Epiktet* 12 (PG 26, 1069).
[143] Henry Melville Gwatkin, *Studies of Arianism*, Cambridge 1881, 265.
[144] Zitiert von Athanasius in seinen *Orationen gegen die Arianer* I 5 (PG 26, 20).
[145] Gwatkin, *Studies of Arianism* 134–135, n.3.
[146] Zitiert von Athanasius in *Über die Konzilien von Ariminum und Seleucia* 16 (PG 26, 709).
[147] Athanasius, *Verteidigung des Konzils von Nikaia* 9 (PG 25, 432).
[148] Aber siehe William P. Hauggard, »Arius: Twice a Heretic? Arius and the Human Soul of Jesus Christ« in *Church History* 29 (1960) 251–263.
[149] Athanasius, *Über die Konzilien von Ariminum und Seleucia* 26 (PG 26, 729).
[150] Zitiert von Theodoret, *Kirchengeschichte* I. 12–13.
[151] Athanasius, *Orationen gegen die Arianer* I 43 (PG 26, 100).
[152] Athanasius, *Über die Inkarnation des Wortes* 54 (PG 25, 192); vgl. Jaroslav Pelikan, *The Light of the World: A Basic Image in Early Christian Thought*, New York 1962, 120, nn. 18–21.
[153] Newman, *Essay on the Development of Christian Doctrine* 138–139 enthält einige Hinweise auf diese Entwicklungslinie.
[154] Adolf von Harnack, *Lehrbuch der Dogmengeschichte* in 3 Bden, 5. Aufl., Tübingen 1931, 2, 477.
[155] Athanasius, *Brief an die Jungfrauen.*
[156] Maurice Gordillo, *Mariologia Orientalis*, Rom 1954, 7–8 n. 56; Gérard Gilles Meersseman, *Der Hymnos Akathistos im Abendland*, Freiburg i.Ue. 1958, I, 14–15.

5 Die Heldin des Koran und die Schwarze Madonna

[157] LThK 8,613 (Max Bierbaum).
[158] Siehe unten Kapitel 8.
[159] Elisabeth Ott, *Thomas Merton, Grenzgänger zwischen Christentum und Buddhismus. Über das Verhältnis von Selbsterfahrung und Gottesbegegnung*, Würzburg 1977.
[160] Dieser Satz und der Tenor dieses Abschnitts sind aus meiner »Introduction« in den Koran übernommen, die ich verfaßt habe für das Werk: Jaroslav Pelikan (Hrsg.), *Sacred Writings*, 6 Bde. mit Begleitband *On Searching the Scriptures – Your Own or Someone Else's*, New York 1992, 3, xiv.
[161] Koran 21, 107–108. Alle Koran-Zitate sind der Übertragung von Max Henning entnommen, in *Der Koran*, Einleitung und Anmerkungen von Annemarie Schimmel, Stuttgart 1960.
[162] Yvonne Y. Haddad and Jane I. Smith, »The Virgin Mary in Islamic Tradition and Commentary« in *Muslim World* 79 (1989) 162.
[163] Siehe oben Kapitel 1.
[164] Ludwig Hagemann, *Maria, die Mutter Jesu, in Bibel und Koran*, Würzburg 1992.

[165] Neal Robinson, »Jesus and Mary in the Qur'an: Some Neglected Affinities« in *Religion* 20 (1990) 169–171.
[166] Koran 66, 12.
[167] Siehe auch Nilo Geagea, *Mary of the Koran*, New York 1984; C.H. Becker, *Christianity and Islam*, New York 1974, 22.
[168] ADB 3,889 (Paul W. Hollenbach).
[169] Koran 19, 13.
[170] Koran 3, 42–43.
[171] Koran 3, 40–41.
[172] Norman Cohn, *The Pursuit of the Millennium*, New York 1969.
[173] Koran 3, 42.
[174] Siehe oben Kapitel 3.
[175] Koran 19, 42.52.
[176] R. Travers Herford, *Christianity in Talmud and Midrash*, New York 1975, 358.
[177] N.J. Dawood, Übers. u. Hrsg., *The Koran*, 5. revid. Ausg., London 1995, 215 n.1.
[178] Koran 14, 41.
[179] Koran 5, 82.
[180] Bartholomäus von Edessa, *Widerlegung der Hagarener* (PG 104, 1397).
[181] Norman Daniel, *Islam and the West: The Making of an Image*, Edinburgh 1960, 175.
[182] Koran 19, 36.
[183] Siehe unten Kapitel 6.
[184] Koran 19, 21.
[185] Koran 5, 79.
[186] Placid J. Podipara, *Mariology of the East*, Kerala 1985.
[187] Siehe z.B. Charles Belmonte, *Aba ginoong Maria: The Virgin Mary in Philippine Art*, Manila 1990.
[188] Siehe unten Kapitel 13.
[189] Also mit der Korrektur: statt »schwarz, *aber* schön« lieber »schwarz *und* schön«. Siehe oben Kapitel 2.
[190] Siehe die üppig bebilderte Untersuchung von Stanislaw Chojnacki, *Major Themes in Ethiopian Painting: Indigenous Developments, the Influence of Foreign Models, and Their Adaptation from the Thirteenth to the Nineteenth Century*, Wiesbaden 1983.
[191] Marie Durand-Lefèbvre, *Étude sur l'origine des Vierges noires*, Paris 1937.
[192] Marvin H. Pope, *Song of Songs: A New Translation with Introduction and Commentary*, New York 1977, 307–318.
[193] A.J. Delattre, *Le culte de la Sainte Vierge en Afrique: d'après les monuments archéologiques*, Paris 1907.
[194] Siehe auch unten Kapitel 9.

6 Die Magd des Herrn und die Starke Frau

[195] Eine Spezialstudie in Kunstgeschichte, die sich bei näherer Untersuchung allerdings als doch nicht so speziell erweist, ist Don Denny, *The Annunciation from the Right: From Early Christian Times to the Sixteenth Century*, New York 1977.
[196] *Imago Dei 131–134.*
[197] David Metheny Robb, »The Iconography of the Annunciation in the Fourteenth and Fifteenth Century« in *Art Bulletin* 18 (1936) 480–526.
[198] Siehe die Besprechungen und die Bibliographie in Alice Bank, *Byzantine Art in the Collections of Soviet Museums*, übers. v. Lenina Sorokina, 2. Aufl., Leningrad 1985, 289.
[199] Frank Edward Brightman (Hrsg.), *Liturgies Eastern and Western*, Bd. 1: *Eastern Liturgies*, Oxford 1896, 318–320.

[200] Über ihren Platz in der Evangelientradition siehe Lucien Legrand, *L'Annonce à Marie (Lc 1,26–38): Une apocalypse aux origines de l'Evangile*, Paris 1981.

[201] Xavier Léon-Dufour, »L'Annonce à Joseph« in *Études d'évangile*, Paris 1965, 65–81.

[202] LThK 9, 695f (Remigius Bäumer).

[203] Sterling Stuckey, »Through the Prism of Folklore: The Black Ethos in Slavery« in *America's Black Past*, Hrsg. Eric Foner, New York 1970, 79.

[204] Gregor von Nyssa, *Briefe 3* (PG 46, 1021).

[205] Richard Griffiths (Hrsg.), *Claudel: A Reappraisal*, London 1968, 5.

[206] Vgl. Hans Urs von Balthasar, *Theodramatik, 3. Band: Die Handlung*, Einsiedeln 1980, 439–468.

[207] Gregor von Nyssa, *Über die Erschaffung des Menschen 23*, PG 44, 212.

[208] Siehe oben Kapitel 3.

[209] Irenäus, *Gegen die Häresien* V.xix.1. Obwohl auf Griechisch geschrieben, ist dieser Traktat als ganzer nur in lateinischer Übersetzung erhalten; daher im Zitat die lateinischen Ausdrücke.

[210] Augustinus, *De gestis Pelagii* 20.44.

[211] Krister Stendahl, *Paul among Jews and Gentiles*, Philadelphia 1976.

[212] Augustinus, *Confessiones* VIII.xii. 29.

[213] Augustinus, *Confessiones* VIII.xii. 27.

[214] Martin Luther, *Vorrede zum 1. Bande der Gesamtausgabe seiner lat. Schriften.* D. Martin Luthers Werke, krit. Gesamtausgabe Weimar Bd. 54 (1928), 186 Z. 8–9.

[215] Maximus Confessor, *Fragen an Thalassius* 61 (PG 90, 637).

[216] Über diesen Begriff siehe unten Kapitel 7.

[217] Lars Thunberg, *Microcosm and Mediator: The Theological Anthropology of Maximus the Confessor*, Lund 1965, 457f.

[218] Basilius, *Briefe* 223.3.

[219] PG 31, 563–590.

[220] Pelikan, *Christianity and Classical Culture.*

[221] Lampe 1519.

[222] E.F. Sutcliffe, »Jerome«, in *The Cambridge History of the Bible: The West from the Fathers to the Reformation*, Cambridge 1969, 98f.

[223] *The Christian Tradition* 3, 71. 166.

[224] Beda, *Genesis-Kommentar* 1.

[225] Ambrosius Autpertus, *Kommentar zur Apokalypse* 2.

[226] Ihre Evolution ist beschrieben und dokumentiert worden von Franz (Leander) Drewniak, *Die mariologische Deutung von Gen 3,15 in der Väterzeit*, Breslau 1934; siehe auch Nicholas Perry und Loreto Echeverría, *Under the Heel of Mary*, London 1988.

[227] Bernhard von Clairvaux, *Zum Lob der Jungfrau-Mutter* 2.4.

[228] Arthur K. Wheelock/Ben Broos, »The Catalogue«, *John Vermeer*, Washington und New Haven 1996, 190.

[229] John Michael Montias, *Vermeer and His Milieu: A Web of Social History*, Princeton 1989, 129.

[230] Siehe Eugene R. Cunnar, »The Viewer's Share: Three Sectarian Readings of Vermeer's *Woman Holding a Balance*« in *Exemplaria* 2 (1990) 501–536.

[231] II. Vatikanisches Konzil, Dogmatische Konstitution über die Kirche *Lumen Gentium* 65. Karl Rahner u. Herbert Vorgrimler, Kleines Konzilskompendium, Freiburg 1966, 194.

[232] Siehe unten Kapitel 13.
[233] *The Christian Tradition* 3, 162.
[234] Vgl. Ernst Robert Curtius, Europäische Literatur und lateinisches Mittelalter, Bern und München (10. Aufl.) 1984, 119f.
[235] Text: Sankt Gallen, 9. Jhdt.

7 *Die Zierde des Gottesdienstes und die Anführerin des himmlischen Chors*

[236] Siehe oben Kapitel 6.
[237] Augustinus, *Auslegung des Buchs der Psalmen* 67, 26 (= Vulg.-Zählung).
[238] »O höher als die Cherubim,/ Glorreicher als die Seraphim,/ Führ' du ihren Lobpreis an, Alleluia!/ Du Träger(in) des Ew'gen Worts,/ Begnadete(r), preise den Herrn, Alleluia!« [Anm. d. Übers.: Im Englischen ist in den Wortformen »bearer« (Träger/in) und »most gracious one« (Begnadete/r) nicht das Geschlecht zu erkennen, so daß der Hinweis auf Maria versteckter ist.]
[239] Louis Bouyer, »Le culte de Marie dans la liturgie byzantine« in *Maison-Dieu* 38 (1954) 122–135.
[240] Lampe 57.
[241] Alexandra Pätzold, *Der Akathistos-Hymnos: Die Bilderzyklen in der byzantinischen Wandmalerei des 14. Jahrhunderts*, Stuttgart 1989.
[242] Maxime Gorce, *Le Rosaire et ses antécédants historiques*, Paris 1931.
[243] OED »B« 724, mit vielen Beispielen.
[244] LThK 9, 45–49 (Günter Lanczkowski, Angelus Walz, Ekkart Sauser und Konrad Hofmann).
[245] DTC 1, 1273–1277 (Ursmer Berlière).
[246] *Imago Dei* 137–145.
[247] Vasiliki Limberis, *Divine Heiress: The Virgin Mary and the Creation of Christian Constantinople*, London 1994.
[248] Nicephorus, *Widerlegung II. 4* (PG 100, 341).
[249] Nicephorus, *Widerlegung I. 9* (PG 100, 216).
[250] Warren Treadgold, *The Byzantine Revival*, Stanford 1988, 88.
[251] Johannes von Damaskus, *Orationen über die heiligen Ikonen* I. 14, III. 27–28 (PG 94, 1244 und 1348–1349).
[252] Lampe 408 (einschließlich verwandter Begriffe).
[253] Denzinger 301.
[254] Johannes von Damaskus, *Orationen über die heiligen Ikonen* III. 27–28 (PG 94, 1348–1349).
[255] Augustinus, *Gottesstaat* X.1, übers. v. Wilhelm Thimme in: Aurelius Augustinus, *Vom Gottesstaat* Band I, Zürich u. München 1978, 464.
[256] Lampe 384, 793.
[257] Augustinus, *Confessiones* I.xiii.20 – xiv. 23.
[258] Augustinus, *Über die Dreifaltigkeit* VII.vi. 11.
[259] Liddell-Scott-Jones, 1518.
[260] Charles Diehl, »Byzantine Civilisation«, in *The Cambridge Medieval History* Bd. 4, Cambridge 1936, 755.
[261] DTC 3, 2404–2427, bes. 2406–2409 (Jean-Arthur Chollet).
[262] Deferrari-Barry 346, 627f, 494.
[263] Siehe unten Kapitel 11.
[264] Demosthenes Savramis, »Der abergläubische Mißbrauch der Bilder in Byzanz« in *Ostkirchliche Studien* 9 (1960) 174–192.

[265] Theodor von Studion, *Orationen* XI.iv. 24 (PG 99, 828).
[266] Christopher Walter, »Two Notes on the Deesis« in *Revue des études byzantines* 26 (1968) 326–336.
[267] Liddell-Scott-Jones, 372.
[268] Sophocles 347.
[269] Lampe 334.
[270] Lampe 1144.
[271] Siehe Cyril Mango, *Materials for the Study of the Mosaics of St. Sophia at Istanbul*, Washington, D.C. 1962, 29.
[272] Justinus der Martyrer, *Dialog mit Tryphon* 51 (PG 6, 589).
[273] Daher wurde der griechische Begriff im patristischen Griechisch sowohl für die Verkündigung an Zacharias (Lk 1,8–23) wie die Verkündigung an Maria (Lk 1,26–38) verwendet; Lampe 559.
[274] Gregor von Nyssa, *Über die Jungfräulichkeit* 6.
[275] Gregor von Nyssa, *Über die Jungfräulichkeit* 2 (PG 46, 324).
[276] Siehe unten Kapitel 8.
[277] Anders Nygren, *Eros und Agape*, Gütersloh 1954, 316ff.
[278] L. Bieler, *Theios anèr: Das Bild des »göttlichen Menschen« in Spätantike und Frühchristentum*, 2 Bde., Wien 1935/36.
[279] Lampe 649f.
[280] Nygren, *Eros und Agape*, 460ff.
[281] Boethius, *Der Trost der Philosophie* III.pr. x. 23–25.
[282] Athanasius, *Orationen gegen die Arianer III. 24* (PG 26, 373).
[283] Ioann B. Sirota, *Die Ikonographie der Gottesmutter in der Russisch Orthodoxen Kirche. Versuch einer Systematisierung*, Würzburg 1992.
[284] James Mearns, *The Canticles of the Christian Church Eastern and Western in Early and Medieval Times*, Cambridge 1914.
[285] William Loerke, »›Real Presence‹ in Early Christian Art« in *Monasticism and the Arts*, Hrsg. Timothy George Verdon, Syracuse 1984, 47.
[286] Johannes von Damaskus, *Orationen über die heiligen Ikonen* II. 15 (PG 94, 1301).
[287] Dorothy G. Shepherd, »An Icon of the Virgin: A Sixth-Century Tapestry Panel from Egypt« in *Bulletin of the Cleveland Museum of Art* 56 (März 1969) 93.
[288] James H. Stubblebine, »Two Byzantine Madonnas from Calahorra, Spain« in *Art Bulletin* 48 (1966) 379–381.

8 Das Muster der Keuschheit und die Gesegnete Mutter

[289] Bernhard Lohse, *Askese und Mönchtum in der Antike und in der alten Kirche*, München 1969.
[290] Lampe 244.
[291] Marc Aurel, *Betrachtungen* II. 17.
[292] Vor allem in Eph 6,10–17; aber auch in 1 Tim 6,12 und 2 Tim 4,7 und an weiteren Stellen.
[293] Plutarch, *Vitae Parallelae, Numa* 10.
[294] Jaroslav Pelikan, *The Excellent Empire: The Fall of Rome and the Triumph of the Church*, New York 1987, 59.
[295] Peter Robert Lamont Brown, *The Body and Society: Men, Women, and Sexual Renunciation in Early Christianity*, New York 1988.

[296] Philo, *Über das kontemplative Leben* 68.
[297] Eusebius, *Kirchengeschichte* II. xvii. 18–19.
[298] Athanasius, *Leben des Antonius* 5.
[299] Augustinus, *Confessiones* VIII. vi. 14–15.
[300] *Development of Christian Doctrine: Some Historical Prolegomena*, 100–104.
[301] Peter Brown, *Augustine of Hippo*, London 1969, 274.
[302] Hieronymus, *Brief* 127.5.
[303] Hieronymus, *Brief* 108.33.
[304] Hieronymus, *Brief* 108.20.
[305] Siehe Pelikan, *Excellent Empire* 43–52.
[306] Hieronymus, *Brief* 128.3.
[307] Johannes Quasten, *Patrology*, 4 Bde., Westminster 1951–1986, Bd.4, 239; der Traktat des Hieronymus in PL 23, 211–338.
[308] Hieronymus, *Gegen Helvidius* 2.
[309] Hieronymus, *Gegen Helvidius* 12.
[310] Siehe oben Kapitel 2.
[311] Hieronymus, *Gegen Helvidius* 16.
[312] Von Hieronymus zitiert in *Gegen Helvidius* 20.
[313] Hieronymus, *Gegen Helvidius* 22.
[314] Ebd.
[315] Hieronymus, *Gegen Helvidius* 21.
[316] J oseph Huhn, *Das Geheimnis der Jungfrau-Mutter Maria nach dem Kirchenvater Ambrosius*, Würzburg 1954, 79–80.
[317] Siehe unten Kapitel 14.
[318] Ambrosius, *Brief* 63, 111.
[319] Ambrosius, *Brief* 63, 7.
[320] Quasten, *Patrologie* 4, 167.
[321] Ambrosius, *De virginibus* II.ii.6.
[322] Ambrosius, *De virginibus* II.ii.15.
[323] W.J. Dooley, *Marriage According to St. Ambrose*, Washington D.C. 1948.
[324] Ambrosius, *De virginibus* II.ii.9.
[325] Ambrosius, *De virginibus* II.ii.8–9.
[326] Siehe *The Christian Tradition* 3,211f.
[327] J ohn Ruskin, *Giotto and His Works in Padua: Being an Explanatory Notice of the Series of Woodcuts Executed for the Arundel Society After the Frescoes in the Arena Chapel*, London 1854.
[328] Siehe unten Kapitel 10.
[329] LThK 5,1140f (Joseph Wenner).

9 Die Mater Dolorosa und die Mittlerin

[330] Ernst Robert Curtius, Europäische Literatur und lateinisches Mittelalter, Bern und München (10. Aufl.) 1984.
[331] Charles Homer Haskins, *The Renaissance of the Twelfth Century*, New York 1957.
[332] Otto von Simson, *The Gothic Cathedral: Origins of Gothic Architecture and the Medieval Concept of Order*, New York 1956, 172.
[333] M. Kotrbová, *Ceske gotické madony*, Fotos von V. Fyman, Prag 1985.
[334] Siehe auch unten Kapitel 15.
[335] Übertragung: Heinrich Bone 1847.
[336] Avery Thomas Sharp, »A Descriptive Catalog of Selected, Published Eighteenth- through Twentieth-Century Stabat Mater Settings for Mixed Voices, with a Discussion of the History of the Text«, Diss. an der University of Iowa 1978.
[337] Johann Wolfgang von Goethe, *Faust* 3588–3595.
[338] Siehe unten Kapitel 12.
[339] Siehe auch oben Kapitel 5.
[340] Sandro Sticca, *The »Planctus Mariae« in*

the Dramatic Tradition of the Middle Ages, übers. v. Joseph R. Berrigan, Athens/Georgia 1988.

[341] Margaret Alexiou, *The Ritual Lament in Greek Tradition*, Cambridge 1974; Gregory W. Dobrov, »A Dialogue with Death: Ritual Lament and the *thènos Theotokou* of Romanos Melodos« in *Greek, Roman, and Byzantine Studies* 35 (1994), 385–405.

[342] Dobrov, »Dialogue with Death«, 393–397.

[343] Jutta Barbara Desel, »*Vom Leiden Christi oder von dem schmertzlichen Mitleyden Marie*«. *Die vielfigurige Beweinung Christi im Kontext thüringischer Schnitzretabeln der Spätgotik*, Alfter 1994.

[344] Gerda Panofsky-Soergel, *Michelangelos »Christus« und sein römischer Auftraggeber*, Worms 1991.

[345] Über das Verhältnis von Michelangelos *Pietà* zu anderen Darstellungen dieser Szene siehe die Sammlung von Fotografien in Paolo Monti, *La Pietà: A Rondini di Michelangelo Buonarotti*, Mailand 1977.

[346] Hans Urs von Balthasar, *Der dreifache Kranz. Das Heil der Welt im Mariengebet*, Einsiedeln 1977, 66.

[347] Dieses Thema wird uns noch einmal weiter unten, in Kapitel 13, beschäftigen.

[348] Aron Anderson (Hrsg.), *The Mother of God and St. Birgitta: An Anthology*, Vatikan 1983, 33.

[349] Teresa of Avila, hier nach *Spiritual Relations*, in *Complete Works of Saint Teresa of Jesus*, übers. u. hrsg. v. E. Alison Peers, 3 Bde., London 1950, Bd.1, 363f.

[350] *The Christian Tradition* 3, 160–174.

[351] Anselm, *On the Virginal Conception and on Original Sin*, Vorwort, in *Sancti Anselmi opera omnia*, Hrsg. F.S. Schmitt, Edinburgh 1938–1961, Bd.2, 139.

[352] Meyer Schapiro, *The Parma Ildefonsus: A Romanesque Illuminated Manuscript from Cluny, and Related Works*, New York 1964, 71.

[353] Guibert von Nogent, *Über sein eigenes Leben* 1.16 (PL 156, 871).

[354] Bernhard von Clairvaux, *Predigten über Verschiedenes* 52, *Sancti Bernardi Opera*, Hrsg. von Jean Leclercq und Henri Rochais, 8 Bde., Rom 1957–1977, Bd. 6-I, 276.

[355] 1 Petr 2,5; Offb 1,6.

[356] Thomas von Aquin, *The Three Greatest Prayers: Commentaries on the Our Father, the Hail Mary and the Apostle's Creed*, übers. v. Laurence Shapcote, Westminster/Maryland 1956, 32–33.

[357] Siehe unten Kapitel 11.

[358] Siehe unten Kapitel 14.

[359] Siehe unten Kapitel 13.

[360] Siehe unten Kapitel 15.

[361] Siehe oben Kapitel 8.

10 Das Antlitz, das am meisten dem Antlitz Christi gleicht

[362] *Eternal Feminines* 101–119.

[363] H. Barré, »Saint Bernard, docteur marial«, in *Saint Bernard théologien*, Rom 1953, 92–113.

[364] Steven Botterill, *Dante and the Mystical Tradition: Bernard of Clairvaux in the »Commedia«*, Cambridge 1994, 167.

[365] *Paradiso (= Par.)* XXXII, 85–87. Die Zitate sind alle der Übersetzung von Karl Vossler (1941) entnommen, in *Dante, Die Göttliche Komödie*, München 1969.

[366] *Par.* XXIII, 136f.

[367] »canto of apotheosis«, Alexandre Masseron, *Dante et Saint Bernard*, Paris 1953, 82.

[368] *Par.* XXXIII, 1–2.

[369] *Inferno (= Inf.)* II, 95–105.

[370] *Par.* XXI, 123.

[371] *Par.* XXXII, 104.

[372] *Par.* XXIII, 128.

[373] *Par.* XXXII, 119.

[374] Botterill, *Dante and the Mystical Tradition,* 169.

[375] *Par.* XXXIII, 1; siehe unten Kapitel 14.

[376] *Par.* IV, 28–33.

[377] *Par.* II, 118.122.

[378] *Par.* XIX, 98.

[379] *Par.* III.85. 88–90.

[380] Barbara Newman, *Sister of Wisdom: St. Hildegard's Theology of the Feminine*, Berkeley 1987, 89–120.

[381] *Par.* XXXII, 4–6.

[382] *Par.* XXXII, 7–9.

[383] *Par.* XV, 133.

[384] *Purgatorio* (= *Purg.*) V, 101.

[385] *Par.* III, 121–123.

[386] *Par.* XXXIII, 21.

[387] *Par.* XXXIII,10–12.

[388] So z.B. *Par.* XXXII, 37–39, wo sie als der Inbegriff des Glaubens erscheint, von dem die Rede ist.

[389] Manfred Bambeck, *Studien zu Dantes »Paradiso«*, Wiesbaden 1979, 147–154.

[390] *Purg.* XXXII, 73.

[391] Petrus, Jakobus und Johannes waren als einzige bei der Auferweckung der Tochter des Jairus dabei (Mk 5,37), auf dem Berg der Verklärung (Mt 17,1–9) und im Garten Gethsemani (Mt 26,36f).

[392] *Purg.* X, 121.44.

[393] *Purg.* XIII, 37–38. 50.

[394] *Purg.* XV, 106. 88–89.

[395] *Purg.* XVIII, 107. 100.

[396] *Purg.* XX, 14. 19.

[397] *Purg.* XXIII, 65, XXII, 142–144.

[398] *Purg.* XXV, 121–128.

[399] *Par.* XI, 58–66.

[400] *Purg.* XX, 19–24.

[401] *Par.* XXXIII, 1.

[402] *Purg.* XXV, 128–135.

[403] *Purg.* XXII, 142–144.

[404] *Purg.* VIII, 25–39.

[405] *Purg.* X ,31–33.

[406] *Purg.* X, 34–45.

[407] *Par.* XXXII, 94–96.

[408] *Par.* XVI, 34.

[409] *Par.* XVI, 36.

[410] *Par.* XVI, 34–39.

[411] *Par.* XXIII, 124–129.

[412] *Par.* XXIII, 130–132.

[413] *Par.* XXIII, 90.

[414] *Par.* XXIII, 103–108.

[415] Masseron, *Dante et Saint Bernard,* 82f.

[416] *Par.* XXXI,112–117.

[417] Giuseppe C. Di Scipio, *The Symbolic Rose in Dante's »Paradiso«*, Ravenna 1984, 57–85.

[418] *Inf.* XXXIV, 34.

[419] *Par.* XXXI, 118–123.

[420] *Summa theologica* I.50. 4.

[421] *Par.* XXXI, 130–132.

[422] Rona Goffen, *Giovanni Bellini*, New Haven u. London 1989,143–160.

[423] Sein Verhältnis zur franziskanischen Theologie ist sorgfältig analysiert in John V. Fleming, *From Bonaventure to Bellini: An Essay in Franciscan Exegesis*, Princeton 1982.

[424] *Par.* XXXI, 133–138.
[425] OED »M«, 6-II: siehe unten Kapitel 11.
[426] Henry Osborn Taylor, *The Mediaeval Mind*, 2 Bde., 4. Aufl., London 1938, II, 581f.
[427] Siehe unten Kapitel 14.
[428] *Par.* XIII, 85–87.
[429] Masseron, *Dante et Saint Bernard*, 139–141.
[430] *S.th.* III. 27.2.
[431] Die Erörterung »The Mother of God« bei Newman, Sister of Wisdom 156–195, handelt vom Gegenstand dieses Kapitels.
[432] Siehe unten Kapitel 15.
[433] *Par.* XXV, 127–128.
[434] *Par.* XXIII, 73–74.
[435] *Par.* XXIII, 86–90.
[436] *Par.* XXXIII, 31–43.
[437] *Par.* XXXIII, 115–120.
[438] *Par.* XXXIII, 145.
[439] Siehe oben Kapitel 6.
[440] *Par.* XXXIII, 21.
[441] *Inf.* II, 85–114.
[442] *Par.* XXIII, 88–89.
[443] *Purg.* VII, 82.

11 Das Vorbild des Glaubens an das Wort Gottes

[444] G.K. Chesterton in der »Introduction« zur Ausgabe von Charles Dickens' *Oliver Twist* in der Everyman Library.
[445] Siehe die Erörterung bei Horst Gorski, *Die Niedrigkeit seiner Magd. Darstellung und theologische Analyse der Mariologie Martin Luthers als Beitrag zum gegenwärtigen lutherisch-römisch katholischen Gespräch*, Frankfurt 1987.
[446] Johannes Paul II., *God's Yes to Man*, Kommentar von Hans Urs von Balthasar, San Francisco 1988, 168.
[447] Siehe oben Kapitel 6.
[448] Martin Luther, *Latein. Vorlesungen über Genesis 3,15.* Bd.42, 143,9–12. Die nachfolgenden Luther-Zitate werden nach der kritischen Gesamtausgabe der Werke von D. Martin Luther, der »Weimarer Ausgabe«, Weimar 1883ff (57 Bde.) zitiert, jeweils mit Angabe von Band-Seite-Zeilen. Übersetzung aus dem Lateinischen oder Umschrift in heutiges Deutsch von Schellenberger.
[449] Lee Palmer Wandel, *Voracious Idols and Violent Hands: Iconoclasm in Reformation Zurich, Strasbourg, and Basel*, Cambridge 1995, 21f.
[450] Charles Garside, *Zwingli and the Arts*, New Haven 1966, 159.
[451] *Von dem Bildstürmen* in: *Wider die himmlischen Propheten, von den Bildern und Sakrament* (1525). Bd.18, 67–84.
[452] Martin Luther, *Hauspostille* (1544) Bd. 52, 689,1–5.
[453] Schaff 3,200.
[454] *Heidelberger Katechismus*, Frage 36 (Schaff 3, 319).
[455] *Augsburger Bekenntnis* XXI. 2.
[456] *Apologie* XXI. 9.
[457] »Created mediation«, Newman in *Essay on the Development of Christian Doctrine*, 138f.
[458] *Thirty-Nine Articles* XXII (Schaff 3,501): » ... ein töricht Ding, eitel erfunden und auf keiner Gewähr der Schrift gründend, sondern eher dem Worte Gottes zuwider.«
[459] Johannes Calvin, *Unterricht in der christlichen Religion* III, 20, 21. Übers. u. bearb. v. Otto Weber, Neukirchen-Vluyn 1963, 584.

[460] Martin Luther, *Latein. Vorlesung über Genesis 16,4.* Bd.42, 585, 11–12.
[461] Martin Luther, *Vom Mißbrauch der Messe* (1521) Bd.8, 534, 34–37.
[462] George Huntston Williams, *The Radical Reformation*, 3. Aufl., Kirksville/Mo. 1992, 797f.
[463] Orbe Philips in George Huntston Williams (Hrsg.), *Spiritual and Anabaptist Writers*, Philadelphia 1957, 238–239n.
[464] *Konkordienformel* XII, 25.
[465] Siehe oben Kapitel 3.
[466] Für zeitgenössische Bemühungen, diese positive Rolle wieder deutlicher hervorzuheben, siehe Heiko Augustinus Oberman, *The Virgin Mary in Evangelical Perspective*, Philadelphia 1971, sowie David Wright, *Chosen by God: Mary in Evangelical Perspective*, London 1989.
[467] Eine glänzende und gelehrte Übersicht, die wie viele seiner Arbeiten ein ganzes Buch hätte werden können, ist das Werk meines verstorbenen Kollegen und Freundes Arthur Carl Piepkorn, »Mary's Place within the People of God according to Non-Roman Catholics« in *Marian Studies* 18 (1967) 46–83.
[468] *Augsburger Bekenntnis* I. 1.
[469] Thomas F. Torrance, »Introduction« zu *The School of Faith: The Catechisms of the Reformed Church*, New York 1959, l.
[470] *Larger Catechism*, Frage 37; in *School of Faith*, 191.
[471] Walter Tappolet (Hrsg.), *Das Marienlob der Reformatoren*, Tübingen 1962.
[472] Siehe *The Christian Tradition* 4, 261.
[473] Vgl. Luther, Predigt über die Darstellung Christi im Tempel, in *Luthers Werke* 52, 688–699.
[474] Schmalkaldische Artikel I.4 in *Die Bekenntnisschriften der evangelisch-lutherischen Kirche*, Göttingen 1952, 414.
[475] Martin Luther, *Das Magnificat verdeutschet und ausgelegt* (1521). Bd.7, 601,8–11.
[476] Ernst Bizer, *Fides ex auditu: Eine Untersuchung über die Entdeckung der Gerechtigkeit Gottes durch Martin Luther*, Neukirchen 1958.
[477] Thomas von Aquin, *Sentenzenkommentar* IV.vi.2.2.1a.
[478] Dieser Begriff ist sorgfältig untersucht worden von Joseph C. McLelland, *The Visible Word of God: An Exposition of the Sacramental Theology of Peter Martyr Vermigli, A.D. 1500–1562*, Grand Rapids/Michigan 1957.
[479] Calvin, *Unterricht in der christlichen Religion* III, 2,6. Übers. u. bearb. v. Otto Weber, Neukirchen-Vluyn 1963, 345.
[480] Martin Luther, *Das Magnificat* ... Bd.7, 551,29–30; 552, 17–18. 22–33.
[481] Martin Luther, *Hauspostille* (1544) zum Tag Mariä Verkündigung, Bd.52, 633,17–18.
[482] Martin Luther, Predigt zum 25. Juli 1522. Bd.10/III, 239,19–21.
[483] Martin Luther, *In epistolam S. Pauli ad Galatas Commentarius* (1531), Bd.40 I–II.
[484] Martin Luther, Predigt über Lukas 2,41–52 (1523). Bd.12, 413,18–414,5.
[485] Roy Strong, *The Cult of Elizabeth: Elizabethan Portraiture and Pageantry*, London 1977, 16.
[486] In der gründlichsten Untersuchung der angeblichen Parallelen von Helen Hackett, *Virgin Mother, Maiden Queen: Elizabeth I and the Cult of the Virgin Mary*, Houndmills 1995, wird die Existenz einer direk-

ten Verbindung in Frage gestellt und diese Vorstellung mehr dem 20. als dem 17. Jahrhundert zugeschrieben.

487 Margaret Aston, *Lollards and Reformers: Images and Literacy in Late Medieval Religion*, London 1984, 325n.

488 »Von der holden *Elisa* sei dein Silbersang,/ diesem gesegneten Wesen:/ Die Blume der Jungfrau'n,/ lang mög' sie blüh'n/ in fürstlicher Pracht./ Denn sie ist der *Syrinx* Tochter ohne Makel,/ Die *Pan*, der Hirtengott in ihr gezeugt:/ So ist sie Gnadensproß/ von himmlischer Rasse,/ Kein sterblicher Makel möge sie beflecken.« (Übers. Schellenberger); *The Yale Edition of the Shorter Poems of Edmund Spenser*, Hrsg. William A. Oram u.a., New Haven u. London 1989, 72.

489 »Und mit ihnen auch ich, o himmlisch strahlende Gottheit,/ Spiegel der Gnade und göttliche Majestät,/ Große Frau der größten Insel, deren Licht/ wie *Phoebus'* Lampe die ganze Welt durchscheint,/ Wirf deine holden Strahlen in mein schwaches Wesen/ und erheb meine ach so niedrigen, armseligen Gedanken/ zum Denken an dich, du herrliche Gestalt,/ die mir erst recht mein Elend zeigt:/ Und laß dich, Teuerste, nur kurz herab, dein Gehör mir zu gewähren.« (Übers. Schellenberger); Edmund Spenser, *The Faerie Queene* I,4, Hrsg. Thomas P. Roche, Jr., New Haven u. London 1981, 40.

490 Milton, *Paradise Lost* V. 385–387; siehe oben Kapitel 3.

491 »Diese in mir wachsenden Gedanken nahm bald schon meine Mutter wahr/ Durch Worte, die gelegentlich ich fallen ließ. Sie freut' es,/ Nahm mich beiseit' und sprach: Hoch streben deine Gedanken,/ O Sohn, doch nähre sie und laß sie sich erheben/ Zu solcher Höhe, wie heil'ge Tugend und wahrer Wert/ sie tragen kann, selbst wenn sie ohne Beispiel hoch sind.« (Übers. Schellenberger); Milton, *Paradise Regained* I. 227–232.

492 Siehe oben Kapitel 7.

493 John Julian, *Dictionary of Hymnology*, Reprint-Ausg., New York 1957, 270.

494 Owen Chadwick, *A History of Christianity*, New York 1996, 166.

495 David Price, »Albrecht Dürer's Representations of Faith: The Church, Lay Devotion and Veneration in the *Apocalypse*« in *Zeitschrift für Kunstgeschichte* 57 (1994) 688–696.

496 Albrecht Dürer, *Das Marienleben*, Leipzig 1936.

497 LThK 6,1169 (Wolfgang Braunfels).

12 Die Mater Gloriosa und das Ewig-Weibliche

498 Pelikan, *Jesus Through the Centuries*, 232.

499 René Wellek, *Concepts of Criticism*, New Haven 1963, 221.

500 Siehe Geoffrey H. Hartman, *Wordsworth's Poetry, 1787–1814*, New Haven u. London 1971, 273.

501 »From false assumption rose, and fondly hailed/ By superstition, spread the Papal power«. William Wordsworth, *Ecclesiastical Sonnets*, Part II, Sonnet ii in *The Poems*, 2 Bde., New Haven u. London 1977, 2, 464.

502 »Mutter! Bar blieb dein jungfräulicher Schoß/ vom leisesten Schatten eines sündigen Gedankens;/ Frau! vor allen andern

Frauen du im Glanz,/ *einziger Ruhm unserer angeschlagenen Natur;/* Reiner als Schaum mitten im Ozean;/ Heller als östlicher Himmel, wenn der Tag anbricht im Rosenrot/ und als der makellose Mond,/ bevor sie sich in des blauen Himmels Küste senkt;/ Dein Bild fällt auf die Erde. Doch manche, wähne ich,/ Beugen ihr Knie nicht unvergeben, um zu bitten/ Als wie vor einer sichtbar'n Macht, in der sich eint'/ Alles, was sich vermischt, versöhnt in Dir:/ Die Mutterliebe mit des Mädchens Reinheit,/ Hohes und Nied'res, Himmlisches mit Irdischem!« (Übers.: Schellenberger); Wordsworth, *Ecclesiastical Sonnets*, Sonnet xxv, 2, 474. Kursive Zeile von mir gesetzt.

[503] Emile Mâle, *The Gothic Image: Religious Art in France of the Thirteenth Century*, übers. v. Dora Nussey, Reprint-Ausg. New York 1958, 254–258.

[504] David Friedrich Strauß, *The Life of Jesus Critically Examined*, übers. v. George Eliot, 5. Aufl., London 1906, 140–143. Deutsche Erstausgabe: *Das Leben Jesu, kritisch bearbeitet*, Tübingen 1835.

[505] George Eliot, *Middlemarch*, Hrsg. Bert G. Hornback, New York 1977, 530.544.

[506] Novalis, *Werke und Briefe (von) Novalis*, Hrsg. Alfred Kelletat, München 1962, 102.

[507] *Faust the Theologian*, 115–128.

[508] Johann Peter Eckermann, *Gespräche mit Goethe in den letzten Jahren seines Lebens*, Hrsg. Fritz Bergemann, 3. Aufl., Baden-Baden 1955, 716–720.

[509] Siehe oben Kapitel 9.

[510] Johann Wolfgang von Goethe, *Faust* 3588–3595.

[511] Reinhard Buchwald, *Führer durch Goethes Faustdichtung: Erklärung des Werkes und Geschichte seiner Entstehung*, 7. Aufl., Stuttgart 1964, 59.

[512] *Faust* 12094–12095.

[513] *Faust* 12016. 12025. 12015. 12019.

[514] *Faust* 12032–12036.

[515] Günther Müller, »Die organische Seele im Faust« in *Euphorion* 34 (1933) 161n.

[516] Stuart Atkins, *Goethe's Faust: A Literary Analysis*, Cambridge/Mass. 1958, 172.

[517] Harold Stein Jantz, *The Form of Goethes »Faust«*, Baltimore 1978, 48.

[518] Cyrus Hamlin (Hrsg.), Johann Wolfgang von Goethe, *Faust, A Tragedy: Background and Sources*, New York 1976, 304 n.9. Über den Sinn des Titels »Doctor Marianus« siehe Ann White, *Names and Nomenclature in Goethe's »Faust«*, London 1980, 37f.

[519] *Faust* 12096–12103. Über die Glorreiche Mutter und diese Titel vgl. Gerhard Möbus, *Die Christus-Frage in Goethes Leben und Werk*, Osnabrück 1964, 291–295, der energisch vertritt, diese Zeilen seien nicht im christlichen und katholischen Sinn zu verstehen.

[520] Zum Beispiel in *Faust* 1334, 9028–9030, 9364.

[521] *Faust* 11993–11997.

[522] *Faust* 12009–12012.

[523] *Faust* 12001–12004.

[524] *Faust* 12100–12101.

[525] *Faust* 1111–1116.

[526] Jantz, *Form of Goethe's »Faust«* 101.

[527] Robert E. Dye, »The Easter Cantata and the Idea of Mediation in Goethe's Faust« in *PMLA* 92, 974.

[528] *Faust* 3588–3595; siehe auch oben Kapitel 9.

[529] Hermann Fähnrich, »Goethes Musikanschauung in seiner Fausttragödie – die Erfüllung und Vollendung seiner Opernreform«, in *Goethe: Neue Folge des Jahrbuchs der Goethe-Gesellschaft* 25 (1963) 257.
[530] *Faust* 12069–12075. Siehe die Anmerkungen dazu von Max Kommerell, *Geist und Buchstabe der Dichtung*, 3. Aufl. Frankfurt (o.J.), 125f.
[531] *Faust* 3730, 12009.
[532] *Faust* 12061–12068.
[533] Wilhelm Emrich, *Die Symbolik von Faust II*, 2. Aufl. Bonn 1957,418f.
[534] *Faust*, »Trüber Tag« 15.
[535] *Faust*, »Trüber Tag«.
[536] *Faust* 10703–10709.
[537] *Faust* 1298–1309.
[538] *Faust* 12037–12060.
[539] ADB 4, 579–581 (Raymond F. Collins).
[540] *Faust* 12037–12044.
[541] *Faust* 12045–12052.
[542] *Faust* 12053–12060.
[543] Ernst Grumach, »Prolog und Epilog im Faustplan von 1797« in *Goethe: Neue Folge des Jahrbuchs der Goethe-Gesellschaft* 14/15 (1952/53) 63–107.
[544] Siehe oben Kapitel 10.
[545] *Faust* 11807–11808.
[546] *Faust* 12001–12004.
[547] *Faust* 11882–11883.
[548] Heinz Schlaffer, *Faust zweiter Teil: Die Allegorie des 19. Jahrhunderts*, Stuttgart 1981, 163.
[549] *Faust* 11872–11873.
[550] *Par.* XXXIII, 145.
[551] *Faust* 346–347. 771.
[552] *Faust* 11854–11855.
[553] *Faust* 11862–11865.
[554] *Faust* 12104–12105.
[555] *Faust* 12102. 12110.
[556] *Faust* 12101–12102.
[557] *Faust* 6914.
[558] *Faust* 8592. 8640. 8904.
[559] *Faust* 8924. 8947. 8954.
[560] *Faust* 7294.
[561] *Faust* 9258–9259.
[562] *Faust* 9270–9273.
[563] *Faust* 1084; 7915, 8289; 5450; 8147; 6213, 6218.
[564] *Faust* 2439–2440.
[565] *Faust* 6498–6500.
[566] *Faust* 6510. 9948–9950.
[567] *Faust* 10055–10066, 10047–10051.
[568] *Faust* 7412, 7440–7441.
[569] *Faust* 12012.
[570] *Faust* 11997.
[571] *Faust* 2603–2604; Hans Urs von Balthasar, *Apokalypse der deutschen Seele, Bd. I Der deutsche Idealismus*, Salzburg-Leipzig 1937, 514.
[572] *Faust* 11918–11925.
[573] *Faust* 12104–12111.

13 Die mit der Sonne bekleidete Frau

[574] »That woman clothe' with the sun, moon under her feet«, in »Wasn' That a Wonder«, *Slave Songs of the Georgia Sea Islands*, Hrsg. Lydia Parrish, New York 1942, 139.
[575] Siehe Altfrid Th. Kassing, *Die Kirche und Maria: Ihr Verhältnis im 12. Kapitel der Apokalypse*, Düsseldorf 1958.
[576] PG 46,909–913.
[577] Siehe Edmond Paris, *Les mystères de Lourdes, La Salette, Fatima: Les marchands*

du temple, mercantilisme religieux, marché d'illusions, La-Chaux-de-Fonds 1971.

[578] René Laurentin u. René Lejeune, *Messages and Teachings of Mary at Medjugorje*, Milford/Ohio 1988, 15.

[579] René Laurentin (Hrsg.), *Lourdes: Documents authentiques*, Paris 1966.

[580] LThK 7, 64–65 (Hermann Lais).

[581] Rubén Vargas Ugarte, *Historia del culto del María en Ibero-américa y de sus Imágenes y Santuarios más celebrados*, 2 Bde., 3. Aufl. Madrid 1956, Bd.1, 163–207. Die umfangreiche Literatur ist in dem zweisprachigen Werk von Gloria Grajales und Ernst J. Burrus (Hrsg.), *Guadalupan Bibliography*, Washington D.C. 1986 katalogisiert.

[582] Edmond Carpez, *La Vénérable Catherine Labouré, fille de la Charité de Saint Vincent de Paul (1806–1876)*, 6. Aufl. Paris 1913.

[583] Sandra L. Zimdars-Swartz, *Encountering Mary: From La Salette to Medjugorje*, Princeton 1991.

[584] René Laurentin, *Lourdes: Histoire authentique des apparitions*, 6 Bde., Paris 1961–1964; neueren Datums ist Stéphane Baumont, *Histoire de Lourdes*, Toulouse 1993.

[585] Cyril C. Martindale, *The Message of Fatima*, London 1950.

[586] Beinert und Petri, *Handbuch der Marienkunde* 533 (René Laurentin); eine kritische psychologische Untersuchung dieser zwei Visionen in Belgien ist die von Gerd Schallenberg, *Visionäre Erlebnisse*, Augsburg 1990, 83–95.

[587] Seit der Veröffentlichung dieser Liste von Erscheinungen sind zwei weitere »approbiert« worden: Akita in Japan und Betania in Venezuela.

[588] Siehe jetzt David Blackbourn, *Marpingen: Apparitions of the Virgin Mary in Nineteenth-Century Germany*, New York 1994.

[589] Blackbourn, *Marpingen* 5. Weil dieser Raster von Elementen so genau demjenigen entspricht, den ich im ersten Entwurf für dieses Kapitel formuliert hatte, bevor ich Blackbourns Arbeit gelesen (und rezensiert) hatte, verwende ich sie hier dankbar für meine ziemlich anderen historischen Interessen.

[590] Über die Bedeutung dieser Häufung in der modernen Zeit siehe René Laurentin, *Multiplication des apparitions de la Vierge aujourd'hui: est-ce elle? Que veut-elle dire?* 3. Aufl. Paris 1991.

[591] Siehe dazu ganz allgemein Werner Freitag, *Volks- und Elitenfrömmigkeit in der frühen Neuzeit: Marienwallfahrten im Fürstbistum Münster*, Paderborn 1991.

[592] William Thomas Walsh, *Our Lady of Fatima*, New York 1947, 214. 140.

[593] Emile Zola, *Lourdes*, übers. v. E.A. Vizatelly, Dover, N.H. 1993.

[594] Antonio González Dorado, *Mariología popular latinoamericana: De la María conquistadora a la María liberadora*, Asunción, Paraguay 1985.

[595] Anna Gradowska, *Magna Mater: El sincretismo hispanoamericano en algunas imágenes marianas*, Caracas 1992.

[596] Christopher Rengers, *Mary of the Americas: Our Lady of Guadalupe*, New York 1989.

[597] Ivone Gebara u. Maria Clara Bingemer, *Mary, Mother of God, Mother of the Poor*, Maryknoll/N.Y. 1989, 152.

[598] William B. Taylor, »The Virgin of Guadalupe in New Spain: An Inquiry into the Social History of Marian Devotion« in *American Ethnologist* 14 (1987) 9–25.
[599] Ena Campbell, »The Virgin of Guadalupe and the Female Self-Image: A Mexican Case History« in *Mother Worship*, Hrsg. James J. Preston, Chapel Hill/North Carolina 1982, 5–24.
[600] Adela Fernandez, *Dioses prehispánicos de Mexico: Mitos y deidades de panteón Nahuatl*, Mexico, D.F. 1983, 108–112.
[601] Rodriguez, *Days of Obligation*, 16–20.
[602] William A. Christian, Jr. *Apparitions in Late Medieval and Renaissance Spain*, Princeton 1981; Mará Dolores Díaz Vaquero, *La Virgen en la escultura cordobesca del barocco*, Cordoba 1987.
[603] Octavio Paz, *The Labyrinth of Solitude*, übers.v. Lysander Kemp, New York 1965, 85.
[604] Eric R. Wolf, »The Virgin of Guadalupe: A Mexican National Symbol« in *Journal of American Folklore* 71 (1958) 34–38; Stafford Poole, *Our Lady of Guadalupe: The Origins and Sources of a Mexican National Symbol, 1531–1797*, Tucson 1995.
[605] Edwin Eduard Sylvest (Hrsg.), *Nuestra Señora de Guadalupe: Mother of God, Mother of the Americas*, Dallas 1992.
[606] Joaquín Antonio Penalosa (Hrsg.), *Poesía guadalupana: siglo XIX*, Mexico City 1985.
[607] Peter Laszlo, *Le troisième secret de Fatima enfin connu*, Montreal 1987.
[608] Jacques Lafaye, *Quetzalcóatl and Guadalupe: The Formation of Mexican National Consciousness, 1531–1813*, Chicago 1974, 211–157.
[609] Barbara Pope, »Immaculate and Powerful: The Marian Revival in the Nineteenth Century« in *Immaculate and Powerful: The Female in Sacred Image and Social Reality*, Hrsg. Clarissa W. Atkinson, Constance H. Buchanan u. Margaret R. Miles, Boston 1985,173. 183f. 189.
[610] Finbar Ryan, *Our Lady of Fatima*, Dublin 1942, 228f.
[611] Paul VI, *Pilgrimage to Fatima – Addresses*, Washington D.C. 1968, 6.
[612] Diese Kriterien wurde am 25. Februar 1978 von der Kongregation für die Glaubenslehre (dem Heiligen Offizium) systematisch formuliert.
[613] Blackbourn, *Marpingen* 5.
[614] Siehe z.B. Cornelia Göksu, Heroldsbach: Eine verbotene Wallfahrt, Würzburg 1991.
[615] Andrea Dahlberg, »The Body as a Principle of Holism, Three Pilgrimages to Lourdes« in *Contesting the Sacred: The Anthropology of Christian Pilgrimage*, Hrsg. John Eade u. Michael J. Sallnow, New York 1991, 35.
[616] Der frühe Versuch einer Auswertung war A. Marchand, *The Facts of Lourdes: And the Medical Bureau*, übers. v. Francis Izard, London 1924.
[617] B. Pope, »Immaculate and Powerful«, 173.
[618] *L'Osservatore Romano* vom 12. Oktober 1981.
[619] Blackbourn, *Marpingen* 5.
[620] B. Pope, »Immaculate and Powerful«, 183f.
[621] Joseph A. Pelletier, *The Sun Danced at Fatima*, New York 1983, 146f.
[622] John Henry Newman, »The Orthodoxy of the Body of the Faithful during the

Supremacy of Arianism«, Note V to *The Arians of the Fourth Century*, 3. Aufl. London 1871, 454–472.

623 Dahlberg, »The Body as a principle of Holism«, 10f.

14 Die große Ausnahme: Unbefleckt empfangen

624 Edward Dennis O'Connor, *The Dogma of the Immaculate Conception: History and Significance*, Notre Dame/Indiana 1958; dieses Werk enthält wichtiges historisches und ikonographisches Material über dieses Dogma.

625 *The Christian Tradition* 1, 286–290.

626 Siehe oben Kapitel 8.

627 Krister Stendahl, »Quis et unde? An Analysis of Mt 1–2« in *Judentum Urchristentum Kirche: Festschrift für Joachim Jeremias*, Hrsg. Walter Eltester, Berlin 1960, 103.

628 Bauer-Gingrich, 197.

629 Huhn, *Das Geheimnis der Jungfrau-Mutter Maria nach dem Kirchenvater Ambrosius*, Würzburg 1954, 79f.

630 Bei Augustinus, *Gegen zwei Briefe der Pelagianer* IV.xi. 29.

631 Ambrosius, *Kommentar zu Psalm* 37, 5.

632 Siehe oben Kapitel 1.

633 Brunero Gherardini, *Dignitas terrae: Note di mariologia agostiniana*, Casale Monferrato 1992.

634 Augustinus, *Über die Natur und die Gnade* XXXVI. 42.

635 *The Christian Tradition* 3, 71–74.

636 Siehe unten Kapitel 15.

637 *The Christian Tradition* 3, 171.

638 Siehe oben Kapitel 10.

639 Bernhard von Clairvaux, *Briefe* 174,7.

640 *The Christian Tradition* 3, 169.

641 Eine großartige dieses Kapitel wie überhaupt das ganze Buch betreffende Sammlung findet sich bei Jacqueline Lafontaine-Dosogne, *Iconographie de l'enfance de la Vierge dans l'Empire byzantin et en Occident*, Brüssel 1992.

642 Mirella Levi D'Acona, *The Iconography of the Immaculate Conception in the Middle Ages and Early Renaissance*, New York 1957.

643 *The Christian Tradition* 4, 38–50.

644 Heiko A. Oberman, *The Harvest of Medieval Theology*, Cambridge, Mass. 1963, 289.

645 Roberto Zavalloni und Eliodoro Mariani, *La dottrina mariologica di Giovanni Duns Scoto*, Rom 1987.

646 Carolus Balic, *De debito peccati originalis in B. Virgine Maria: Investigationes de doctrina quam tenuit Ioannes Duns Scotus*, Rom 1941, 84.

647 *The Christian Tradition* 4, 302–303.

648 Denzinger 2803–2804.

649 Siehe oben Kapitel 13.

650 Marina Warner, *Alone of All Her Sex: The Myth and Cult of the Virgin Mary*, New York 1976, 251.

15 Die Himmelskönigin. Ihre Entschlafung und ihre Aufnahme

651 Über dieses Thema siehe Jan Radkiewicz, *Auf der Suche nach einem mariologischen Grundprinzip: Eine historisch-systematische Untersuchung über die letzten hundert Jahre*, Konstanz 1990.

[652] Siehe die kurze Zusammenfassung von Edward Schillebeeckx und Catharina Halkes, *Mary: Yesterday, Today, Tomorrow*, New York 1993.
[653] Man wird unschwer erkennen, wie viel die nachfolgende Darstellung dem tiefgründigen Beitrag von Karl Rahner, »Zum Sinn des Assumpta-Dogmas« verdankt, in Karl Rahner, Schriften zur Theologie Bd. I, Einsiedeln u.a. 1967, 239–252.
[654] Denzinger 3903.
[655] María de Agreda, *Vida de la Virgen María según la Venerable Sor María de Jesús de Agreda*, Madrid 1670, hier Ausg. Barcelona 1899, 365.
[656] Ein wohlwollender, aber dennoch kritischer Bericht war der von Raymond Winch und Victor Bennett, *The Assumption of Our Lady and Catholic Theology*, London 1950.
[657] Edmund Schlink u.a., »An Evangelical Option on the Proclamation of the Dogma of the Bodily Assumption of Mary«, in *Lutheran Quarterly* 3 (1951) 138.
[658] Über dieses Schweigen siehe O. Faller, *De priorum saeculorum silentio circa Assumptionem Beatae Mariae Virginis*, Rom 1946.
[659] Carl Gustav Jung, *Antwort auf Hiob*, Zürich 1952.
[660] *The Christian Tradition* 3, 172f.
[661] Siehe die gesammelten Arbeiten darüber bei Michel van Esbroeck, *Aux origines de la Dormition de la Vierge*, Aldershot 1995.
[662] Bernhard von Clairvaux, *Brief* 174,3.
[663] Bernhard von Clairvaux, *Predigten zu Mariä Himmelfahrt* 1,1.
[664] *Imago Dei* 145–150.
[665] Antoine Wenger, *L'Assomption de la très sainte Vierge dans la tradition byzantine du VIe au Xe siècle*, Paris 1955.
[666] Lampe 760.
[667] Christa Schaffer, *Aufgenommen ist Maria in den Himmel: Vom Heimgang der Gottesmutter in Legende, Theologie und liturgischer Kunst der Frühzeit*, Regensburg 1985.
[668] Siehe oben Kapitel 7.
[669] Theodor von Studion, *Orationen* V, 2–3 (PG 99, 721–724).
[670] Modestos, *Über die Entschlafung der Seligen Jungfrau Maria* (PG 86, 3277–3312).
[671] Jugie, *La mort et l'assomption de la Sainte Vierge* 214–224.
[672] Nicephorus Callistus, *Kirchengeschichte* XVII, 28 (PG 147, 292).
[673] Anm.d.Ü.: Die im Deutschen übliche Bezeichnung »Mariä Himmelfahrt« ist gegenüber dem Ausdruck in den anderen Sprachen theologisch ungenau, da es sich nicht um eine aktive »Himmelfahrt« (*ascensio*) wie bei Christus handelt, sondern um ein »Aufgenommenwerden« (*assumptio*, engl. *assumption*, franz. *assomption*); dennoch soll der deutsche traditionelle Begriff hier nicht übergangen werden.
[674] Siehe *Imago Dei* Tafel 41.
[675] Pamela Askew, *Caravaggio's »Death of the Virgin«*, Princeton 1990.
[676] C.R. Dodwell, *The Pictorial Arts of the West*, New Haven u. London 1993, 360f.
[677] Siehe oben Kapitel 6.
[678] Denzinger 3901.
[679] Siehe die hilfreiche Untersuchung von Walter J. Burghardt, »The Testimony of the Patristic Age Concerning Mary's Death« in *Marian Studies* 8 (1957) 58–99, zusammen

mit den nachfolgenden anderen Beiträgen in derselben Zeitschrift von J.M. Egan über das Mittelalter (100–124) und T.W. Coyle über den gegenwärtigen Stand der Frage (143–166).

680 Siehe oben Kapitel 9.

681 LThK 1, 1068–1072 (Michael Schmaus).

682 Siehe oben Kapitel 1.

683 Yves M.J. Congar, *Tradition und Kirche*, Aschaffenburg 1964.

684 Walther von Loewenich, Der moderne Katholizismus. Erscheinung und Probleme, Luther-Verlag, Witten 1955, 276–277.

685 Siehe *The Riddle of Roman Catholicism* 128–142.

686 Siehe die Analyse von Ina Eggemann, *Die »Ekklesiologische Wende« in der Mariologie des II. Vatikanums und »Konziliare Perspektiven« als neue Horizonte für das Verständnis der Mittlerschaft Marias*, Altenberg 1993.

687 Die Behandlung der Mariologie im Verlauf der Entwicklung der dogmatischen Konstitution über die Kirche wird gut zusammengefaßt bei Gérard Philips, »Die Geschichte der dogmatischen Konstitution über die Kirche ›Lumen Gentium‹« in *Das Zweite Vatikanische Konzil*, Hrsg. Herbert Vorgrimler, 3 Bde. Freiburg 1966–1968, Bd.1,153–155.

688 Der enge theologische Zusammenhang zwischen der Lehre über Maria und der Lehre über die Kirche ist herausgestellt worden von Yves M.-J. Congar, *Le Christ, Marie et l'Église*, Brügge 1952 und von Otto Semmelroth, *Urbild der Kirche. Organischer Aufbau des Mariengeheimnisses*, Würzburg 1950.

689 Avery Dulles, »Introduction« zu *Lumen Gentium* in *The Documents of Vatican II*, Hrsg. Walter M. Abbott, New York 1966, 13.

16 Die Heilige für alle Zeiten und Anliegen

690 W.H. Gardner (Hrsg.), *Poems of Gerard Manley Hopkins*, 3. Aufl. New York 1948, 101:
»Die Selige Jungfrau verglichen mit der Luft, die wir atmen«: Neue Nazareths in uns,/ Wo wir Ihn empfangen/ am Morgen, Mittag, Abend./ Neue Bethlehems, wo er zur Welt kommt/ abends, mittags, morgens./ Ob Bethlehem, ob Nazareth,/ Dem Odem gleich, atmen wir Menschen/ Christus in uns herein, spotten dem Tod./ Wird er in uns gebor'n,/ Wird neu das Ich und edlern Sinns/ In jedem von uns, und ein jeder/ setzt mehr sich ein und ist am Schluß/ Gottes und auch Marias Sohn. (Übers. Schellenberger)

691 Gregor von Nyssa, *Gegen Eunomius* II. 419.

692 Theodora Jenny-Kappers, *Muttergöttin und Gottesmutter in Ephesos: Von Artemis zu Maria*, Zürich 1986.

693 Platon, *Die Gesetze* I. 631 C.

694 Augustinus, *Auslegungen zum Buch der Psalmen* XCII. 3.

695 *Faust* 12104–12111.

Register der außerbiblischen Personennamen